LE MONDE DE LA BEAUTÉ

MARK TUNGATE

LE MONDE DE LA BEAUTÉ

Comment les marques transforment notre apparence

Traduit de l'anglais par Marie Renier

DUNOD

Du même auteur :

Le Monde de la mode, Dunod, 2009.
Le Monde de la pub, Dunod, 2009.

Illustration de couverture : © Baris Arslan – iStock Photo

Cet ouvrage a été publié sous le titre *Branded Beauty* par les Éditions Kogan Page, Royaume-Uni, en 2011.

978-2-10-057246-5

Remerciements

Il y a dans ce monde des gens superbes, et nombre d'entre eux m'ont aidé dans la rédaction de cet ouvrage. Je ne peux pas tous les nommer, la majorité ayant tenu à conserver l'anonymat, mais ils se reconnaîtront. Parmi ceux que je peux citer, Simone Brochard de NY Adorned, Caroline Crabbe de Cosmetic Valley, Indi Davis de Aesop, Cassandra Moonen de Clarins, Camille Velut de IFF et Sabine de Seze de *Cosmétique Magazine*, ainsi que François Kermoal qui m'a introduit auprès de cette dernière. Un grand merci également à tous ceux dont des citations apparaissent dans ces pages.

Un remerciement tout particulier, enfin, à mon épouse Géraldine, qui m'a toujours soutenu en dépit du stress qu'apporte dans un foyer un tel travail. Elle est la plus belle de toutes.

Introduction

« La tyrannie de la beauté »

Il y a plus de monde dehors que dedans. Les visiteurs se pressent devant la galerie d'art, fumant et sirotant leur vin rouge dans des verres en plastique sur le trottoir de l'étroite rue parisienne. Les garçons ont l'air tout droit sortis d'un dessin animé, avec leurs jeans slims et leurs boucs ou moustaches savamment taillés ; les filles arborent des airs faussement fragiles, des poignets fins et des racines qui trahissent leur vraie couleur de cheveux. La plupart d'entre eux se protègent des premiers frimas de septembre avec des vestes en cuir vintage ; tous s'épient subrepticement les uns les autres et en concluent ce qu'ils savaient déjà : ce sont toujours les mêmes qu'on voit dans ce type d'événement.

L'air se fait rare et l'atmosphère bruyante, à l'intérieur de la galerie B.A.N.K. Un homme, chevelure argentée et veste bleu nuit élégante, s'y détache des autres comme un martin-pêcheur au milieu d'étourneaux : c'est Jean-Charles de Castelbajac, créateur de mode et artiste. Il assiste ce soir au vernissage de son exposition, The Tyranny of Beauty.

Castelbajac se délecte de ses propres contradictions : aristocrate authentique dont les rappeurs adorent les collections, ce fiancé d'une ancienne Miss (Mareva Galanter, Miss France 1999) a choisi de satiriser l'industrie de la beauté. Pour ce faire, il a sélectionné une série de peintures des XVIIIe et XIXe siècles dont il a envoyé les photographies en Chine, où des artistes les ont reproduites. Il a ensuite défiguré ces copies avec les symboles du *branding* : ainsi une jeune et jolie noble disparaît-elle à moitié sous les mots « Nouvelle formule ! Crème de douche concentrée pour les peaux sèches » tandis qu'une virgule Nike orne *La Liberté guidant le peuple*, de Delacroix. Castelbajac a en outre fait fabriquer une tapisserie de style médiéval représentant Blanche-Neige, référence subtile aux canons de la beauté imposés par la culture populaire.

Mais le clou de l'exposition est une série de trois bustes de Marie-Antoinette – l'original est demeuré dans sa maison ancestrale – que Castelbajac a envoyés à des chirurgiens esthétiques en France, aux États-Unis et en Russie. Le praticien français a été le plus tendre, se contentant de corriger le double menton de la reine et de rehausser ses pommettes par un léger lifting. L'intervention de l'Américain est plus théâtrale, qui lui a gonflé les lèvres de collagène et redressé le nez. Le chirurgien russe a été le plus radical, lui offrant des pommettes extrêmement saillantes et des lèvres particulièrement pulpeuses. Marie-Antoinette, ancienne duchesse autrichienne gourmande, nouvelle reine des podiums !

L'œil pétillant, Castelbajac indique que l'événement ne se veut pas politique mais qu'il cherche à provoquer des réactions. « Qui peut dire que les idéaux de la beauté d'aujourd'hui sont meilleurs que ceux du passé » ? demande-t-il. « À son époque, Marie-Antoinette était considérée comme une icône de la mode. Si elle vivait aujourd'hui, comme vous le voyez, on altérerait ses attributs pour la conformer à un idéal impossible. Pourquoi cédons-nous à cet incessant désir de nous améliorer, cet insatiable besoin de plaire ? »

J.-C., je n'aurais pas mieux dit.

Je ne travaille pas dans le secteur de la beauté même si on pourrait dire que je l'approche, écrivant sur la mode et la publicité. Et j'ai eu le sentiment, récemment, que le sujet de la beauté revenait de façon agressivement fréquente dans les médias. On observe diverses tendances, qui évoluent dans des directions différentes. J'ai, d'une part, eu sous les yeux un nombre croissant d'articles sur le Botox et autres interventions similaires, rédigés sur un ton de plus en plus désinvolte, comme si ces interventions relevaient désormais de la routine. La montée, d'autre part, d'inquiétudes quant aux produits chimiques a engendré une demande pour des produits de beauté naturels et biologiques – on a l'impression qu'une nouvelle marque bio éclôt toutes les dix minutes. Surplombant tout cela, les géants mondiaux de la beauté regardent avec avidité vers la Chine et les autres marchés émergents tandis que le monde occidental peine à se relever de son effondrement.

Ce qui n'était au départ qu'un embryon d'idée a rapidement pris des proportions considérables. Plus je m'enfonçais au cœur des secteurs de la cosmétique et de l'hygiène personnelle, plus mes découvertes m'intriguaient. À commencer par la taille elle-même de la chose : les estimations varient mais un chiffre revient fréquemment, établi par Euromonitor International, suggérant que la valeur de l'industrie mondiale de la beauté représente 350 milliards de dollars par an, la part la plus importante étant réalisée par les produits de soin de la peau. Et puis, il y a les personnalités qui se cachent derrière les marques : plongé dans les biographies de Max Factor ou Helena Rubinstein, j'ai eu envie d'en apprendre davantage sur leurs vies mouvementées et hautes en couleur.

J'ai également été frappé par l'existence de concepts de beauté alternatifs, qui m'ont mené à interviewer des artistes tatoueurs de Brooklyn.

Mais surtout, je suis resté fixé sur la question sous-jacente à l'exposition de Castelbajac : comment en sommes-nous arrivés là ? Qu'est-ce qui fait que nous dépensons tant d'argent à nous préoccuper de notre apparence ?

Une enquête menée en 2010 auprès de 8 600 femmes européennes par le site français aufeminin.com fournit un élément de réponse : 25 % des répondantes ont déclaré être « accros » à la beauté et ne sortir pour ainsi dire jamais de chez elles sans être un tant soit peu maquillées. Le mascara est, pour elles, particulièrement indispensable.

Le sociologue Jean-François Amadieu analyse ainsi cette donnée :

> Si les individus déclarent toujours faire des régimes alimentaires, du sport, de la chirurgie esthétique, se maquiller ou s'habiller à la mode pour eux-mêmes, pour être bien dans leur corps et devant leur glace [...] en réalité, ils restent plus que jamais influencés par les normes sociales, la mode, la publicité. On note, dans le sondage, que certaines femmes ne quittent jamais leur domicile sans maquillage. Chacun sait que les efforts vestimentaires et le maquillage sont évidemment liés au fait d'être « sortie », c'est-à-dire d'être devant les autres. Le fait que les individus (les femmes) souhaitent se sentir libres et autonomes et n'aiment pas avouer leur conformisme n'enlève rien au fait que les normes en matière d'apparence physique (IMC, poids, jambes…) sont mondialisées, connues de tous et contraignantes. (*La beauté aujourd'hui, c'est quoi ?*, www.influencia.net, 8 septembre 2010)

Mais s'il y a bien des tendances en matière de beauté, certaines de nos idées sur le sujet n'ont pas changé, ou si peu, depuis des siècles. John Armstrong écrivait, dans son ouvrage *The Secret Power of Beauty* (2005), qu'« il existe une constance remarquable dans l'histoire quand il s'agit de définir quelles sont les formes humaines les plus attractives. Les statues grecques incarnent aujourd'hui encore l'idéal de beauté masculin et les femmes peintes par Le Titien sont toujours belles à nos yeux. »

On dit souvent que la beauté est affaire de proportion : « l'amour de la ligne, de l'équilibre, de la symétrie, des courbes douces ». Cette théorie nous ramène au VIe siècle avant J.-C. et à Pythagore, qui avait découvert que deux cordes de longueurs différentes, la seconde représentant exactement la moitié de la taille de la première, émettent des sons harmonieux lorsqu'on les fait vibrer ensemble. Cet exercice peut être reproduit à l'infini, tant que les longueurs des cordes restent proportionnelles. Pythagore a étendu cette théorie et suggéré que l'harmonie de toute chose a pour origine la symétrie. Comme l'écrit Armstrong, « le terme pythagorique désignant la beauté était "cosmos" – un sens qui résonne encore dans les propos de la chirurgie cosmétique ou l'utilisation d'un rouge à lèvres. »

Un autre élément semble-t-il immuable est notre attrait pour la lumière et la couleur. Umberto Eco, dans son ouvrage *On Beauty* paru en 2004, observe que si l'on évoque souvent la période médiévale sous le terme de Haut Moyen Âge *(Dark Age* en anglais), il s'agissait en réalité d'une époque très lumineuse et colorée, des manuscrits enluminés jusqu'aux « vêtements teints avec les plus précieuses couleurs, comme le violet ». C'était aussi une question de statut : « Les couleurs artificielles à base de minéraux ou de végétaux représentaient la richesse, tandis que les pauvres se contentaient de tissus ternes et de couleurs modestes… La richesse des couleurs et la splendeur des pierres précieuses étaient synonymes de pouvoir, et donc objets de désir et d'émerveillement. »

Le pas est aisément franchi jusqu'aux couleurs scintillantes du maquillage, généralement obtenues grâce aux minéraux.

De façon similaire, il a été établi à plusieurs reprises que nous sommes instinctivement attirés par ceux dont nous pensons qu'ils peuvent nous aider à propager l'espèce humaine : nous cherchons, chez un partenaire potentiel, un teint frais et sans défaut, des dents blanches et solides, des yeux brillants, un corps en bonne santé. Le statut social intervient ici, écrit Armstrong, comme « indicateur important de sa sécurité future. Il n'est donc pas étonnant que nous développions une attirance innée pour des objets et des traits qui indiquent un bon statut. »

« Jeunesse », « vitalité », « éclat » – tels sont les mots qu'utilisent dans leur communication publicitaire les marques de beauté, dont les emballages chics, les prix exorbitants et les spas raffinés sont autant de promesses de statut.

Aller interroger les marques sur le sujet demande beaucoup de travail. La beauté est un secteur hautement concurrentiel – et souvent critiqué – qui nourrit une aversion naturelle pour ceux qui n'en font pas partie. Mes tentatives pour interviewer une personne de Clinique, propriété d'Estée Lauder Companies, sont assez caractéristiques des contorsions auxquelles j'ai dû me prêter : j'ai d'abord envoyé un mail au département américain des Relations Publiques, y joignant un synopsis du livre, auquel on m'a finalement répondu en me demandant… un synopsis du livre. Peu de temps après, j'ai été mis en contact avec le département français des Relations Publiques (je vis à Paris, comme vous l'aurez sans doute deviné). Une femme tout à fait sympathique m'a indiqué que, le livre allant être publié en anglais, c'est probablement à ses homologues américains que je devrais m'adresser. « Mais soyez prévenu », avait-elle ajouté, « vous êtes un inconnu. L'industrie de la beauté est basée sur le relationnel. Les gens ont tendance à ne pas parler à ceux qu'ils ne connaissent pas. »

Comme je m'y attendais, un mois environ après l'envoi de mon premier e-mail, je reçois un court message de Clinique me remerciant de mon intérêt pour la marque, mais précisant que « pour des raisons de politique interne, nous n'autorisons pas la reproduction de nos publicités dans les ouvrages » – ce qui n'était pas ma demande initiale. J'ai compris, toutefois, qu'il s'agissait là de protéger davantage le mythe que simplement Clinique : les entreprises de beauté construisent un monde de rêves, et ne tiennent pas à ce que leurs clients aillent voir ce qui se passe en coulisses. J'ai finalement eu recours à des amis d'amis, d'anciens étudiants travaillant dans le secteur ou des gens du métier qui ont tenu à rester anonymes. J'ai parfois eu davantage l'impression de faire de l'espionnage industriel que d'écrire un livre.

Je ne prétends pas qu'il s'agit ici d'un travail définitif, ni d'une encyclopédie : c'est un projet personnel, j'ai abordé les marques et les sujets qui m'intéressaient, espérant au passage répondre à la question implicite contenue dans le sous-titre de l'ouvrage.

Le marketing nous a changés. Il nous a fait prendre conscience de notre non-conformité, de notre incapacité à répondre à un modèle de beauté de plus en plus précis. Comment ? Voici la préoccupation centrale – mais non unique – de ce livre.

J'ai d'abord tenu à entreprendre un voyage dans le temps, pour rencontrer celles et ceux à l'origine de nos idéaux de la beauté.

Le voyage aura été plus long que prévu.

1

À la poursuite de Cléopâtre

« Empruntez au carmin les couleurs
que la nature vous a refusées. »

C'est au Louvre que j'ai finalement retrouvé Cléopâtre. Espérant qu'elle s'y cachait, je l'avais d'abord traquée au musée Gustave Moreau ; mais quoique les murs surchargés de l'ancienne demeure du peintre témoignent de sa passion pour les femmes au caractère bien trempé – ainsi son pinceau a-t-il couché sur la toile Bathsheba, Salomé ou Dalila – son portrait de Cléopâtre ne s'y trouvait pas.

« Nous en avons une reproduction », s'est excusée la dame du guichet, « mais l'original est au Louvre. »

Un coup de fil au musée m'apprend que le tableau n'est pas exposé. Mais, comme si elle avait pu voir mon visage se décomposer depuis l'autre bout de la ligne, l'archiviste ajoute, « Si vous le souhaitez, vous pouvez prendre rendez-vous pour venir le voir ».

On trouve au Louvre de nombreuses représentations de Cléopâtre, parmi lesquelles une sculpture de François Barois de la célèbre Égyptienne se tordant voluptueusement après avoir été piquée par l'infâme aspic. Dans une autre aile du musée, on peut observer *Le débarquement de Cléopâtre à Tarse* de Claude Lorrain (1643), un événement qui précède sa rencontre avec le général romain Marc Antoine. Mais Cléopâtre n'est sur ce tableau qu'un personnage minuscule, écrasé par la masse des navires qui encombrent le quai, les superbes bâtiments qui surplombent son cortège et l'éclatant coucher de soleil qui attire le regard vers la ligne d'horizon.

Elle est en revanche la vedette de l'aquarelle peinte à la fin du XIXe siècle par Gustave Moreau ; et le décor grandiose de la salle de documentation du département des Arts Graphiques du Louvre est le lieu idéal pour faire sa connaissance. C'est une pièce immense, que rythment des colonnes de marbres et que domine une fresque peinte sur le plafond, loin au-dessus de nos têtes. Depuis leurs niches, des statues observent les visiteurs auxquels les chérubins des bas-reliefs adressent des sourires en coin.

Mais rien de tout cela ne peut me distraire de mon rendez-vous avec la reine d'Égypte.

L'archiviste la sort de l'une des nombreuses boîtes noires rectangulaires qui ornent les milliers – semble-t-il – d'étagères de la pièce. Je regrette l'espace d'un instant qu'elle soit enfermée ici, prisonnière numéro 27900, au lieu d'être à la place qui lui revient, parmi les autres femmes fatales de Gustave Moreau. Mais je n'aurais alors pas eu le privilège d'une rencontre privée…

L'archiviste place avec précaution l'aquarelle sur un chevalet puis s'éloigne en silence, me laissant libre de contempler l'œuvre à loisir.

« Cléopâtre, assise, demi nue, de face sur un trône très élevé » indique la notice du musée.

Certes… mais cette description rend à peine justice à l'œuvre, qui nous montre Cléopâtre comme on l'a toujours représentée : en séductrice de légende. Entourée d'un rideau de brocart, comme s'il s'agissait d'une scène de théâtre, Cléopâtre est à demi étendue sur un trône, une jambe nue coquettement repliée, l'autre ornée d'un entrelacs peint au henné. Sa nudité est accentuée par le seul vêtement qu'elle arbore, une fine étole de soie attachée sous sa poitrine par un fermoir décoré de pierres précieuses. Elle porte également une couronne et des boucles d'oreille de perle – la reine, comme on le sait, aimait à dissoudre des perles dans son vin. Le reflet de la pleine lune illumine sa peau et son visage est empreint de mélancolie tandis qu'elle regarde au loin, vers le Sphinx (qui était en réalité complètement ensablé à son époque) et les pyramides. Le peintre ayant choisi de la présenter de profil, le spectateur peut admirer le nez aquilin de la reine – « Le nez de Cléopâtre », écrivit Blaise Pascal, commentant l'émerveillement envers sa femme qui aurait ôté à Antoine sa force et son habileté, « s'il eût été plus court, toute la face de la Terre aurait changé. »

Elle tient de la main droite un lys, quoiqu'une rapière soit à sa portée immédiate. Sa main gauche s'attarde dangereusement du côté du petit serpent qui glisse insidieusement vers elle. On devine à l'arrière-plan les silhouettes d'un obélisque et d'un temple en ruine. La reine semble radieuse, mais les ténèbres planent au-dessus de son épaule…

Le personnage de Cléopâtre fascine depuis des siècles. Elle est sans doute le premier exemple d'une icône de la beauté, l'ancêtre de toutes ces déesses au front lisse qui nous contemplent aujourd'hui depuis leurs panneaux publicitaires. Et pourtant, en dépit de toutes les légendes qui l'entourent, une seule chose est certaine : elle a bel et bien existé. Cléopâtre VII – la dernière et la plus célèbre de la lignée – naît en -69 avant J.-C., dans la dynastie des Ptolémées. S'ils se disent pharaons, ces derniers sont en réalité grecs : Ptolémée Ier fut en effet général sous le règne d'Alexandre le Grand. Cléopâtre s'intègre davantage que ses aïeux, qui jamais ne prirent la peine de parler égyptien. Au Louvre, une tablette de -51 avant J.-C. la montre présentant une offrande à la déesse Isis, dont elle se disait être une réincarnation. Ironie de l'œuvre, la reine d'Égypte est habillée en homme, comme le voulait la tradition d'alors.

Cette image de garçon manqué soulève d'intéressantes questions. Sa grande beauté n'est pas réellement prouvée ; on soupçonne même qu'elle ait été quelconque : ainsi les pièces de monnaie romaines la représentent-elle avec un nez crochu et une mâchoire proéminente. Dans son livre *Cleopatra : a Life*, paru en 2010, Stacy Schiff ajoute au portrait « des lèvres pleines, un menton pointu et proéminent, des sourcils hauts » et « de grands yeux caves ». Dans sa *Vie d'Antoine*, l'historien hellène Plutarque souligne que la clé de son succès résidait en réalité dans son charisme. « Car sa beauté, comme il nous l'a été rapporté, n'avait en soi rien d'incomparable ni ne sautait aux yeux de ceux qui la voyaient. Mais converser avec elle revêtait un charme irrésistible, et sa présence… était stimulante. »

Rien ne prouve non plus que Cléopâtre ait pris des bains de lait d'ânesse, quoiqu'en dise l'industrie de la beauté qui s'est empressée d'exploiter cette image. Dans les années 1980 existait en France une marque de savon appelée Cléopâtre, dont un spot publicitaire coûteux montrait la reine entrant majestueusement dans ses bains privés, accompagnée comme à son habitude d'une foule de jeunes esclaves, de musiciens et autres gardes du corps aux biceps huilés.

Ceci étant dit, il est plus que probable que Cléopâtre ait effectivement suivi un régime beauté extensif – comme l'avaient fait avant elle bien d'autres reines d'Égypte.

La beauté antique

En premier lieu vient évidemment le khôl. Il s'agit en réalité de galène – sulfite de plomb – réduit en poudre fine puis mélangé à de la graisse animale lui conférant ses qualités d'adhérence. « La graisse [était] appliquée sur le visage à l'aide d'une brindille, d'un petit bâton ou d'un stylet en bois, en os ou en ivoire. Dans l'Antiquité, le stylet était présenté dans une petite boîte – l'ensemble formant alors un délicat petit "poudrier" » rapporte une ancienne brochure intitulée *Beauté Treatment in Ancient Egypt,* éditée par le Département du Tourisme égyptien. Ce geste visait à repousser les mouches, protéger les yeux du soleil et stimuler les glandes lacrymales, permettant ainsi à l'œil d'être nettoyé en permanence. Mais on pense également que la manière dont le khôl était appliqué, allongeant la ligne de l'œil, était une référence à Horus, le faucon céleste, dieu du ciel et esprit de la lumière.

Pour les Égyptiens de l'Antiquité, la piété était affaire d'hygiène mais aussi de beauté. Dominique Paquet, auteur de *Miroir, Mon Beau Miroir: Une histoire de la beauté* (1997), indique que les rituels d'hygiène, pour la classe dirigeante égyptienne, lui permettaient de s'approcher du panthéon des dieux et la différenciaient des citoyens ordinaires dont les gestes de beauté étaient bien plus limités et surtout « exempts de toute portée ésotérique ». Le teint de la peau devint représentatif des castes – une femme à la peau claire menant forcément une vie profondément différente qu'une paysanne à la peau hâlée. Une distinction qui perdurera pendant des siècles…

Une langoureuse routine attendait l'Égyptienne de haute classe à son réveil. Un bain d'abord, dans lequel elle se lavait avec un agent nettoyant polyvalent – du natron, minéral formé sur les bords asséchés de certains lacs – mélangé à de l'huile, pour en faire du savon. Antibactérien naturel, le natron (mélange de carbonate de sodium, de bicarbonate de sodium et de sel) était également utilisé par les Égyptiens, sous forme plus ou moins concentrée, pour se laver les dents, nettoyer les plaies ou faciliter le processus de momification.

Le point culminant du bain était une exfoliation à l'aide d'une pâte appelée *souabou*, contenant de l'argile et des cendres, auquel succédait un massage à l'huile parfumée.

Les Égyptiennes restaient parfumées malgré la lourde chaleur estivale grâce à une pommade de térébenthine et d'encens ; elles connaissaient en outre une foule de remèdes contre les boutons, les imperfections du teint et même les rides. « Pour adoucir les rides [...] on utilisait un mélange d'albâtre et de natron réduits en poudre, de sel en provenance du Nord et de miel » décrit Pierre Montet dans son guide *La Vie quotidienne en Égypte au temps des Ramsès* (1980).

Les femmes égyptiennes poudraient leur peau d'ocre, pour lui donner une nuance dorée et lumineuse. Elles soulignaient leurs yeux d'un trait de khôl et fardaient leurs paupières à l'aide de malachite, de turquoise, de terra cotta ou de charbon. Les sourcils étaient épilés et étirés, les cils noircis et les lèvres rougies avec du carmin.

La coiffure dépendait de l'époque – et de l'occasion. On sait que les femmes utilisaient des bandeaux de métal et des épingles en ivoire pour ordonner leurs boucles. Pierre Montet rappelle qu'à l'époque de Ramsès, les cheveux étaient portés courts et noués en minuscules nattes. D'autres sources indiquent que les femmes d'alors se rasaient la tête et arboraient des perruques parfumées faites de soie, de crin de cheval ou de vrais cheveux humains, tressées et rehaussées de mèches d'or. Les plus riches affectionnaient les couronnes et diadèmes en or, malachite, turquoise, grenat et autres pierres précieuses. Les bijoux étaient portés en nombre et servaient à la fois d'ornements purement décoratifs et d'amulettes pour éloigner les mauvais esprits.

Les Égyptiennes apportaient par ailleurs un soin méticuleux à leurs pieds et mains, dont les ongles étaient polis et recouverts de henné – celui-ci ayant vraisemblablement également été utilisé pour décorer la peau. Les foyers les plus aisés disposaient d'une panoplie d'outils de toilette sophistiquée : peignes et pinces à épiler, lames courbées et couteaux pour les soins des mains et des pieds, rasoirs – pierres affûtées ou éclat de bronze, selon l'époque. Des disques de bronze circulaires servaient de miroir, disques qui pouvaient également être faits en cuivre, en or ou en argent.

L'Égypte devint le centre d'un véritable commerce de la beauté. La glorieuse souveraine Hatchepsout (littéralement « la plus importante des dames de la noblesse »), dont le règne s'étendit de 1479 à 1458 avant J.-C., était vraisemblablement consciente de l'importance des parfums et des cosmétiques. Au cours de la dix-neuvième année de son règne, la reine-pharaon mit sur pied une expédition commerciale vers le quasi mythique Pays de Pount. Le lieu faisait alors déjà l'objet de légendes populaires – un marin naufragé l'ayant décrit comme une île fertile gouvernée par un serpent d'or – et son emplacement est, aujourd'hui encore, un mystère : certains universitaires le localisent dans l'actuelle Somalie, d'autres en Arabie Saoudite.

Quoi qu'il en soit, la délégation d'Hatchepsout traversa la Mer Rouge jusqu'à Pount, où elle fut chaleureusement accueillie. Les cinq navires revinrent chargés d'arbres à myrrhe, dont la fragrance agréable était légendaire ; et Pount devint un comptoir clé dans le réseau commercial initié par Hatchepsout. « Jusqu'au Ier siècle, l'Égypte détenait un quasi monopole dans la transformation des produits bruts » indique Dominique Paquet.

À l'instar de Cléopâtre, Hatchepsout ne voyait pas les parfums et les cosmétiques comme des armes de séduction : la beauté était l'expression de la divinité, les fragrances et les poudres reflétaient un statut social.

Gymnases grecs et bains romains

Si les Égyptiens démontrèrent leur faiblesse pour les atours clinquants, les Grecs avaient, eux, une approche de la beauté beaucoup plus… spartiate. Ironiquement d'ailleurs, car c'est pourtant du grec *kosmetike tekhne*, « art de l'habillement et des ornements », que dérive le terme « cosmétique ».

Pour les anciens Grecs, la beauté résidait dans l'harmonie naturelle plutôt que dans les artifices des fards. Le maquillage fut ainsi banni de Sparte, en raison de son lien avec la prostitution. Détail révélateur, les jeunes mariées étaient autorisées à porter un maquillage léger pour leur nuit de noces… Cet instant de plaisir partagé était bref : la Grèce Antique était en effet une société dominée par les hommes, et les femmes étaient dès leur enfance exilées dans l'aile de la maison qui leur était strictement réservée, le gynécée. Grands-mères, épouses, filles et esclaves : toutes y vivaient, à l'écart de la vie publique.

Mais si la société grecque avait une attitude primitive quant à l'égalité des sexes, elle avait aussi une conscience du corps extrêmement développée. La beauté, pour les anciens Grecs, était affaire de proportion. Les hommes sculptaient leurs corps dans les gymnases, même s'ils s'autorisaient après leur entraînement le luxe d'un massage à l'huile parfumée. Si l'on en juge par les représentations d'Aphrodite, déesse de l'amour et de la beauté, la femme idéale avait un visage ovale et un nez aquilin, des formes arrondies mais à la fermeté juvénile, et une poitrine proéminente. On attendait d'elle qu'elle ait une peau d'une nuance uniforme et – surprise ! – extrêmement pâle.

Dès le début du VIe siècle avant J.-C., les techniques orientales de maquillage commencèrent à filtrer dans Athènes. Les femmes se mirent à blanchir leur teint avec de la céruse (ou blanc de plomb) ou de la poudre de craie et écrasèrent des figues et des mûres pour se farder les joues. Les paupières se colorèrent de safran, les sourcils épilés se noircirent de khôl. Les mères transmettaient à leurs filles leurs secrets de beauté.

Affaiblie par des luttes intestines, la Grèce céda lentement son pouvoir à Rome. Dans les dernières années de cette grande civilisation, les femmes ordinaires se sentaient libres de quitter leur foyer pour se promener dans la rue, afin que tous puissent apprécier leur beauté.

Les Romains ne se montrèrent pas moins impérieux à l'égard de leurs femmes. Dans la dernière partie d'*Ars Amatoria* (*L'Art d'aimer*), le poète Ovide les encourage à se mettre en valeur : « La beauté naît dans la douleur : la beauté négligée meurt. » Il leur recommande toutefois un usage discret du maquillage, toute pointe de déception pouvant jeter un froid sur les ardeurs d'un amant… « Vous savez emprunter à la céruse sa blancheur artificielle, et au carmin les couleurs que la nature vous a refusées […]. Vous ne craignez pas d'animer l'éclat de vos yeux avec une cendre fine, ou avec le safran […]. Il ne faut pas toutefois que votre amant vous surprenne entourée des petites boîtes qui servent à ces apprêts. Que l'art vous embellisse sans se montrer[1]. »

Certains pensent que les paroles d'Ovide s'adressaient aux courtisanes, mais on sait avec certitude que tous les Romains prenaient

1. Traduction française de M. Heguin de Guerle et M.F. Lemaistre, *Ovide. L'Art d'aimer*, Paris, Classique Garnier, 1927.

grand soin de leur apparence. Quoique les bains aient eu une fonction sociale, ils répondaient également à un désir non seulement de propreté, mais aussi de séduction. Entêtées dans leur recherche d'une beauté de sylphide, les Romaines à la mode gommaient et épilaient leur peau ; comme les Grecques, elles éclaircissaient leur teint à l'aide de céruse – bien qu'elles sachent qu'à long terme cette dernière leur abîmait la peau, noircissait leurs dents et bouleversait leur système nerveux, leur conférant un teint aussi pâle que la mort...

De l'ombre à la lumière

Les femmes du Haut Moyen Âge cherchaient elles aussi à éclaircir leur peau, quel qu'en soit le prix. Des peintures d'époque illustrent la futilité de la vanité : les peaux autrefois pâles et jeunes devenaient, comme par un effet spécial de cinéma, une chair hideuse et marquée de cratères, surmontée de cheveux épars – toutefois cette métaphore apparente est une description tout à fait réaliste des ravages de l'empoisonnement au plomb.

L'avènement du christianisme n'atténua pas la pression des femmes quant à leur conformité aux canons de la beauté ; elles devaient désormais paraître pures, virginales et éternellement jeunes. La femme nouvelle avait une poitrine haute et menue, de longs cheveux et un ventre proéminent – symbole de fertilité – et se trouvait déchirée entre les exigences puritaines de « naturel » et les soins de beauté orientaux, dont elle savait qu'ils lui permettraient d'atteindre les attentes irréalistes de cet idéal.

Dans *Le Roman de la Rose*, allégorie médiévale dont Guillaume de Lorris débuta l'écriture autour de 1230, est décrite une « jeune fille belle et aimable » : « Ses cheveux brillaient de reflets dorés, sa peau était plus tendre que celle d'un jeune poussin, elle avait un front radieux, des sourcils arqués... et des yeux aussi brillants que ceux d'un faucon. » À ces qualités s'ajoutent « un visage rose et blanc », « des lèvres charnues » et « une fossette au menton ». Lorris répète par deux fois que son cou est long, doux et pâle, tandis que sa peau est

« vierge de toute plaie ou bouton ». Et dans le cas où nous n'aurions pas encore suffisamment saisi le portrait de cette jeune fille, il conclut que « sa gorge était aussi blanche que la neige fraîchement tombée sur la branche, son corps harmonieux et mince ». Comme pour résumer le tiraillement moral provoqué par de tels fantasmes chez les hommes de son époque, Lorris précise que le nom de la rose est « Oyseuse » – Oisiveté...

Le poème suggère que les rituels de beauté étaient le privilège des femmes riches et indolentes. Un nouveau canon en émergea cependant : les sourcils furent désormais épilés et teintés ; le front haut devint signe d'intelligence et de bonnes manières et, par là même, une improbable zone érogène. Les femmes s'épilaient et se rasaient la naissance des cheveux, pour en parachever l'effet, et se servaient d'auripigment (arsenic trisulfide) pour éliminer toute repousse. Écharpes fines et bandeaux décoratifs leur permettaient d'attirer l'attention sur cette zone si désirable tandis que les cheveux restants étaient portés longs, parfois tressés, et ornés de fils d'or et de perles. La modestie exigeait cependant que les femmes mariées se couvrissent la tête, à l'aide d'une écharpe ou d'un chapeau : la beauté médiévale n'était que contradiction...

Comme le fait remarquer Dominique Paquet, l'invention de la presse écrite, au XVe siècle, permit d'élargir la diffusion des remèdes de beauté. L'une des plus influentes des détentrices de ce savoir fut Caterina Sforza, comtesse de Forli, puissante figure de la Renaissance qui s'adonnait à l'alchimie. Elle écrivit entre 1492 et 1509 *Gli Experimenti*, véritable manuel de beauté pour les femmes de son époque. Celles-ci s'y voyaient fortement recommander de faire bouillir de la peau de serpent dans du vin afin de revitaliser leur teint, ou d'ingérer des infusions d'escargot et de mauve pour favoriser la pousse des cheveux. Ces derniers pouvaient être éclaircis à l'aide d'une teinture mêlant safran, soufre et cinabre. Le second volume de *The Greenwood Encyclopaedia of Clothing through World History*, édité par Jill Condra en 2008, précise que Caterina Sforza « concoctait "différentes eaux de beauté" visant à illuminer le teint et à éliminer les tâches de rousseur ». Sans doute estimait-elle que dispenser cette sagesse lui permettait de confirmer son image de femme influente, gardienne de pratiques obscures qui confinaient à la sorcellerie.

La même source note l'existence d'autres manuscrits du même type – tel *Secreti*, d'Isabella Cortese, publié à Venise en 1584. Les recettes décrites ont recours à des « ingrédients qui semblent aujourd'hui mystérieux, sinon effrayants ». Isabella Cortese affirmait ainsi avoir découvert, au cours de ses voyages en Europe de l'Est, une mixture destinée à éliminer les boutons et à donner au visage le teint d'une jeune fille de 15 ans. « Il était recommandé, pour pâlir le visage, de mélanger de l'eau de rose, du gros sel, de la cannelle, des bulbes de lys réduits en poudre, du blanc d'œuf et du lait », une alternative possible étant « du jus de citron, du vin blanc, de la chapelure et de la muscade ».

La lumière, la clarté, les rayons vivifiants du soleil étaient associés, comme dans bien d'autres civilisations auparavant, à la lumière divine. Parce qu'ils évoquaient la jeunesse et la divinité – et parce qu'ils étaient rares – les cheveux blonds étaient ardemment recherchés. Pour les obtenir, les femmes vénitiennes trempaient leur chevelure dans un mélange de jus de citron, d'ammoniaque et d'urine, puis s'asseyaient au soleil en ayant préalablement étalé leurs cheveux sur les bords larges d'un chapeau de paille ouvert sur le dessus – et qui leur permettaient également de ne pas exposer leur peau au soleil. Telle serait l'origine du fameux blond vénitien…

Les écrits de Caterina Sforza et Isabella Cortese démontrent clairement que la beauté, au moment de la Renaissance, était devenue une dangereuse combinaison de science et de sorcellerie.

Corsets et crinolines

Si l'empoisonnement au plomb était le prix ultime à payer pour être belle, l'inconfort était le moindre des maux à endurer par les femmes. Le XVIe siècle l'approfondit davantage encore avec l'adoption du corset, destiné à mettre en valeur le buste et à comprimer la taille.

Avant même la puberté, les jeunes filles se voyaient sanglées d'engins de fer, ou baleines, qui leur serraient tellement les côtes que difformités et organes abîmés étaient fréquents. À ces poitrines exagérées et ces tailles comprimées à l'extrême étaient combinées des jupes de plus en plus volumineuses, qui leur dissimulaient entièrement le bas du corps.

Pour Georges Vigarello, auteur d'*Histoire de la Beauté* (2004), ce développement reflète le fait que les idéaux esthétiques de la beauté dérivaient de la contemplation des sculptures et portraits. Le visage, les épaules et la poitrine y étaient exaltés tandis que le reste, depuis la taille jusqu'aux pieds, demeurait caché – comme si les jupes formaient pour le haut du corps un piédestal décoratif. La hiérarchie du corps était en outre conforme à l'ordre de l'univers : la tête s'approchait du paradis tandis que les pieds occupaient la terre.

On observe également l'influence des arts dans le maquillage : les joues pâles légèrement rehaussées de rouge faisaient écho à l'image angélique des chérubins sur les fresques de la Renaissance. Les femmes – et les hommes – soucieux de leur apparence cherchaient à s'assurer qu'ils restaient bien supérieurs à la nature, obscène et sauvage ; aussi les artifices étaient-ils poussés à l'extrême. Le blanc de plomb s'étalait désormais sur les visages des deux sexes, qui arboraient également des perruques poudrées. Les femmes du XVIIe qui déambulaient dans le Jardin des Tuileries protégeaient leur peau du soleil à l'aide de masques vénitiens. Les imperfections étaient dissimulées sous de faux grains de beauté – les fameuses « mouches » – qui devinrent des accessoires à la mode dans toute l'Europe.

L'obsession de la pâleur fit momentanément place, chez les aristocrates français et anglais du XVIIIe siècle, à la fureur du fard rouge, qui masquait l'épuisement des longues nuits de bals et de jeux tout en simulant un état d'excitation sexuelle. Selon des chiffres retrouvés par Dominique Paquet, plus de deux millions de pots de fard rouge furent vendus en France en 1781 – incluant le modèle utilisé par Marie-Antoinette et fabriqué rue des Ciseaux par le Sieur Dubuisson.

La Révolution française déroba aux aristocrates leurs perruques, et même davantage, entraînant le retour à une beauté « naturelle ». Les vêtements retrouvèrent quasiment la simplicité de la Grèce antique. La pâleur revint à la mode, inévitablement, mais devint davantage lunatique et romantique, comme si toutes les élégantes avaient simultanément été frappées par un mal mystérieux. Pour en parachever l'effet, écrit Dominique Paquet, « les femmes ne boivent que du vinaigre, ne mangent que des citrons et lisent tard dans la nuit pour se cerner les yeux. » Telles sont les héroïnes des romans gothiques – *Les mystères d'Udolphe* d'Ann Radcliff ou *Le Moine* de Matthew Gregory Lewis.

Vers le milieu du XIXe siècle apparut cependant un autre type de femme, qui commençait pour la première fois à empiéter sur le territoire des hommes. Connue à Paris sous le nom de « La Lionne », elle savait monter à cheval et se battre à l'épée, nageait et lisait les journaux. C'était l'ancêtre de la Gibson Girl, personnage féminin créé dans les années 1890 par l'illustrateur Charles Dana Gibson : grande, élancée, athlétique, elle incarnait toutefois un modèle de beauté, avec des yeux luisants sous de longs cils sensuels et une chevelure abondante ramassée sur la tête avec une habile nonchalance.

À l'instar de la Gibson Girl, La Lionne resta essentiellement un personnage de fiction. En réalité, on attendait des femmes qu'elles soient plus décoratives que jamais, formes accentuées par les corsets qui leur écrasaient la taille et les jambes invisibles sous les crinolines tourbillonnantes. Demain était encore un autre jour.

Le royaume du fard

Le fard à joue revint bientôt à la mode, quoiqu'utilisé plus subtilement qu'il ne l'avait été au siècle précédent. En 1894, le satiriste anglais Max Beerbohm publia un essai intitulé *A Defence of Cosmetics*, dans lequel il évoquait la démocratisation croissante de la beauté. « L'utilisation des pigments se généralise, et la plupart des femmes ne sont pas aussi jeunes que leur maquillage le laisse croire» rapporte-t-il cruellement... Plus tôt dans l'ouvrage, on peut lire :

> Il n'est plus de mise de blâmer une femme coquette qui, pour échapper à l'outrageuse persécution du temps, court à sa table de toilette – son sanctuaire... Il n'est pas étonnant qu'au cours des cinq dernières années, les affaires des fabricants de cosmétiques aient crû considérablement – multipliées par vingt, m'a rapporté un de ces fabricants. Il n'est besoin que de remonter une rue à la mode et de jeter un œil à l'intérieur des petites calèches qui la sillonnent [...] ou de regarder sous le chapeau de n'importe quelle femme pour réaliser l'étendue du royaume du fard.

À Paris aussi, la démocratisation de la beauté progressa rapidement. Selon Vigarello, les pots de fards vendus en 1830 par la boutique Reine des Fleurs, rue Saint-Martin, s'étalaient de 5 à 85 francs alors que le travailleur moyen gagnait moins de 3 francs par jour. En 1851, cependant, une publicité du fabricant A. Schoelcher promettait des produits «pour toutes les classes de la société», notamment des poudres blanches ou roses à 1 franc le pot (ou 60 centimes le demi-pot).

Les crèmes pour la peau se répandirent parallèlement. Dans son livre *Beauty Imagined: A history of the global beauty industry* (2010), Geoffrey Jones observe :

> Il a existé, sur la majeure partie du XIXe siècle, une niche de produits de luxe. Ce marché se résumait principalement à deux types de produits vendus par les parfumeurs : d'une part les «laits», des émulsions destinées à rafraîchir et nettoyer le visage, obtenues par un mélange d'eau et de graines de plantes – de rose par exemple – écrasées, et d'autre part les «crèmes», élaborées à base de graisses et d'eau mélangées et appliquées sur la peau pour l'adoucir.

Ces produits venaient bien évidemment concurrencer les crèmes «maison», «dont les ingrédients se transmettaient de génération en génération comme des recettes de cuisine».

À l'aube du XXe siècle, la fabrication des «produits de beauté» évolua pour devenir une véritable industrie. Une jeune femme symbolisa tout particulièrement cette transition. Fille de commerçant, Chaja – son prénom de baptême – naît en 1870 à Cracovie, en Pologne. Bien qu'elle souhaite étudier la médecine, ses parents la poussent à épouser un riche veuf du quartier. Pour échapper à ce mariage, elle part pour l'Australie, où son oncle Bernhard tient un magasin dans le village reculé de Coleraine, dans l'ouest du Victoria.

Les femmes de la région, dont la peau est rougie par le soleil et durcie par la poussière, sont fascinées par le teint pâle et uniforme de Chaja. Celle-ci en attribue les mérites à une crème pour le visage polonaise fabriquée par un certain Dr Jacob Lykusky et promet d'en faire venir de Pologne. Ainsi commence-t-elle le commerce de son premier produit, sous la marque Crème Valaze ; en un rien de temps son affaire prospère et la jeune femme ouvre un petit salon à Melbourne.

Elle a alors déjà occidentalisé son prénom, créant par là ce qui allait devenir une marque mondiale : Helena Rubinstein.

ASTUCES BEAUTÉ

* Ce sont les rituels religieux qui ont donné naissance aux régimes de beauté de l'Ancienne Égypte. L'utilisation des cosmétiques devint une expression du statut social.
* La peau pâle est associée à la beauté depuis des millénaires.
* Grâce à la presse écrite, les textes écrits par les femmes de la Renaissance sont devenus les premiers guides de beauté.
* La beauté a commencé à se démocratiser à la fin du XIXe siècle, encouragée par la publicité et la diffusion croissante des magazines.
* Alors qu'ils étaient auparavant artisanaux et préparés à la maison, des produits de beauté industriels font leur apparition dans les boutiques et salons de beauté.
* Tout est prêt pour l'entrée en scène des premières marques de beauté mondiale...

2

Les professionnels du glamour

« Certaines femmes n'achètent rien,
sauf si c'est cher. »

Quand Helena Rubinstein débarque à New York, à l'hiver 1914, c'est un vaste potentiel qui lui saute aux yeux : « C'était une froide journée, se rappelle-t-elle. Toutes les Américaines avaient le nez violacé et les lèvres grises, et elles s'étaient étalé sur le visage une affreuse poudre blanche. J'ai compris que les États-Unis pourraient être le travail d'une vie. »

La citation est reprise par le magazine *Time* dans la nécrologie de « Madame » Rubinstein, ainsi qu'elle se présentait elle-même, le 9 avril 1965. Helena est morte 9 ans plus tôt, laissant derrière elle un empire de quelque 60 millions de dollars. Un empire fondé non pas sur de simples pots de crème, mais également sur un marketing brillant et révolutionnaire.

Retour à l'Australie. Helena Rubinstein a donné à son premier produit, la crème Valaze, un nom qui évoque Paris, éternel symbole du luxe et de la sophistication. Elle l'a également lié à ses origines d'Europe centrale – la publicité mentionnait en effet que la formule de la crème contenait « des herbes rares des Carpates ».

Quoiqu'elle ait affirmé que la lotion a été inventée par le docteur Lykusky à Cracovie, des preuves récentes – et notamment l'excellent ouvrage de Lindy Woodhead paru en 2003, *War Paint* – remettent sérieusement en cause cette assertion. Car même si elle était arrivée à Coleraine avec plusieurs pots de crème sous le bras, elle n'aurait pu les conserver bien longtemps et n'avait certainement pas assez de fonds, au cours de ses premières années, pour faire venir des caisses de produits de Pologne. En outre, on n'a retrouvé aucune trace d'un docteur Jacob Lykusky qui aurait exercé à Cracovie à l'époque. Il est bien plus vraisemblable qu'Helena Rubinstein ait elle-même inventé la fameuse crème, dont un des ingrédients clés se trouvait à portée de main : la lanoline, ou graisse de laine, hydratant naturel secrété par les glandes sébacées des ovins. La jeune femme aurait ainsi élaboré sa propre formule, masquant l'odeur désagréable de la lanoline par de la lavande.

On peut ici se demander comment une jeune femme de Cracovie a pu acquérir de telles compétences... Mais Helena est une femme de ressources, et ses emplois de garde d'enfants à Melbourne, après qu'elle a fui Coleraine pour une ville plus dynamique, lui ont permis de rencontrer nombre de personnages influents – parmi lesquels M. Frederick Sheppard Grimwade, des laboratoires pharmaceutiques Felton, Grimwase & Co.

Pour Lindy Woodhead, Grimwade fut le mentor qui montra à Helena comment élaborer sa crème, et notamment comment distiller un ingrédient primordial, issu de l'écorce du pin australien. Généralement vendu sous la marque Pycnogenol, l'extrait d'écorce de pin est un flavonoïde – et donc un antioxydant. Comme l'écrit Lindy Woodhead, « les flavonoïdes permettent de réparer les tissus conjonctifs et de renforcer le système immunitaire – et donc de ralentir le processus de vieillissement du visage en stimulant la production de collagène et en améliorant l'aspect général de la peau. »

La crème Valaze est donc un mélange de lanoline, de paraffine solide, d'eau distillée et d'extrait d'écorce de pin, qu'Helena Rubinstein présente ainsi dans une publicité de 1903 : « LA CRÈME VALAZE DU DR LYKUSKY, spécialiste de la peau le plus reconnu d'Europe, est le meilleur hydratant pour la peau. VALAZE améliorera la pire des peaux en un mois... Disponible chez Helena Rubinstein & Company, 138 Elizabeth Street. »

Détail amusant, le Dr Lykusky disparaît par la suite mystérieusement des publicités... remplacé par Helena Rubinstein elle-même, qui se présente comme scientifique spécialisée dans les produits de beauté, travaillant d'arrache-pied à la création de nouvelles formules qui permettent aux femmes de lutter contre les ans...

La vie d'Helena Rubinstein est à ce point mêlée à sa légende qu'il en devient souvent difficile de distinguer le vrai du faux. Ainsi, elle affirma un jour que ses premiers soutiens financiers furent un couple aisé rencontré sur un paquebot, qui lui aurait fourni les fonds nécessaires à l'ouverture de son premier salon de beauté. D'autres sources suggèrent que son capital de départ viendrait en réalité d'un marchand de thé nommé John T. Thompson, « admirateur » rencontré alors qu'elle était serveuse au salon de thé Winter Garden, à Melbourne...

Commercial brillant, Thompson travaille pour la Robur Tea Company, qui dispose d'un budget publicitaire conséquent. Il aide Helena à parfaire ses publicités et outils promotionnels, pour lesquels elle devient une experte absolue. Ainsi comprend-elle rapidement que si elle dépense de fortes sommes en publicité, elle peut attendre – ou exiger – une couverture éditoriale équivalente. Conséquence, d'élogieux articles paraissent sur Helena et sa crème Valaze en même temps, ou presque, que son salon ouvre ses portes.

La plupart des spécialistes de la beauté reconnaissent jouer le jeu de la lutte contre le vieillissement, mais Helena est l'une des premières à exploiter franchement – d'aucuns diraient même cyniquement – cette paranoïa. *War Paint* cite une publicité de 1904 proclamant « BEAUTY IS POWER », « La beauté est un pouvoir ». Ladite publicité promet que la célèbre crème Valaze du Dr Lykusky « rend belle une mauvaise peau, et magnifique une belle peau… Valaze donne à la peau l'aspect doux, propre et transparent d'un jeune enfant. »

Comme l'écrit Woodhead, « Helena avait toujours une longueur d'avance dans ses nouveautés. Elle a ainsi été la première spécialiste de la beauté à parler de peau « sèche », « normale » ou « grasse »… Le simple pot de Valaze n'était que le premier de toute une gamme de soins que la consommatrice soucieuse – et désormais vraisemblablement terrifiée – de son apparence devait acheter. » Pour la première fois quasiment, les femmes réalisent que l'état de leur peau – rides, imperfections ou manque d'éclat – est le signal de quelque chose d'anormal, que « l'achat de crème peut corriger ».

Le succès de la crème Valaze est tel que deux ans plus tard, Helena peut déménager son petit salon de beauté dans les locaux neufs et chics de Collins Street, rue de Melbourne bien plus en vue qu'Elizabeth Street. Le fréquente notamment une chanteuse d'opéra du nom de Nelli Melba, qui semble-t-il prend plaisir à chanter *Aida* à tue-tête dans le salon. La minuscule Helena – 1,45 m ! – doit monter sur un tabouret pour pouvoir scruter le teint de l'imposante diva.

Suite à un inspirant voyage en Europe, Helena équipe son salon de petites chaises dorées, comme dans les maisons de haute couture parisiennes. Désormais vêtue d'une blouse blanche, elle rebaptise « Institut Valaze » son établissement, qui comporte désormais une « salle d'opération » où sont traitées peaux sèches, rides, défauts du teint et poils disgracieux. On y propose également des soins complets du visage, des épilations et autres massages que réalisent « deux spécialistes viennoises » – en réalité la sœur d'Helena, Ceska et leur cousine, Lola, que la jeune femme a fait venir de Pologne. Cette dernière réalise ainsi le mix parfait du marketing de la beauté moderne : des atours luxueux, la caution d'une personnalité et un côté pseudo-scientifique.

Jamais Helena n'a commis l'erreur de croire en sa propre publicité. « Je suis une commerçante », déclare-t-elle, justifiant sa politique de prix élevés. « Certaines femmes n'achètent rien sauf si c'est cher. »

Même l'Australie est petite pour l'ambition d'Helena, qui embarque pour l'Europe en 1908. Elle installe son « Helena Rubinstein's Salon de Beauté Valaze » à Londres, dans le quartier de Mayfair, puis ouvre peu de temps après une succursale à Paris. Elle épouse à cette époque un journaliste polono-américain du nom d'Edward William Titus, qui l'aidera par la suite à concevoir ses annonces publicitaires et l'encouragera dans son intérêt pour l'art et le théâtre. Ainsi ajoute-t-elle une nouvelle composante à son mix marketing : la culture. Les décors de ses salons ressemblent désormais aux scènes des ballets russes de Diaghilev, afin que sa riche clientèle s'y sente à l'aise. Helena devient, au cours des années suivantes, une collectionneuse d'art de premier plan. Ainsi commence la métamorphose, depuis ses débuts australiens jusqu'à la Madame Rubinstein de légende.

Sans doute est-ce Titus qui suggère à Helena d'offrir, dans ses salons européens, des soins gratuits à une clientèle choisie d'aristocrates et autres femmes du monde – une manière de stimuler le bouche-à-oreille tout en consolidant l'image haut de gamme nécessaire au salon.

Coureur de jupons invétéré, Titus se sépare d'Helena mais restera toujours son conseiller d'entreprise et un point d'entrée précieux dans la petite société bohème parisienne, que son activité florissante de publicitaire lui a permis de pénétrer. Rubinstein et son étrange compagnon ont toujours été très conscients de l'influence des arts sur les tendances de la mode et de la beauté.

La guerre qui sévit en Europe pousse Helena à poursuivre le développement de ses affaires en Amérique du Nord. Elle y inaugure son premier salon à New York en 1915, bientôt suivi par l'ouverture de points de vente à San Francisco, Boston, Philadelphie, Chicago et Toronto. Elle devient l'une des premières fabricantes de cosmétiques à vendre ses produits dans les grands magasins, quoiqu'elle insiste pour former ses propres équipes de vente et apporter ses recommandations sur la présentation des produits.

« Avec son œil de faucon, Helena passait personnellement en revue chaque point de vente, insistant pour que ceux qui commercialisent ses produits non seulement s'engagent à des montants minimums de commande conséquents, mais en plus envoient leurs équipes de vente à New York pour une formation intensive », écrit Woodhead. « Elle tenait également à ce que ses espaces de ventes occupent une place de premier choix et soient logotypés à son nom, fournissait à ses vendeuses d'élégants uniformes et soutenait chaque nouvelle implantation par des publicités dans la presse locale. »

Les visages maquillés sont toujours dédaignés en ce début de XXe siècle et associés, une fois encore, aux femmes de moralité douteuse. L'avènement d'Hollywood commence à changer cette perception, parvenant à transformer le sex-appeal en glamour. Helena Rubinstein ajoute bientôt le maquillage à sa gamme de produits, proposant au départ des poudres teintées, puis des rouges à lèvres et enfin le premier mascara waterproof. Mais les soins de la peau restent son cœur de métier. Tout au long de sa vie, elle avertira ses clientes sur les dangers du soleil et fera l'éloge de l'écran total alors même que les peaux bronzées sont à la pointe de la mode.

Helena semble invincible. Elle parvient à surmonter l'effondrement de Wall Street en revendant à Lehman Brothers la branche américaine de sa société en 1928, avant de la racheter au moment où le cours de son action passe de 60 à 3 dollars. Ayant divorcé de Titus, elle épouse en 1937 le prince russe émigré Artchil Gourielli-Tchkonia. Comme si elle cherchait à prouver qu'une femme de plus de 35 ans peut encore être séduisante, son époux a 20 ans de moins qu'elle… et mourra 10 ans avant « Madame ».

Alors même que son état de santé décline, Helena continue à diriger ses affaires depuis son lit. Elle meurt à New York à l'âge de 94 ans, peut-être consolée par le fait de savoir que les ventes de ses produits ont cru de 500 % depuis la Seconde Guerre mondiale…

Aux États-Unis, l'histoire d'Helena Rubinstein a toutefois été marquée par une rivalité intense avec une autre marque : Elizabeth Arden.

La métamorphose de la beauté

En l'espace d'à peine plus de deux décennies, depuis le début du siècle jusqu'aux années qui suivent la Grande Guerre, l'image de la femme s'est radicalement transformée. Bien que la Gibson Girl reste un personnage de fiction, les femmes commencent réellement à devenir plus actives. La popularité des bains de mer est allée croissante depuis 1753 et la publication de *The Uses of Sea Water* par le docteur Charles Russell, qui y souligne que les eaux de mer sont tout aussi saines que les eaux thermales. Les costumes de bain, autrefois encombrants et très couvrants, deviennent de minces une-pièce, considérés comme acceptables dès la fin des années 1900. Georges Vigarello fait observer que les cours de gymnastique deviennent obligatoires à l'école dans de nombreux pays européens et États américains dès 1880.

Le miroir en pied, produit industriellement et en nombre croissant dès la fin du XIXe siècle, devient l'élément de mobilier en vogue des chambres à coucher et encourage la révélation et l'acceptation des corps. En outre, corsets et crinolines sont désormais apparentés à des cages à l'heure où, dans de nombreux pays, les femmes réclament le droit de vote. Les créateurs de mode, toujours habiles à déceler les tendances, affinent alors la silhouette féminine : ainsi les robes de Paul Poiret épousent-elles le galbe naturel tandis que Gabrielle « Coco » Chanel les conçoit courtes, libérant enfin les corps.

Coco Chanel démarre sa carrière comme modiste ; elle monte une petite boutique de chapeaux grâce au soutien de son amant fortuné, un playboy anglais du nom de Boy Capel. Le couple passe ses vacances à Deauville et Biarritz, où la jeune femme trouve l'inspiration – en même temps qu'un débouché pour ses créations. Elle ouvre bientôt une boutique à Deauville où elle vend des vêtements pour les vacanciers, inspirés des polos de Boy et des tenues portées sur les bateaux. Ce style sans chichis revêt une utilité nouvelle durant les années de guerre quand les femmes, ayant endossé les rôles habituellement réservés aux hommes, désormais au front, ressentent le besoin d'une totale liberté de mouvement. Les tissus bas de gamme comme le jersey, qui serait littéralement tombé des mains de créateurs plus snobs, sont parfaitement adaptés aux conceptions dépouillées de Coco Chanel. À la fin de la guerre, celle-ci a pratiquement réécrit le code vestimentaire féminin.

La femme Chanel caractéristique des années 1920 est élancée et coiffée au carré ; elle nage, monte à cheval et joue au tennis. Elle est aussi, et pour la première fois, bronzée. Les loisirs ne sont plus exclusivement liés à la vie de famille : les foyers les plus aisés partent sur la côte. Les corps féminins sont exposés au grand air.

L'émergence d'une forme de féminité plus libérée coïncide avec une révolution des médias semblable à celle de l'avènement d'Internet au début du XXIe siècle. Journaux et magazines sont désormais moins chers et beaucoup plus nombreux. Dans les revues de mode et les publicités, les illustrations font place aux photographies, faisant des coiffeurs et maquilleurs de véritables stars. Les publicités radiophoniques démarrent aux États-Unis en 1922, s'ajoutant aux clameurs des voix qui tentent déjà de séduire le consommateur…

Les crèmes de beauté, autrefois produits pharmaceutiques, deviennent les vecteurs d'un nouveau langage : celui du progrès personnel et de l'aspiration. Theron T. Pond en est un exemple caractéristique : ce pharmacien de New York avait développé une gamme de crèmes, savons et baumes à base d'hamamélis, qui apaise les irritations de la peau. À la fin du XIXe siècle, il commence à travailler avec J. Walter Thompson, grande agence publicitaire new-yorkaise. En 1916, lorsque le fondateur de l'agence – surnommé le « Commodore » en raison de son passé de marin et de sa barbe soignée – prend sa retraite, pour cause de mauvaise santé, c'est son protégé, Stanley Resor, qui assure la relève. Son épouse et proche collaboratrice, Helen Lansdowne Resor, est une rédactrice brillante qui apportera ses jeux de mots piquants et sa compréhension du consommateur à de nombreuses marques de beauté.

Alors qu'elle gère le compte Pond, Helen Lansdowne Resor recherche le soutien de célébrités et de femmes du monde – elle songe même à la reine de Roumanie. Les crèmes quittent alors le domaine de la pharmacie pour emprunter le charme des produits de luxe. C'est à cette époque que le nom d'Elizabeth Arden fait son apparition.

La touche Arden

C'est en réalité davantage une marque qu'un nom : Elizabeth Arden naît Florence Nightingale Graham en 1881 et grandit dans une ferme près de Toronto. Comme dans la biographie d'Helena Rubinstein, les arrangements avec les faits réels commencent dès cet instant : toutes deux ont agrémenté l'histoire de leur vie d'élégants détails pour les faire davantage correspondre à l'image qu'elles s'étaient forgées. On dit ainsi que le père de Florence, William Graham, était un jockey britannique qui aurait rencontré et épousé sa mère, Susan, au Canada. Mais quelle qu'ait été sa carrière passée, il est, à cette époque… vendeur en porte-à-porte.

Son enfance rurale a marqué Florence, qui toute sa vie a conservé son amour des chevaux ainsi qu'une image de fille du grand air qui contraste avec le cosmopolitisme clinquant d'Helena Rubinstein. Son enfance est particulièrement difficile : sa mère meurt de tuberculose alors qu'elle est encore petite fille et son père doit travailler dur pour nourrir ses nombreux enfants – quatre filles et un fils. Pour fuir le froid et la crainte de tomber malade, Florence s'échappe dans les romans d'amour, la presse à cancans et les *nickelodeons*, premiers cinémas américains programmant des films courts accompagnés d'un mauvais piano ou d'un orgue aux accents mélodramatiques. Aussi primitifs qu'aient pu être ces premiers divertissements, ils ont forgé son aspiration à des choses meilleures. Il est notable d'ailleurs que de nombreux professionnel du glamour viennent de milieux très modestes : ils rêvent – puis nous vendent leur rêve.

Des études secondaires sont hors de portée, les finances familiales étant bien trop précaires. Comme Rubinstein, et peut-être même inspirée par elle, Florence commence par garder des enfants – mais il s'avère qu'elle n'a pas les épaules nécessaires pour cette tâche. Ayant gardé en mémoire le piano des *nickelodeons*, elle est inévitablement attirée par New York et ses rues forcément pavées d'or. C'est ainsi qu'on la retrouve, en 1907, assise derrière la caisse du salon de beauté d'Eleanor Adair, sur la 5ᵉ Avenue.

Mᵐᵉ Adair n'est pas tant spécialisée dans le soin de la peau que dans sa manipulation. C'est une adepte du *strapping*, technique consistant à tirer artificiellement la peau grâce à des bandes et courroies en caoutchouc attachées sous le menton et en travers du front qui, si conservées ainsi pendant un certain temps, pouvaient atténuer les rides – du moins jusqu'à la prochaine séance... Les publicités Adair du milieu des années 1900 promettent de « rétablir la beauté de la jeunesse » grâce à des courroies au menton qui « éliminent le double menton et redonnent au visage son contour perdu » ainsi qu'à des bandes portées au front qui soignent « les rides profondes entre les sourcils, aux coins des yeux et sur le front ». Le salon propose également des électrolyses pour les « poils superflus » et des massages du visage destinés à rendre « aux peaux ridées et flétries une douceur de velours ».

En complément de ces soins vient une gamme de crèmes et d'huiles commercialisées sous la marque Ganesh : Eleanor Adair attribue leur efficacité aux secrets de beauté indiens, découverts au cours de ses voyages. L'un de ces produits, le *Ganesh Diable Skin Tonic*, se voit même attribuer le double pouvoir d'évoquer l'exotisme oriental *et* la sophistication française !

Florence Graham apprend beaucoup de ses années chez Eleanor Adair, dont on retrouve l'influence dans son enthousiasme pour les massages, sa pratique précoce du yoga et son don pour le langage chargé d'émotions des publicités pour cosmétiques.

L'étape suivante pour la jeune Florence consiste en un partenariat avec une certaine Elizabeth Hubbard, créatrice d'une petite gamme de crèmes de soin, vraisemblablement rencontrée au salon d'Eleanor. Quoi qu'il en soit, Florence se met à travailler pour elle, déployant les stratégies observées chez son employeur précédent. Les crèmes d'Elizabeth Hubbard portent le nom exotique de *Grecian* (« Grecque »), leur packaging est attractif et la publicité principalement tournée vers une cible haut de gamme, à l'instar du salon du binôme ouvert sur la 5e Avenue. Pour des raisons inconnues, le partenariat prend fin au bout de six mois mais Florence garde le salon. (« C'est moi que le propriétaire préférait » expliquera-t-elle crânement).

La transformation peut alors s'opérer : Florence choisit le prénom Elizabeth – toujours visible en lettres dorées sur la devanture du salon – et le complète du patronyme Arden. On peut y voir une référence au poème de Tennyson « Enoch Arden », mais le nom a plus probablement été inspiré par un article sur la récente disparition d'un grand propriétaire de chemins de fer et d'écuries, qui avait donné à son domaine le nom de « Arden ». Une association d'idée qui correspond bien aux goûts de la toute nouvelle Elizabeth Arden, dont le nom rejoindra bientôt celui d'Helena Rubinstein sur la liste des premières marques mondiales de cosmétiques.

Remaniant la ligne créée avec Elizabeth Hubbard, Florence-Elizabeth lance une nouvelle gamme de produits qu'elle nomme *Venetian* (« Vénitienne ») et dont elle soigne particulièrement le packaging doré, blanc et rose. Le packaging s'avérera d'ailleurs être, au cours des années, son point fort – elle y est plus compétente qu'Helena Rubinstein – quoiqu'elle soit également douée pour imaginer de séduisantes expressions. Arden rebaptise son salon « Salon d'Oro », lui conférant ainsi la touche européenne requise, et promet dans ses publicités qu'il est « à ce point imprégné d'un esprit de fraîcheur que vous ne pourrez le quitter sans en avoir saisi une petite part au vol. » Sa porte peinte de rouge brillant devient partie intégrante de l'identité de la marque.

Elizabeth Arden pénètre le marché de la beauté au moment idéal. La culpabilité liée à l'utilisation de cosmétiques devient démodée – voire même, pire encore, oppressive. Elizabeth remarque, à l'occasion d'une marche en faveur du droit de vote des femmes le 6 mai 1912 à New York, que le rouge à lèvre rouge vif est arboré comme un symbole de liberté. Cette même année, au cours d'un voyage d'enquête en Europe, elle observe des femmes superbement maquillées dans les rues de Paris. Rapidement, l'ancienne fan de *nickelodeon* est attirée par la lueur argentée des écrans de cinéma, sur lesquels les visages intégralement maquillés des actrices deviennent les nouveaux emblèmes de la sophistication. Les « visages peints » sont à nouveau désirables. À l'instar d'Helena Rubinstein, Elizabeth Arden s'appuie sur le caractère socialement acceptable de ses crèmes de soin pour lancer sa gamme de maquillage.

Trois hommes joueront un rôle dans son ascension. Le premier s'appelle A. Fabian Swanson, il est salarié chez le fournisseur pharmaceutique Stillwell & Gladding – jusqu'à ce qu'Elizabeth le convainque de travailler à l'élaboration de formules dans son propre laboratoire. Swanson imagine la formule de l'un des premiers succès de la marque, une crème légère pour le visage vendue sous le nom de Venetian Cream Amoretta. À cette appellation quelque peu risible est accolée une mention publicitaire manifestement mensongère affirmant que le produit a été conçu « à partir d'une célèbre formule française ».

Elizabeth commence à réaliser que les consommatrices, dans leur quête de la beauté, sont prêtes à croire n'importe quelle absurdité. Lindy Woodhead souligne que le produit suivant concocté par M. Swanson, un nettoyant doux baptisé Ardena Skin Tonic, est vendu 85 cents la bouteille alors que sa fabrication n'en coûte que 5 – bouteille et étiquettes incluses.

Le centre de coût le plus important de l'entreprise Arden est, on s'en doute, la publicité. Au début des années 1920, c'est la Blaker Agency et son bien-nommé directeur Henry Sell (« vendre » en anglais), ancien journaliste et éditeur du *Harper's Bazaar*, qui gère le compte Arden. Elizabeth fera appel à de nombreux rédacteurs, directeurs artistiques et même agences au fil des ans, mais Sell demeure son publicitaire favori. En 1938, le Food, Drug, and Cosmetic Act met fin à quelques-unes de leurs assertions les plus outrageuses ; mais la loi est facilement contournée par des pamphlets élogieux envoyés sur demande aux fidèles consommatrices et par la mise en avant, dans les publicités, d'un mode de vie évoquant un monde de romances et de privilèges.

Le troisième et fondamental pilier de l'empire grandissant d'Elizabeth est son époux Tommy Lewis, ancien représentant de commerce, qu'elle rencontre à l'occasion d'une traversée vers l'Europe. En charge de la branche des ventes de gros, il recrute ses équipes dans le monde entier et choisit les enseignes en adéquation avec l'image haut de gamme de la marque. Elizabeth accomplit elle aussi sa part de visites dans les magasins des quatre coins du monde, accompagnée d'une délégation d'« esthéticiennes » arborant les couleurs de la marque, pour des apparitions promotionnelles de plusieurs jours consécutifs.

Parallèlement, ses salons ouvrent bientôt leurs portes rouges caractéristiques un peu partout dans le monde : à la fin des années 1930, Elizabeth Arden est une marque aussi mondialement exportée que Coca-Cola. Sa politique de prix élevés et son refus de diluer le positionnement de luxe de ses produits lui permettent de surmonter la grande Dépression. M. Swanson y contribue également en élaborant un baume réparateur qui deviendra l'un des plus grands succès de l'entreprise, toujours en vogue aujourd'hui : la fameuse « Crème de huit heures ». Quoiqu'en dise la légende toutefois, il est peu probable qu'Elizabeth ait utilisé cette crème sur les jambes abîmées de ses cheveux de course...

Sa fortune permet à Arden de réaliser ses rêves de jeunesse en acquérant plusieurs domaines, notamment un ranch dans le Kentucky et une superbe maison de vacances dans le Maine. Transformée en station thermale, cette dernière ouvre au public en 1934 sous le nom de Maine Chance. Elle allie soins de beauté, massages, régime et exercice physique – escrime, équitation et tennis notamment. La robe du soir est naturellement exigée à l'heure du dîner.

L'association inhabituelle des activités sportives et de la sophistication se révélera utile à Elizabeth tout au long de sa carrière. Fan de chevaux et de courses équestres, celle-ci est attirée par l'élégance citadine d'Hollywood, dont elle approvisionne les studios en cosmétiques. Elle réalise même une publicité de vingt minutes pour le cinéma en 1940, intitulée « Young and beautiful » (« Jeune et belle »). Manipulatrice avisée des médias, Elizabeth n'hésite pas à envoyer des cadeaux aux journalistes des pages beauté. En outre, elle s'y entend parfaitement dans le développement de sa marque et lance bientôt une collection de « lingerie couture », une ligne non pas exactement de sous-vêtements mais plutôt de tenues vaporeuses, situées métaphoriquement à mi-chemin entre le boudoir et le dressing, qui invitent les femmes à flâner, divines et évanescentes...

Dans les années 1950, l'utilisation du maquillage est enfin libérée de toute idée sous-jacente d'inconvenance : le monde des cosmétiques est désormais une industrie immense, internationale et hautement concurrentielle. Commencent même à apparaître des accusations de plagiat, d'espionnage industriel voire d'écoutes téléphoniques. Jusqu'à leur mort en 1966, à quelques mois d'intervalle, Helena Rubinstein et Elizabeth Arden restent des rivales acharnées, bien qu'elles ne se soient en réalité jamais rencontrées.

À elles deux, Rubinstein et Arden ont incontestablement posé les bases du business moderne de la beauté. Il est difficile de les apprécier humainement : snobs, vaniteuses et manipulatrices, elles se sont régulièrement abaissées à des mensonges éhontés pour mieux vendre leurs produits : des procédés qui ont fait d'elles deux des plus riches businesswomen que le monde ait jamais connu. Leurs produits ont certes satisfait, choyé et, effectivement, embelli des millions de femmes. Or leurs publicités ont également contribué à persuader leurs clientes que le vieillissement était non seulement peu souhaitable, mais également honteux... Elles ont toutes deux été, en définitive, aussi admirables que détestables.

Comme bien des ennemis jurés, les deux femmes ont eu de nombreuses choses en commun – leur répugnance, par exemple, envers Charles Revson, le fondateur de Revlon.

ASTUCES BEAUTÉ

* Helena Rubinstein a créé la première marque internationale de cosmétiques.
* Elle a usé d'extravagantes fabulations pour convaincre les femmes que les signes du vieillissement étaient honteux – mais qu'il était possible de les ralentir.
* Ses publicités et instituts de beauté ont étroitement lié la science avec le bien-être et les aspirations personnelles.
* Fondée en Australie, son entreprise est basée sur l'utilisation de matériaux locaux et une idéalisation de la sophistication « européenne ».
* Enfant rêveuse issue d'un milieu modeste, Elizabeth Arden a su créer un univers de luxe et de romantisme grâce à ses packagings, ses salons de beauté et ses publicités.
* Comme Rubinstein, elle a soigneusement contrôlé les grands magasins dans lesquels ses produits étaient commercialisés et la manière dont ils étaient présentés et vendus.
* Les deux femmes sont parvenues à la conclusion que des prix élevés ne détournaient pas les consommatrices, mais les convainquaient que les produits en valaient la peine.
* Elles ont toutes deux noué avec les journalistes mode et beauté des relations qui confinent à la corruption.
* Elles ont su exacerber les craintes des femmes envers le vieillissement, posant ainsi les fondations du business actuel de la beauté.

3

Revlon sort les griffes

« Un petit coup de pouce immoral. »

Au début des années 1930, un jeune commercial commence à faire le tour des salons de beauté new-yorkais. Il présente bien mais serait passé relativement inaperçu s'il n'avait pas porté... du vernis à ongles, qui plus est de couleur différente sur chaque doigt. Cette fantaisie devient son astuce commerciale : dans chaque salon qu'il visite, il agite ses ongles arc-en-ciel et entreprend de séduire tout le monde autour de lui – et notamment les femmes.

Alors qu'Helena Rubinstein et Elizabeth Arden ont choisi les visages pour bâtir leur fortune, Charles Revson vise un peu plus bas. Il monte en 1932 la société Revlon Nail Enamel avec son frère Joseph et le chimiste Charles Lachman, qui donne son L au nom de l'entreprise. Ils développent un nouveau processus de fabrication basé non plus sur des colorants mais sur des pigments, qui donnent au vernis son opacité et sa résistance et peuvent se décliner sur une large palette de couleurs vives.

Cette expertise ne tombe pas du ciel : Revson a travaillé comme commercial pour l'entreprise de cosmétiques Elka, dont il aspirait à devenir responsable de la distribution pour tout le territoire américain. Cette promotion lui ayant été refusée, il monte avec un collègue chimiste sa propre société, dont il a déjà l'idée en tête.

Endurance et détermination : voilà ce qui caractérise l'homme. Selon le site Internet de la Charles H. Revson Foundation, ce dernier naît à Boston en 1906 mais grandit dans le New Hampshire. Une fois de plus, il semble que l'histoire ait été quelque peu polie… Dans une biographie enlevée rédigée en 1976 par Andrew Tobias, intitulée *Fire and Ice : The story of Charles Revson, the man who built the Revlon empire*, l'auteur indique que Revson a grandi avec ses deux frères dans un immeuble sans eau chaude de Manchester, dans le New Hampshire. Son père est employé dans une fabrique de cigare, sa mère vendeuse dans une épicerie du quartier. « Ils ne s'amusaient pratiquement jamais, ne dînaient jamais dehors… et n'avaient pas de téléphone (ni de radio, ni de gramophone) ». Les garçons marchaient péniblement plus de trois kilomètres chaque jour pour aller à l'école.

La mère de Charles l'incite – et même le pousse – à mieux réussir que ses parents. L'enfant est débrouillard, à l'aise à l'oral ; sa famille veut en faire un avocat, mais il est doué pour les affaires. Quand il arrive à New York, le jeune homme est embauché par la Pickwick Dress Company, que dirige l'un de ses cousins. C'est ici qu'il dévoile un autre de ses talents, plutôt inattendu : celui des couleurs. Comme l'écrit Andrew Tobias, « lorsqu'il quitte Pickwick, il a évolué jusqu'au poste d'acheteur, qu'il préfère à d'autres car il a ici l'occasion de travailler avec les matériaux et les couleurs. On prétend qu'il est devenu expert dans la différenciation des nuances de noir, ce qui requiert un œil extrêmement sensible ».

Après quelques aventures malheureuses, Revson atterrit chez Elka. Voici donc ce beau parleur, sans éducation ou presque, entamer sa route dans le monde de la beauté. Quoiqu'Elka ne soit qu'une petite société de Newark « sans grande classe », Revson remarque que son vernis à ongles, opaque, est supérieur aux autres produits du marché, tous transparents. Alors qu'il livre les vernis Elka à tous les instituts de beauté de la ville, Revson prête l'oreille aux remarques des clientes

– ce qu'elles aiment, n'aiment pas, ce dont elles ont besoin ou ce qui les séduit. C'est ainsi qu'il finit par essayer le vernis sur ses propres doigts. Comme il le déclare lui-même, dans une interview de 1949: « J'ai appris comment le mettre pour les besoins de mes démonstrations commerciales – et j'en suis encore capable. Jusqu'à aujourd'hui, j'ai essayé toutes les couleurs sur mes propres doigts. Quand il faut apprendre, il faut apprendre. »

Quand Elka refuse à Revson le poste de directeur commercial national, celui-ci appelle un de ses contacts dans le milieu de la cosmétique, un dénommé Charles Lachman, dévoué au grand laboratoire Dresden. Revson a besoin d'un soutien financier mais aussi de l'expertise technique de Lachman. Celui-ci rejoint le projet, auquel il apporte une formule de vernis à ongles développée chez Dresden. Revlon Nail Enamels installe son premier point de vente dans « quelques mètres carrés alloués dans l'usine de luminaires d'un cousin, au 38 West 21 Street ».

Revlon Nail Enamels vend d'abord ses épais et chatoyants vernis dans les salons de beauté, les grands magasins et les drugstores haut de gamme. Revson aime particulièrement les instituts de beauté implantés dans les grands magasins : si une cliente se fait poser un vernis Revlon pendant sa manucure, elle a de fortes chances d'acheter le produit avant de resortir du magasin. Le jeune homme prend également garde à positionner sa marque dans le haut de gamme, les prix ainsi pratiqués lui permettant de financer ses campagnes de publicité sophistiquées – du moins une fois que l'entreprise est lancée. En moyenne, le coût de production d'un vernis Revlon représente un tiers de ce que la consommatrice paye réellement. Mais, comme Helena et Elizabeth, Charles Revson a compris que les femmes n'associent pas le glamour avec des prix bas. Un prix élevé, une publicité qui évoque le luxe, un packaging séduisant : tout cela participe de l'expérience de la beauté.

Selon Geoffrey Jones, l'entreprise comptabilise 80 % de parts de marché du marché américain des vernis à ongles dès 1940. Elizabeth Arden ne s'est pas encore risquée sur ce segment dont elle remet toujours en cause la moralité : pour elle, seules les tentatrices – voire pire – se peignent les ongles. Revlon, en revanche, offre désormais une gamme complète de produits de manucure et commence à se lancer dans les rouges à lèvres.

Les raisons d'un succès aussi rapide pour l'ancien commercial ? Des techniques de vente agressives, entre autres. Revson est un négociateur hors pair. Tobias cite dans son ouvrage l'un de ses anciens associés :

> C'est Charles qui concluait les ventes, personnellement… et qui gérait tout aussi personnellement les points de distribution, en couchant avec la moitié des filles du pays afin d'obtenir pour sa marque de nouveaux débouchés. C'était quelqu'un de très humain, charmant et plein d'esprit, qui fumait trois paquets de cigarettes par jour et buvait son bourbon pur. Son charisme a bâti Revlon – ainsi que le reste de l'industrie.

Si cette description implique que Charles Revson n'aurait pas dépareillé au sein du casting de *Mad Men*, au moins démontre-t-elle les avantages de la « touche personnelle ». Revson sillonne le pays pour visiter salons et concours de beauté. Dans un article de 1950 du journal promotionnel *Printer's Ink*, Revson relate un incident survenu au Sherman Hotal de Chicago lors du Midwest Beauty Show de 1934 :

> Je démarrais mon discours commercial en montrant au prospect comment étaler notre vernis-crème, une nouveauté à l'époque. Je me suis rapidement retrouvé à apprendre aux vendeuses et assistantes des enseignes de beauté comment faire l'article du produit et l'utiliser. Le public a grossi au point que j'ai dû louer l'emplacement d'à côté, et cette surface supplémentaire a rendu mon stand plus grand que notre usine tout entière !

Conséquence de cet incident, Marshall Field's, grand magasin de Chicago, passe une commande si importante que l'entreprise a tout juste assez de stock pour l'honorer !

Le jeune frère de Charles, Martin, rejoint l'entreprise en 1935 comme responsable des ventes. S'il s'avère être un commercial aussi doué que son aîné, sa plus grande contribution à Revlon réside dans le recrutement d'une force de vente à l'échelle nationale, qu'il manage à la dure. Le « Psycho-Revlon » est l'une des innovations de Martin : ses équipes démontrent leurs techniques dans des jeux de rôle avant de voir leurs performances mises en pièce par leur directeur... Comme le confirme Tobias, « c'était une force de vente agressive, les tire-au-flanc n'étaient pas tolérés. La pression du top management descendait directement sur les commerciaux. Un des responsables régionaux avait ainsi exigé de l'un des membres de son équipe, dont les résultats étaient inférieurs à ceux des autres, qu'il l'appelle toutes les deux heures pour lui faire un rapport sur ses avancées, et ce jusqu'à ce que ses performances s'améliorent. »

Au-delà des techniques de ventes agressives, Revlon s'est également construite sur le service après-vente. Charles Revson ne s'incline devant personne – excepté ses clients. « Ils sont les véritables patrons », dit-il. À ses débuts, il garde son vernis à ongle et son rouge à lèvre pour aller se coucher, afin de constater leur aspect le lendemain matin ; il mettra par la suite en place des contrôles qualité sophistiqués.

Charles se targue de se rendre disponible pour ses clients. Selon Tobias, dans son ouvrage *Fire and Ice*, une agence de publicité tenta un jour de vérifier cette allégation : une secrétaire appela Revlon pour se plaindre d'un rouge à lèvre qu'elle venait d'acheter, et qui était trop léger.

> [Revson] fut au bout du fil en un rien de temps. « Avez-vous le rouge à lèvres avec vous ? Retournez-le, il y a un numéro de lot inscrit... donnez-moi ce numéro. Quelle sorte de robe portez-vous avec ce rouge à lèvre ? » Elle ne devrait pas porter *Fifth Avenue Red*, lui répondit-il, mais *Pink Lightening*... L'employée eut droit à une agréable leçon sur ce qu'elle devrait porter et avec quoi, vit son nom communiqué au service clientèle et reçut chez elle échantillons et questionnaires complémentaires.

Revson comprend ce que les femmes attendent. Son expérience en début de carrière dans les tissus l'amène à positionner de ses vernis comme des accessoires de mode, dont les couleurs peuvent s'harmoniser avec la tenue, l'ambiance, l'occasion. Il tient en horreur les recherches et tests marketing – l'approche Procter & Gamble – car pour lui, la mode évolue trop rapidement. Il est le premier à introduire la saisonnalité, concept issu de l'industrie de la mode, sur le marché de la beauté : l'entreprise lance chaque hiver et chaque printemps de nouvelles nuances.

Au fur et à mesure de son développement, Revlon s'implante sur différents segments de marché : ainsi l'entreprise lance-t-elle Ethera, gamme hypoallergénique, puis Ultima, une ligne haut de gamme. À l'instar de nombreux autres génies du marketing, Revson exerce dans le *storytelling*, l'art de raconter des « fictions honnêtes », comme il les appelle. Andrew Tobias le confirme : « Il ne coûte pas plus cher de fabriquer un vernis rouge sombre intitulé *Berry Bon Bon* que de produire un vernis rouge sombre anonyme, or le premier pourra être vendu six fois le prix du second. »

L'idée des thématiques de couleurs s'avère particulièrement efficace lorsque Revlon se lance dans les rouges à lèvres, dans les années 1940. Les femmes peuvent désormais, comme le leur suggèrent les publicités de la marque, assortir leurs lèvres à leurs ongles, un concept qui permet par ailleurs à la compagnie de mener de flamboyantes campagnes de marketing intégré. Le lancement de la nouvelle nuance *Fatal Apple* en 1945 s'accompagne ainsi d'articles dans les magazines de mode, de présentoirs spécifiques dans les points de vente ainsi que d'une soirée de lancement où l'on peut admirer de vrais pommiers, un charmeur de serpent et une pomme en or de Cartier.

Un homme aussi obsessionnel que Charles Revson ne peut qu'imprégner de son perfectionnisme les campagnes publicitaires de la marque – qui ne sont, finalement, qu'une version magnifiée de son art sophistiqué de la vente. Il est capable de renvoyer des publicités déjà imprimées si une simple nuance dans un coin de la feuille ne lui convient pas et les réunions marketing peuvent durer des jours…

Deux campagnes ont notamment fait date. La première de ces deux publicités qui firent grand bruit paraît dans le *New York Times* en 1950. Minimaliste à l'extrême, le slogan « Where's the fire ? » surplombe un trou de cigarette, comme si la page du journal avait été brûlée. Et c'est tout. Aucun nom de marque ni légende explicative. C'est une publicité mystère – un de ces coups de pub dont les acheteurs d'espaces média se vantent encore aujourd'hui quand ils évoquent la « créativité » de leur profession. Et Revlon lance son nouveau rouge à lèvre, *Where's the fire*, quelques jours plus tard...

La marque frappe à nouveau en 1952 avec un produit baptisé « Fire and Ice » (« Feu et Glace »). Kay Daly, qui en conçoit la publicité, a fait appel au photographe Richard Avedon et au top model Dorian Leigh. Daly et Avedon ont habillé cette dernière d'une robe fourreau pailletée d'argent, une cape écarlate tombant négligemment de ses épaules. Le mannequin se caresse la joue des doigts, dont les ongles sont vernis de rouge, attirant le regard sur ses lèvres rouge vif. Son autre main reste posée sur sa hanche dans une pose suggestive, les ongles orientés vers le bas tels des flèches.

Cette fois, la légende joue un rôle primordial. Elle est formulée de la façon suivante : « Pour vous qui aimez jouer avec le feu... qui osez patiner sur une fine couche de glace... pour des lèvres et des ongles assortis... un rouge écarlate sensuel et passionné... tel de flamboyants diamants dansant sur la lune ! »

Et, comme si cette prose haletante ne suffisait pas, figure sur la double page de publicité une série de questions intitulée « Êtes-vous faite pour le Feu et la Glace ? ». Parmi celles-ci : « Avez-vous déjà dansé pieds nus ? Avez-vous déjà fait un vœu lors de la pleine lune ? Rougissez-vous quand vous séduisez un homme ? Avez-vous parfois l'impression que les autres femmes vous en veulent ? Avez-vous déjà eu l'envie de porter un bracelet de cheville ? Êtes-vous attirée par la fourrure, même portée par d'autres ? Pensez-vous qu'il y ait un homme qui vous comprenne réellement ? Fermez-vous les yeux quand vous embrassez ? »

Kay Daly, rédactrice à l'agence Craig & Kummel déclarera par la suite qu'elle avait pris plaisir à donner aux femmes « un petit coup de pouce immoral ». C'est peut-être ça, plus que tout autre chose, qui distingue Revlon d'Helena Rubinstein ou Elizabeth Arden. Charles Revson ne promet pas à ses clientes une jeunesse éternelle ; il leur vend du sexe, purement et simplement. Il a compris, comme Hollywood avant lui, que le glamour s'accompagne toujours d'une petite part de vice.

Le publicitaire Norman B. Norman affirmait que les annonces Revlon étaient lues avec plus d'attention que le magazine lui-même. « Toutes les publicités Revlon parlent d'émotions… comment pensent les femmes, comment elles vivent, comment elles aiment… nous mettons un peu de nous dans nos produits. C'est très différent de ce que font la majorité des autres marques, qui décrivent leurs produits et leurs avantages. »

Charles Revson se tient dans un premier temps éloigné des publicités télévisuelles, pour une raison relativement évidente : dans les années 1950 n'existe encore que le noir et blanc. Ses concurrents sont pour leur part moins timides devant ce média infiniment prometteur. Parce qu'elle est la première marque de cosmétiques à montrer son rouge à lèvres « No Smear » à la télévision, Hazel Bishop surgit de nulle part et rafle 25 % du marché américain – un succès de courte durée cependant, d'autres acteurs plus puissants lui emboîtant le pas en améliorant son idée. Parmi ces derniers figure Max Factor, qui a développé une gamme de maquillage spécifique pour les présentateurs TV et qui commence à sponsoriser des concours de beauté télévisuels (voir chapitre 7). Ainsi, si Hollywood avait fait passer le maquillage du statut de péché à celui de luxe glamour, la télévision le transforme en une habitude quotidienne et un composant essentiel de la féminité.

Norman B. Norman parvient à convaincre Revson de s'essayer au sponsoring avec l'émission de jeu *The $64,000 Question,* diffusée sur CBS. Peu enthousiaste initialement quant à cette démarche – car il craint qu'il ne s'agisse pas d'un environnement adéquat pour ses produits chics et « haut de gamme » –, Charles change rapidement d'avis. Quatre semaines après sa première diffusion, le 7 juin 1955, l'émission bat des records d'audience et les produits Revlon sont en rupture de stock.

Comme l'écrit Andrew Tobias :

> *The Question* permit à Revlon d'accroître ses ventes, ses bénéfices et sa notoriété de façon si formidable que la marque se retrouva à des kilomètres devant ses concurrents… Les ventes [...] grimpèrent de 54 % en 1955 [...]. L'année suivante, elles gagnaient encore 66 % pour atteindre 85 millions de dollars, et les bénéfices avaient plus que doublé. Helena Rubinstein, Max Factor, Coty et Hazel Bishop, tous proches concurrents de Revlon avant la diffusion de *The Question*, restèrent loin derrière à mordre la poussière.

Revlon a droit à trois spots d'une minute par semaine – et les exploite quasiment tous. Les spots sont tournés en direct, ajoutant un peu plus de piquant encore pour le public dans le studio. Le direct permet à la marque de dépasser largement son temps imparti, s'assurant ainsi une publicité maximum. Exprimer la couleur sur un écran noir et blanc étant particulièrement difficile, les spots se doivent d'être aussi spectaculaires qu'une comédie musicale hollywoodienne : neige carbonique, cascades, saules et même canetons vivants sont quelques-uns des éléments de décors de ces mini-épisodes.

L'énorme succès de l'émission ne fait pourtant pas long feu. En 1959, *The $64,000 Question* s'arrête brutalement, suite à la découverte qu'un autre jeu très populaire, *Twenty One*, est truqué : les candidats connaissent les réponses à l'avance et leurs réactions sont orchestrées (ce scandale est parfaitement rendu par Robert Redford dans son film *Quiz Show*, sorti en 1994). Lors des audiences qui s'ensuivent, il devient évident que même si *The Question* n'est pas truqué de manière aussi flagrante, les questions sont tout de même formulées en fonction des points forts des candidats. Il apparaît également que Revlon sait faire entendre son opinion – de façon plutôt pressante – sur les candidats que l'entreprise apprécie et ceux qu'elle n'apprécie pas… Mais non, bien sûr que non, jamais elle n'a essayé de faire disqualifier les participants les moins séduisants : comment pouvez-vous suggérer une chose pareille !

Revlon se sort relativement indemne de l'affaire, qui représentera une moindre baisse dans la fortune croissante de l'entreprise.

La société se développe désormais à l'étranger et a lancé ses produits en France, en Italie, en Argentine, au Mexique et en Asie. Au Japon, Revson tente un coup de poker. Au lieu d'adopter une approche locale, avec des produits spécifiques et des publicités mettant en scène des mannequins japonais, il vend un mode de vie américain stylé, avec les mêmes top models sexy qui ont si bien fonctionné aux États-Unis. Pari gagné : le Japon devient l'un des meilleurs marchés de la marque.

Parallèlement à cette expansion, Revson se diversifie. S'il abandonne rapidement ses premières acquisitions dans les domaines des cirages, des rasoirs électriques et des vêtements de sport féminins, le businessman s'en sort infiniment mieux sur le marché pharmaceutique, où il rachète une entreprise qui commercialise avec succès des médicaments contre le diabète. Il la revend par la suite à Ciba-Geigy en échange d'un portefeuille d'autres produits pharmaceutiques. Charles a conscience que les domaines de la pharmacie et du soin de la peau finiront par se recouper : il lance en 1968 Eterna 27, une crème hydratante à la progénitine (acétate de prégnénolone) – substance qui, ingérée, joue sur le niveau d'œstrogènes et dont « effet liftant » quand elle est appliquée sur la peau est connu.

Revson joue à présent sur les terrains mêmes que dominaient ses anciens concurrents. En 1973, il lance un parfum baptisé Charlie, que sa publicité oriente clairement vers la jeune femme moderne : enthousiaste, indépendante et sexuellement libérée. On peut voir, dans le spot TV, le mannequin Shelley Hack tournoyant dans un ensemble pantalon Ralph Lauren. Si c'est avant tout une publicité pour le parfum, les femmes retiennent néanmoins que la femme Charlie porte des pantalons. Shelley Hack endossera par la suite un rôle similaire de jeune femme volontaire dans la série *Drôle de Dames*. « C'était une époque où les femmes changeaient » confiera-t-elle à Oprah Winfrey dans une interview en 2008. « Les femmes voyaient [la publicité] et se disaient "Je veux être comme ça." » Geoffrey Jones décrit Charlie comme « le premier parfum moderne ». En 1980, il se vendait davantage que Chanel N° 5.

Charles Revson n'est toutefois plus là pour savourer le succès de son entreprise : il meurt d'un cancer du pancréas en 1975. Jusqu'à la fin, il restera entouré de femmes superbes. L'année même du lancement de Charlie, il signe un contrat avec Lauren Hutton – dont les « dents du bonheur » rendent le sourire reconnaissable entre tous – qui devient modèle exclusif pour la gamme Ultima. Ledit contrat s'élève à 400 000 dollars : c'est à l'époque la plus grosse rémunération jamais versée à un mannequin. Le photographe Richard Avedon assure l'intégralité des clichés ; le battage médiatique est tel que Lauren Hutton fait la couverture du *Time*.

Revson a assuré le futur de sa société en embauchant pour lui succéder l'homme d'affaire affûté qu'est Michel Bergerac, né en France mais naturalisé américain en 1963. Revson a lancé une véritable chasse à l'homme pour trouver le meilleur businessman du monde, et Bergerac est pour lui le candidat parfait. Après des études de droit et de sciences politiques à la Sorbonne puis un MBA à Stanford, il travaille pour la Canon Electrical Company à Los Angeles quand celle-ci est rachetée par ITT. Au moment où Revson entend parler de lui, il dirige la branche européenne de la société, dont il ambitionne de devenir président. Revson lui propose un contrat sans précédent d'un million et demi de dollars pour prendre sa succession chez Revlon (comme le titre le magazine *People* du 8 décembre 1975 : « Michel Bergerac : a 1,5 million dollar man takes charge at Revlon »).

Revson a punaisé sur un mur de la cantine d'entreprise : « Ô Seigneur, donne-moi un salaud talentueux ». Mais si Bergerac possède nombre de talents, il n'y a absolument rien de méchant en lui. Son style « doux et insouciant » est en totale opposition avec le mordant de Revson. En d'autres termes, il est la personne idéale pour diriger ce qui est devenu une énorme machine industrielle. Sous son mandat, l'entreprise développe sa division Santé, acquiert de nouvelles sociétés dans les domaines du soin dentaire, de la fabrication de matériel ophtalmique et des lentilles de contact, ainsi que dans le secteur pharmaceutique – des développements qui permettent à Revlon de peser, en 1979, quelque 1,7 milliard de dollars.

Mais l'entreprise y perd aussi quelques-unes de ses chatoyantes couleurs… Si elle est toujours un géant de la beauté, elle a perdu, comme l'avait craint Revson, son statut d'initiateur de tendances. Quelque temps avant sa mort, celui-ci avait identifié, outre Helena Rubinstein et Elizabeth Arden, une troisième menace sur son marché, grandissante depuis la fin des années 1950, et sur laquelle le monde de la cosmétique devra désormais compter.

ASTUCES BEAUTÉ

* C'est parce qu'il a ignoré la mauvaise réputation des vernis à ongles et des rouges à lèvres que Charles Revson s'est forgé un nom sur ces marchés.
* Persuasif, charismatique, Charles a sillonné le pays pour vendre ses produits dans les salons de beauté, puis a formé une force de vente agressive.
* Il a marketé ses vernis et rouges à lèvres comme des produits de luxe, en y ajoutant une touche inédite de sexy.
* Il a innové avec des campagnes de marketing intégré qui combinaient échantillons dans les magazines de mode, présentoirs de vitrine et soirées de lancement médiatisées.
* Revlon fut, dans les années 1950, la première marque de beauté à adopter tout à fait le média TV, augmentant conséquemment et massivement ses ventes.
* Plutôt que de s'adapter aux marchés étrangers, l'entreprise a préféré y vendre l'idée d'un mode de vie américain élégant et raffiné.
* Les publicités enjouées de Revlon pour son parfum Charlie visaient astucieusement la femme nouvelle et libérée.

4

La Reine de beauté de Corona

« Un jour, j'aurai tout ce que je veux. »

Au début des années 1960, Estée Lauder et Charles Revson partage un temps les mêmes locaux du 666, sur la 5e Avenue. Estée méprise le géant du vernis autant qu'elle s'en méfie : « Je ne veux rien entreprendre avec lui… À l'heure actuelle, Charles Revson est un ami. Il ne me prend pas au sérieux… Pour lui je suis juste une jolie blonde. Au moment même où je sortirai un produit qui concurrencera l'un des siens, il se sentira *contrarié*. Il me rendra la vie dure, et nous ne sommes pas suffisamment gros pour lui rendre la pareille. »

Lauder contredira pourtant Revson par la suite en lançant Clinique, forçant son ami à jouer le jeu du « moi aussi » avec la gamme Etherea, destinée à rattraper la tendance hypoallergénique. Elle se positionnera ainsi face à lui sur un pied sinon d'égalité, du moins équilibré. Mais Estée fournira à Charles d'autres motifs de contrariété, car si l'entreprise de ce dernier est plus grande, la sienne est plus sophistiquée et touche aisément les plus hautes couches de la société.

Mais c'est essentiellement un jeu, et Revson le sait. D'ailleurs, les débuts d'Estée Lauder furent plus humbles encore que les siens.

De Corona à Palm Beach

À en juger par les faits rapportés par Lee Israel dans *Estée Lauder : Beyond the magic*, paru en 1985, la Reine de beauté grandit dans ce qui mérite amplement l'appellation de « décharge », un ensemble de rues baptisé Corona dans le quartier du Queens, à New York.

En 1907, un spéculateur du nom de Michael Degnon y achète une vaste étendue de terrain et encourage les bourgs voisins à l'utiliser comme décharge, créant un paysage cauchemardesque de cendres et de détritus. Il prévoit de niveler ces montagnes de déchets pour en faire les fondations d'un nouveau complexe portuaire. Mais la Première Guerre mondiale met fin au projet et le quartier « demeure une horreur jusqu'en 1937 », pour reprendre les termes du site Internet Forgotten New York (www.forgotten-ny.com). « Tout cela a fait qu'à Corona, la ville puait comme une poubelle », ajoute le site. « Quand ses habitants regardaient vers l'est, tout ce qu'ils voyaient à l'horizon était d'affreux monticules gris. » F. Scott Fitzgerald décrit lui aussi cette « vallée de cendres » dans *Gatsby le Magnifique*.

Corona nettoie ses rues quand la décharge est transformée en parc, peu de temps avant l'Exposition universelle de 1939-1940. Le quartier accueille de nombreuses communautés d'immigrés – Européens, Latins puis Asiatiques – et connaît même un bref instant de gloire grâce à une rime d'une chanson de Paul Simon : « Goodbye Rosie, Queen of Corona. See me and Julio, down by the schoolyard. »

Estée n'est pas la reine de Corona, du moins pas dans un premier temps. Josephine Esther Mentzer naît le 1er juillet 1908 ; ses parents s'appellent Rose et Max Mentzer. Rose a déjà cinq enfants d'un précédent mariage, et a eu avec Max une petite fille, Grâce, deux ans plus tôt. La famille vit dans « un quartier quasi intégralement italien » décrit Lee Israel. Quand Estée (ou Esty, ainsi qu'elle est alors surnommée) est enfant, les rues ne sont pas encore pavées ; la plupart des Italiens du quartier travaillent à l'usine et l'endroit pue horriblement. »

La mère d'Estée est hongroise, son père tchèque. Rose arrive à New York en 1898 à l'âge de 29 ans, à bord du paquebot *Palatia*. Max, tailleur de métier, devient citoyen américain en 1902. Il tient à Corona une quincaillerie, au-dessus de laquelle se trouve l'appartement de la famille.

L'intérêt de la jeune Esther pour la beauté semble venir de la nécessité de compenser son environnement très terre à terre. Elle dira par la suite, dans une interview citée par Lee Israel, « J'adorais maquiller les autres quand j'étais petite. Ma mère disait, "Tu m'as coiffée deux fois aujourd'hui." J'étais toujours attirée par les gens beaux – leurs cheveux, leur visage... J'adore regarder simplement se promener ou jouer au tennis des gens dont on voit qu'ils prennent soin de leur visage. »

Son éloge funèbre parue dans le *New York Times* voit les choses sous un angle quelque peu différent : « La perfection du visage de la femme était une obsession pour Mme Lauder, tout comme son désir de gagner beaucoup d'argent et d'oublier les conditions de vie de son enfance. "Un jour, j'aurai tout ce que je veux" aurait-elle prédit il y a bien des années. » L'article reconnaît que la jeune femme était « une petite blonde toute menue [...] connue pour sa belle peau et sa détermination à toujours être très présentable » (article intitulé « Estée Lauder, pioneer of beauty and cosmetic titan, dies at 97 », paru le 26 avril 2004).

Le conte de fée de son évolution dans l'univers des soins de la peau cohabite avec des versions plus prosaïques de son parcours. C'est Estée elle-même qui évoque un conte de fée dans une interview au *Palm Beach Daily News* en avril 1965 : « Un de mes oncles [...] un spécialiste de la peau très connu de Vienne, est venu à New York à l'occasion de l'Exposition universelle. Puis la guerre a éclaté, l'empêchant de rentrer chez lui. Alors il s'est installé dans une écurie – une jolie écurie –, l'a tapissée de linoléum et s'est mis à y fabriquer des soins pour le visage. Je l'aidais chaque fois que je le pouvais. »

L'oncle susdit s'appelle John Schotz. Il est hongrois – c'est le jeune frère de Rose, la mère d'Estée – et arrive à New York en 1900. Il n'est pas dermatologue, c'est un chimiste qui a monté une petite affaire du nom de New Way Laboritories en 1924. Il y conçoit des produits tels que « Six-in-One Cold Cream », « Dr Schotz Viennese Cream » et même la « Hungarian Mustache Wax »... mais également de l'anti-poux pour volailles, un médicament contre la gale, des suppositoires, une crème censée renforcer les muscles et du liquide d'embaumement. Il devient le mentor de la jeune femme, et c'est ainsi qu'elle se lance dans les cosmétiques : en vendant les crèmes de son oncle.

À l'époque où démarre ainsi sa carrière, Estée fait la connaissance d'un « jeune homme frisé au visage doux » répondant au nom de Joseph Lauter (avec un « t »), rencontré – affirme-t-elle – sur un parcours de golf. Il est représentant dans la soie et les boutons. Elle a 19 ans quand les deux jeunes gens commencent à se fréquenter, avant de se marier trois ans plus tard. La nouvelle Madame Lauter donne naissance à un garçon, Leonard, en 1933. C'est quatre ans plus tard, en 1937, que le nom d'Estée Lauder apparaît pour la première fois dans l'annuaire de New York. Le couple divorce fin 1939 ; comme le suggèrent ses biographes, Estée en voulait davantage : elle voulait être plus riche.

Sa confiance en elle grandit dans le même temps. La jeune femme part ouvrir à Miami une concession au Royal Plaza Hotel, sur Collins Avenue, pour vendre les produits de son oncle. Elle travaille dans les hôtels et *beach clubs*, où elle propose des massages du visage et produits de soin aux riches seniors en vacances. Mais le tournant véritable de la carrière d'Estée se produit quand elle rencontre son second mentor, dont l'amitié lui sera fidèle tout au long de sa vie : Arnold Lewis van Ameringen, industriel hollandais qui dirigera par la suite un laboratoire de parfums d'intérieur, International Flavors & Fragrance (voir chapitre 8).

Impressionné par l'enthousiasme d'Estée, van Ameringen lui apporte son soutien financier dans son affaire naissante et, dit-on, dans la conception de quelques-uns des produits lancés par la jeune femme. Qu'ils aient ou non été amants, Estée pense en réalité toujours à Joseph, qui continue à la courtiser assidûment. « Joe est un homme bien. Je ne sais pas pourquoi je l'ai quitté », aurait-elle confié à un proche… Le couple se remarie en 1942.

Au cours des années qui suivent, la marque Estée Lauder commence à éclipser celle du Dr Schotz, bien que nombre de ses produits sont toujours conçus selon les formules de ce dernier. Son réseau de revendeurs prend de l'ampleur et Estée commercialise désormais ses crèmes sur l'ensemble du territoire américain via les grossistes des salons de beauté. Une grande partie de son succès vient de ce qu'elle passe personnellement beaucoup de temps dans ses points de vente, promouvant inlassablement ses produits à ses clientes. Comme le rappelle un proche, « elle restait debout, en chaussette, et vendait… c'était une bonne commerciale. »

Estée est belle, chaleureuse ; elle n'hésite pas à étaler délicatement un soupçon de crème sur le poignet de ses clientes potentielles pour leur en faire admirer l'effet satiné. « Touchez votre cliente et vous avez fait la moitié du travail », recommande-t-elle à ses équipes de vente. Et si les produits du Dr Schotz sont incontestablement efficaces, le charisme d'Estée leur apporte la touche ultime. Elle se lance alors dans les rouges à lèvres, qui probablement lui viennent d'un nouveau fournisseur. Lee Israel rapporte qu'Estée est parvenue à pénétrer le circuit des conférences publiques de New York dans lesquelles elle prodigue aux femmes ses conseils de beauté. À l'occasion d'un déjeuner de charité au Waldorf-Astoria Hotel, chaque invitée découvre en arrivant à sa table un tube de rouge à lèvres Estée Lauder en métal argenté – ceci durant la guerre, à un moment donc où le métal est une denrée rare et chère. L'après-midi qui suit, les participantes à ces bonnes œuvres se précipitent chez Saks pour y acheter des rouges à lèvres de la marque. Or à l'époque, Estée n'y a pas encore ouvert de concession… une erreur que le magasin corrigera très rapidement !

L'entreprise Estée Lauder est officiellement créée en 1947. On ne sait pas dans quelle mesure John Schotz sera dédommagé ; l'article du *New York Times* cité plus haut rapporte simplement qu'« il vivait modestement au moment de sa mort, dans les années 1960». Peu importe: Estée trace enfin sa route vers le statut de Reine de beauté, laissant loin derrière le Corona de son enfance.

L'une des innovations centrales d'Estée, qui influencera le développement global du marketing de la beauté, provient de son manque de moyens. Elle ne peut, à ses débuts, se permettre de faire de la publicité. Quand elle demande à l'agence BBD&O de lui concevoir une campagne pour 50000 dollars, soit la quasi intégralité de son capital, elle se fait poliment reconduire à la porte. Elle décide donc d'approcher ses clientes potentielles plus directement, par courrier. Elle a à disposition, par chance, l'excellente base de données des enseignes Saks Fifth Avenue, à laquelle le responsable de la publicité par correspondance lui laisse obligeamment accès (être une jolie blonde présente quelques avantages, comme le constatera Estée à maintes reprises). Les clientes reçoivent donc un élégant courrier les informant qu'un cadeau les attend au magasin pour tout achat d'un produit Estée Lauder – une stratégie encore pratiquée aujourd'hui par toutes les enseignes de beauté. L'expérience précédente des rouges à lèvres l'avait déjà montré: la générosité paie. Comme Estée elle-même le formule, «quand vous donnez, vous recevez.»

Estée Lauder aurait pu rester une marque insignifiante, n'était-ce une tournure imprévue des événements en 1953. L'entreprise voit en effet un de ses produits remporter un énorme succès – et changer tout à fait le destin de la marque. Il ne s'agit pas d'une crème pour le visage mais d'une huile de bain baptisée Youth-Dew (littéralement «Rosée de jeunesse»), probablement issue de l'amitié d'Estée avec van Ameringen, des laboratoires International Flavors & Fragrances.

Selon Lee Israel, Estée a approché ces derniers avec une idée de fragrance en tête. Il en résulte une essence qu'Estée, fidèle à ses habitudes, teste d'abord comme échantillons gratuits dans les grands magasins. C'est, comme l'écrit Israel, «une sorte de "l'essayer c'est l'adopter". Et elles ont essayé, ont aimé et ont acheté!». Elle décrit Youth-Dew comme «quelque chose que vous versez dans votre bain et qui adhère à votre peau, en raison de sa concentration élevée en huiles essentielles». Le produit répond à une demande du marché pour «une essence affirmée, tenace et franche».

Israel cite également un des collaborateurs d'Estée, qui analyse ainsi le succès du produit: «La fragrance était forte, persistante. Elle permettait aux Américaines de remplacer leur parfum par une huile de bain. Pour 8,50 dollars, elles avaient un parfum qui leur durait vingt-quatre heures. C'était tout à fait nouveau, et en plus abordable. Les classes moyennes avaient l'impression d'en avoir pour leur argent.»

Youth-Dew devient ainsi le produit phare d'Estée Lauder, décliné dans différentes versions – dont un parfum. Développant cette fois sa stratégie originale à partir de ce dernier, elle offre des échantillons de ses produits de soins à toute cliente qui en acquiert un flacon. Détail crucial: elle ne fait quasiment aucune publicité, mais applique ce qu'on appellerait aujourd'hui un «marketing sensoriel». «Estée [...] portait son nouveau parfum partout, et en aspergeait ses amies [...]. Saks en était totalement imprégné. Elle en vaporisait les ascenseurs; Youth-Dew était partout.»

Ce succès permet à l'entreprise tout entière de prendre de la vitesse. Alors que la famille Lauder emménage dans une grande maison en ville et qu'Estée commence à se mêler à la jet-set de Palm Beach – marquant ainsi les débuts de son irrésistible ascension sociale – la compagnie perfectionne ses techniques marketing. Comme Revlon commence à s'en rendre compte (et, pour être honnête, comme Helena Rubinstein s'en était déjà rendue compte des années auparavant), les soins pour la peau se vendent d'autant mieux qu'ils sont accompagnés d'un jargon scientifique qui en explique les mérites. S'il faut ruser dans la formulation des slogans publicitaires, la Food and Drug Administration (FDA) étant toujours prompte à réprimer sévèrement les allégations mensongères, un libellé malin sait convaincre les clientes qu'il peut exister des raisons scientifiques pour laquelle une crème ralentit, voire inverse, le processus de vieillissement.

C'est l'idée sous-jacente de la crème Re-Nutriv, « un nom qui veut tout et rien dire ». Pour en justifier le prix extrêmement élevé, Estée accompagne son lancement par sa toute première campagne de publicité, qui paraît dans le magazine *Harper's Bazaar.* La photographie d'une blonde à la beauté glaciale – qui deviendra l'alter ego d'Estée – est accompagnée d'une légende qui mêle les meilleurs (ou les pires…) attributs du marketing de la beauté : snobisme, chantage émotionnel, culte de la célébrité, fausse sophistication européenne et pseudo-science.

« Comment une crème peut-elle coûter 115 dollars ? » peut-on lire sur l'annonce. « Re-Nutriv, d'Estée Lauder. Des ingrédients rares. Une formule rare. Mais surtout, la perception d'une femme comme Estée Lauder, qui sait mieux que personne comment vous rendre plus jeune, plus fraîche et plus jolie que vous ne l'avez jamais rêvé. Elle a créé ce qu'elle aime à envisager comme "une mine d'or de la beauté" – la crème des crèmes Re-Nutriv. » La liste des ingrédients mentionne des « agents rajeunissants [qui] aident à reconstruire et affermir la peau, lui donnant la fraîcheur et l'éclat d'un teint de jeune fille ».

Comme le commente une collaboratrice d'Estée, celle-ci est « en avance sur son temps quant au… flou de ses déclarations ». Mais les images sont aussi importantes que les mots. Lauder s'adjoint les services d'un photographe de Chicago, Victor Skrebneski, influencé dans sa jeunesse par le cinéma français et habité par les mêmes rêves d'élégance et de sophistication qu'Estée. Ses clichés sont en noir et blanc – leur parution dans les magazines coûte donc moins chère que des photos couleur – mais leur contenu est opulent. Comme le fait remarquer Lee Israel, ils montrent « non seulement la femme mais aussi son mode de vie, au milieu de vases Ming et autres chinoiseries, d'œuvres précolombiennes, de tapis orientaux ou de céramiques de Picasso ». La rédactrice June Leaman, qui travaille avec Victor Skrebneski sur les campagnes de la marque, ajoute que celles et ceux qui voient la femme Lauder savent que « ses placards sont impeccables, ses enfants bien élevés, son mari dévoué et ses invités choyés ».

C'est le modèle Karen Graham que choisit la marque pour définir le look de la femme Lauder. Svelte, gracieuse, les yeux clairs, elle apparaît pour la première fois dans une publicité Estée Lauder en 1970 mais en exprime si bien l'essence qu'elle devient le mannequin exclusif de la marque de 1973 jusqu'au début des années 1980. Son nom ne sera jamais révélé, et nombreux sont ceux qui pensent que le visage qu'ils voient sur les publicités est celui d'Estée Lauder… Un effet délibéré. Karen est en fait une projection, l'avatar d'Estée (détail amusant, alors qu'elle devient un symbole de sophistication urbaine, la jeune mannequin, originaire du Mississipi, a en réalité une personnalité pétillante que ravit le grand air et se passionne pour la pêche à la mouche et l'équitation).

Le résultat d'Estée Lauder s'élève, en 1965, à 14 millions de dollars. Elle est encore bien loin de pouvoir rivaliser avec Revlon – qui compte alors 15 000 points de vente contre 1 200 pour Lauder – mais commence à se faire remarquer. C'est alors qu'elle lance la gamme Clinique, un cocktail de pur génie marketing.

Clinique et consorts

Tant dans son image que dans son concept, Clinique est diamétralement opposée à Estée Lauder ; mais c'est là que résident le secret de son succès et la preuve de la clairvoyance de l'entreprise. Leonard Lauder, désormais profondément impliqué dans les affaires maternelles, l'expliquera plus tard en ces termes : « La concurrence la plus formidable à conjurer est la vôtre, une chose que vous avez vous-même imaginé… La raison pour laquelle nous avons lancé Clinique, c'est que je pensais que si nous devions monter une société pour concurrencer Estée Lauder, c'est exactement ainsi que je m'y prendrais. »

La genèse de Clinique remonte à 1967 et à un article dans l'édition américaine de *Vogue*, signé par la journaliste beauté Carol Phillips. Intitulé « Peut-on créer une peau parfaite ? », il est basé sur une interview du dermatologue Norman Orentreich et suggère que oui, on peut. Le médecin explique que se nettoyer la peau au savon et à l'eau est certes un bon début, mais qu'il faut ensuite l'exfolier puis y appliquer une lotion hydratante. Selon lui, la fragilisation de la couche supérieure de l'épiderme pourrait être compensée par l'application d'une crème hydratante qui en préviendrait le dessèchement. Les couches plus profondes seraient ainsi, à leur tour, protégées de la déshydratation et pourraient, en conséquence, venir redonner de l'éclat au teint. D'après le site Internet de Clinique, « c'est la Estée Lauder Company qui a poussé Orentreich à collaborer avec Carol Phillips pour créer Clinique, la première marque de cosmétiques testée dermatologiquement et sans parfum ». Orentreich demeurera un proche conseiller de la marque, avec, à ses côtés, son fils David et sa fille Catherine (source : www.cliniquetv.com.au/heritage).

Inspiré par l'article qui avait précédé sa création, Clinique est dès son lancement basé sur un processus en trois étapes : nettoyer, exfolier, hydrater.

Avec son packaging minimaliste vert pâle – le genre de couleur qui vous rappelle l'hôpital – et son positionnement neutre, Clinique répond à une demande croissante du marché pour des produits de soin corporels qui soient pragmatiques et « scientifiques ». Les magazines multiplient les articles sur la présence d'allergènes dans les cosmétiques, et l'on commence à réaliser que les composants chimiques des produits de beauté ne sont pas nécessairement tous sains. Clinique, au contraire, a une image de marque propre, antiseptique et… clinique.

Quelques décisions intéressantes toutefois se cachent derrière l'allégation « Soumis à des tests d'allergie. 100 % sans parfum ». Le terme d'« hypoallergénique » est généralement plus courant, mais, aux États-Unis, la Food and Drug Administration le désapprouve et tente de l'interdire depuis des années. Elle y parvient presque en 1975, quand elle propose une réglementation selon laquelle les produits pourraient être qualifiés comme tels uniquement s'ils ont été testés sur des humains. Une proposition rejetée trois années plus tard après un procès intenté par Almay et… Clinique.

Voici comment la FDA décrit les choses, sur son site www.fda.gouv :

Il n'existe aucune définition ou standard fédéral qui détermine l'utilisation du terme « hypoallergénique ». Le terme prend le sens que l'entreprise, quelle qu'elle soit, veut bien lui donner. Les fabricants de produits étiquetés comme hypoallergéniques ne sont pas tenus de soumettre des preuves de cette allégation à la FDA. Utilisé dans la promotion des cosmétiques, le terme « hypoallergénique » a un impact significatif sur les ventes au détail mais les dermatologues indiquent qu'il est quasiment dénué de sens.

Étant donné la controverse autour de ce fameux « hypallergénique », on comprend que Clinique ait choisi le terme plus sûr de « Soumis à des tests d'allergie. » Sur son site Internet, la marque indique que ses produits sont formulés « sans allergènes » et « testés 12 fois sur 600 personnes ».

Et le « 100 % sans parfum » ? Là encore on s'aventure dans un champ de mines sémantique. Clinique refuse tout commentaire, mais pour la FDA le terme est aussi peu significatif que « hypoallergénique ». En réalité, l'odeur neutre est généralement obtenue grâce à un agent chimique qui masque les odeurs des autres composants.

Le succès de Clinique vient également de quelques astuces visuelles. Comme l'explique Lee Israel, « la FDA [...] a pu empêcher Clinique d'avancer, dans ses publicités, des affirmations qui semblent "médicales". Mais aucune loi sur Terre n'existe qui empêche la marque d'avoir l'air, *visuellement* parlant, aussi médicale qu'elle le souhaite. Les vendeuses [...] sont appelées "conseillères", et portent des blouses de laboratoire blanches. » Les conseillères posent à leurs clientes toute une série de questions quant à la nature de leur peau et rentrent leurs réponses sur un « ordinateur Clinique », qui recrache ensuite une liste de produits recommandés. Une démarche nouvelle qui confine à la science-fiction : l'idéal pour une époque que les technologies fascinent.

Les publicités dans les magazines sont elles aussi d'un genre nouveau ; elles sont en fait généralement reconnues comme les meilleures jamais conçues pour des cosmétiques. Ces annonces doivent beaucoup au talent du photographe Irving Penn, si doué dans la composition et la manipulation de la lumière qu'il parvient à donner une personnalité à de simples objets. Car c'est tout ce que montrent les publicités Clinique : des objets. La première de ces natures mortes paraît dans le *New York Times* en 1974 ; on y voit simplement une brosse à dents dans un verre et les mots « Twice a day », « Deux fois par jour » – l'image immaculée accentuant la nécessité du programme Clinique. On verra dans les versions suivantes apparaître les produits de la marque, tous nimbés de la sévère élégance que leur confère l'objectif de Penn. Plus que des cosmétiques ou des produits de soin, ils deviennent de véritables accessoires de mode au style épuré.

À la mort d'Irving Penn, en octobre 2009, Clinique fait paraître dans *Vogue* une publicité hommage, dont le texte dit : « Irving Penn nous a apporté la vérité et l'a rendue si plaisante que nous n'avons jamais eu besoin d'imagination. Pour nous, et pour le monde, il a transformé la beauté. »

Personne ne sait exactement d'où vient ce partenariat – il semble que Penn ait collaboré avec Carol Phillips, journaliste chez *Vogue* – mais il est la rencontre parfaite entre l'image de marque et la créativité publicitaire. La campagne est toujours diffusée et reste, à ce jour, tout à fait unique.

Clinique représente une telle révolution que la marque à ses débuts perd de l'argent, mais Estée Lauder persévère et dès les années 1980 la mode est enfin en phase avec les idées visionnaires de l'entreprise. La situation se renouvelle à plusieurs reprises. Au début des années 1970, Lauder tente ainsi de lancer une fragrance masculine, Aramis, sous la forme d'un après-rasage et d'une eau de Cologne. En 1978, Aramis est la ligne masculine qui se vend le mieux sur le marché et inclut désormais toute une gamme de produits de toilette, depuis les savons parfumés jusqu'aux sprays coiffant. Ce succès incite l'entreprise à créer en 1976 Clinique Skin Suppliers for Men, devenant ainsi la première marque de cosmétiques féminine à développer une seconde gamme destinée aux hommes (voir chapitre 17).

Comme nous venons de le voir, le succès sur le marché de la beauté vient autant de la composition des produits et de leur packaging que de publicités savamment rédigées. Prenons le cas de la crème Night Repair, lancée en 1983. Comme le suggère son nom, c'est une crème qui marche exclusivement la nuit. Réfléchissons-y une minute, ou plutôt non : jetons un œil au texte qui accompagne la publicité :

> Night Repair est une révolution biologique qui utilise la nuit, le moment où votre corps se repose, pour aider à accélérer le renouvellement naturel des cellules, attaquées la journée par les rayons UV qui nous entourent (et ce tout au long de l'année, en hiver aussi bien qu'en été). Night Repair accroît également la capacité de la peau à se protéger du dessèchement.

Comme Helena Rubinstein et Elizabeth Arden, Estée Lauder sait mêler avec art langage poétique et allusions scientifiques pour suggérer que le cours du temps peut être ralenti.

Elle cherche également à concevoir le cadre parfait pour ses produits, se battant avec les enseignes de grands magasins pour chaque centimètre carré de surface. Estée ouvre son premier spa à Bloomingdale en 1965, en conçoit personnellement la boutique et décrète que chacune devra être « un spa minuscule et ensoleillé ». Elle choisit une nuance « entre le bleu et le vert » qui « chuchote l'élégance, l'aristocratie et s'assortit au papier peint des salles de bain ». Tout au long de sa carrière, elle gardera un œil de faucon sur ses spas, insistant pour former elle-même les équipes qui y travaillent. Elle sait que, aussi sophistiquées que soient les publicités, c'est l'interaction entre le client, le vendeur et le produit qui déclenche une vente.

La valorisation de la Estée Lauder Company, à son entrée en bourse en 1995, s'élève à 5 milliards de dollars. Estée en a alors le titre de présidente fondatrice. Elle a survécu à toutes ses rivales, s'est même rendue aux funérailles d'Elizabeth Arden. On dit que, l'ayant repérée, l'attachée de presse britannique d'Arden, Monica Smythe, remercia Estée : « Merci beaucoup d'être venue aujourd'hui ». Et cette dernière de rétorquer : « Elle n'aurait jamais dit ça si elle avait su que j'étais là. »

Estée Lauder s'est toujours montrée dédaigneuse quant à Helena Rubinstein (« La peau de son cou est loin d'être parfaite ») ; Charles Revson, quant à lui, est resté jusqu'à sa mort son « ennemi juré et implacable ».

Estée est désormais la monarque régnant sur le monde de la beauté. Le réseau habilement tissé à Palm Springs et alentours, ainsi que les soirées clinquantes qu'elle fréquente et organise, lui ont attiré l'amitié de la princesse Grace de Monaco, de la Begum Aga Khan, de Nancy Reagan ou encore de Douglas Fairbank Junior. Elle vit finalement dans le monde que ses premières publicités avaient suggéré…

À la mort d'Estée, en 2004, son entreprise a atteint une valeur de 10 milliards de dollars, emploie 21 500 personnes et diffuse ses produits dans plus de 130 pays. À l'heure où sont écrites ses lignes, elle possède un portefeuille de 27 marques et est toujours majoritairement détenue par la famille Lauder.

Quoiqu'on pense des stratégies qui ont fait son succès, Estée semble avoir authentiquement cru en l'utilité de ses produits. « La quête de la beauté est honorable », selon ses propres mots. C'est dans le quartier de son enfance, Corona, qu'elle aura pris conscience du sens de sa vie. On peut lire sur le site Internet de la compagnie son ultime conseil à ses collaborateurs : « Je n'y suis pas arrivée avec des rêves et de l'espoir, mais avec du travail. »

ASTUCES BEAUTÉ

* Comme ses prédécesseurs, Estée Lauder a appris à raconter l'histoire de son humble enfance et la manière dont elle s'en est sortie.
* Elle a commencé à promouvoir ses produits en tenant des conférences sur les soins de la peau et en offrant des échantillons gratuits.
* Elle est la première à s'être mise au marketing direct et au « cadeau pour achat ».
* Ses publicités étaient épicées de notions vagues mais suscitant une émotion : « rare », « rajeunissant », « naturel », « éclat ».
* Ses publicités étaient destinées à faire rêver des femmes riches dans des décors opulents.
* Lauder a pourtant bâti son empire sur Youth-Dew, fragrance bon marché mais tenace dont l'excellent rapport qualité-prix a séduit nombre de femmes.
* Estée Lauder a également lancé Clinique, une gamme « soumise à des tests d'allergie » et régie par un innovant programme de soin en trois étapes.
* Elle fut la première marque de cosmétiques féminins à lancer une gamme pour homme : Clinique Supplies Skin for Men.
* Lauder a elle-même formé ses équipes de vente, car pour elle aucune campagne publicitaire ne peut égaler la touche personnelle de la marque que transmettent directement ses conseillères.

5

La fabrique de beauté à la française

« Je ne vieillirai plus :
je suis teinte à L'Oréal. »

Peu de temps après avoir entrepris la rédaction de cet ouvrage, j'ai cherché un nouvel appartement à Paris. Les loyers dans le centre de la capitale ayant atteint des sommets vertigineux au cours de la dernière décennie, ma femme et moi-même avons commencé à regarder, en proche banlieue, ces quartiers « montants » où nous pourrions trouver un logement ayant du charme tout en restant abordable. Nous avons trouvé l'appartement de nos rêves à Clichy, ville de banlieue populaire à 10 minutes de métro de Montmartre, rendue célèbre par l'écrivain Henry Miller qui y vécut dans les années 1930 et signa *Jours tranquilles à Clichy*.

Pour nombre de Parisiens, Clichy représente cependant – et avant tout – la ville où L'Oréal, la plus grosse entreprise de cosmétiques au monde (18 milliards d'euros de chiffre d'affaires par an) a établi son siège mondial. Les bureaux sont répartis dans plusieurs rues, mais le bâtiment principal est un immeuble dont les panneaux d'acier étincellent à la lumière, dans des nuances allant du brun au noir selon le temps et l'heure de la journée. Il est situé sur l'ancienne route qui menait à Montmartre, à cinq minutes de l'endroit où j'écris ces lignes.

Le hasard m'a donc mené quasiment au seuil de L'Oréal, mais je n'allais pas pour autant le franchir si aisément. Le géant surveille de près ses secrets. Sa méfiance habituelle envers les journalistes – surtout ceux qui n'écrivent pas dans la presse beauté – est exacerbée depuis 2009 par un scandale qui a placé sur le devant de la scène la vie personnelle de Liliane Bettencourt, fille du fondateur de l'entreprise et octogénaire fabuleusement fortunée.

Ça n'est pas la première fois que l'entreprise est exposée sous un jour peu séduisant. Le père de Bettencourt, Eugène Schueller, le fondateur du géant cosmétique français, était pour le moins un homme contesté. Voici la façon dont il résume, dans les années 1930, son approche du marketing : « Dites aux gens qu'ils sont dégoûtants, qu'ils ne sentent pas bon et qu'ils ne sont pas beaux » (Bruno Abescat, *La Saga des Bettencourt*, dans *Le Monde diplomatique* de juin 2009).

Les racines de L'Oréal

Schueller développe très tôt sa propre éthique du travail. Fils de boulangers-pâtissiers alsaciens installés à Paris depuis 1871, il réalise, à 10 ans, qu'il lui faut travailler dur à l'école, qu'il veut avoir un bon poste et que « le client a toujours raison ». Comme le souligne Jacques Marseille, qui retrace dans *L'Oréal 1909-2009* l'histoire de l'entreprise, la plus grande crainte du jeune Eugène serait d'entendre ses parents, travailleurs acharnés, le traiter de fainéant.

Le risque est faible : Schueller travaille à temps partiel dans la pâtisserie familiale en même temps qu'il va à l'école puis à la Sorbonne, où il étudie la chimie. C'est là qu'un coiffeur vient un jour soumettre une problématique aux étudiants : comment teindre durablement et efficacement des cheveux qui blanchissent ? Mis au défi par son professeur de trouver une solution, Schueller s'attelle à la tâche. Quoique ses premiers efforts soient infructueux, le jeune homme travaille fébrilement jusqu'à obtenir la bonne formule. Il devient en définitive si sûr de son produit qu'il le fait breveter et se lance dans les affaires.

Sa demande de brevet, en 1907, stipule que les produits existants, à base de plomb, « en sus de leur toxicité qui a amené plusieurs pays à les interdire », ne permettent pas une coloration efficace et durable. Schueller précise que son produit est inoffensif et permet à l'utilisateur d'obtenir un résultat satisfaisant grâce à un simple flacon, quelle que soit la nuance souhaitée, du blond au noir. La coloration peut être instantanée, s'étaler sur plusieurs minutes ou plusieurs heures.

En d'autres termes, Schueller est convaincu d'avoir inventé le colorant capillaire de synthèse parfait. Plusieurs sources indiquent que ledit produit est initialement baptisé L'Auréale, nom inspiré par une coiffure en vogue de l'époque et lui-même dérivé du terme *auréole*. Les archives de l'entreprise montrent cependant que les publicités de 1910 mentionnent déjà le nom L'Oréal, « le seul produit inoffensif contenu en un seul flacon », vendu 2,50 francs.

Une autre campagne montre une jeune femme debout devant la sinistre « horloge du temps », avec pour slogan : « Je ne vieillirai plus – je suis teinte à L'Oréal ».

Comme la plupart des pionniers de la beauté, Schueller prend l'habitude de travailler le soir dans un petit laboratoire à la fabrication de son produit et de faire dans la journée le tour des salons de coiffure pour le proposer à la vente. Le soutien financier d'une connaissance – André Spery, comptable, tellement admiratif du dynamisme de Schueller qu'il injecte la majeure part de son héritage dans la jeune entreprise – permet au chimiste d'embaucher un commercial et un démonstrateur. Ce dernier est, soi-disant, un ancien « coiffeur de la cour impériale de Russie » – on voit déjà poindre une certaine grandiloquence dans le discours marketing !

L'Histoire joue en faveur de Schueller. Au début des années 1900, la France connaît une vague d'innovations industrielles et techniques : l'automobile, le cinéma, la presse grand public et – induisant autant qu'elle profite de ces dernières – la publicité de masse.

Antoine, le coiffeur des célébrités, observe en 1912 qu'avec l'avènement de l'automobile, les femmes à la mode prennent l'habitude de porter les cheveux plus courts. Mais comme le fait remarquer Jacques Marseille, les employées qui chaque jour se rendent à l'usine en vélo veulent elles aussi avoir l'air aussi jolies que les femmes des magazines. Et Eugène Schueller, fils de modestes boulangers, qui arpente régulièrement les rues à la recherche de nouveaux clients, ne voit pas pourquoi elles s'en priveraient.

Le succès de Schueller s'appuie sur une stratégie double : une relation privilégiée avec les propriétaires de salons et les coiffeurs d'une part, un marketing qui positionne la coiffure comme un accessoire de mode essentiel d'autre part. Schueller tient dès 1909 une chronique dans le nouveau magazine professionnel *La Coiffure de Paris*, dans laquelle il s'engage à répondre à toute question relative à la coloration capillaire. Il va plus loin encore avec le lancement en 1923 de son propre magazine professionnel, *L'Oréal Bulletin*, qui informe les salons des nouveautés de la marque. Schueller lance deux années plus tard *L'Oréal Humoristique,* destiné à être diffusé et lu par les clients des salons de coiffure, puis enfin *Votre Beauté*, magazine féminin à part entière, en 1933.

Pour ses publicités, Schueller collabore avec des illustrateurs et photographes à la mode tels que Herbert Libiszewski et Harry Meerson, dont le travail met en exergue le caractère artistique de la coiffure parfaite. Comme ce fut souvent le cas dans l'industrie de la beauté, Hollywood lui donne un petit coup de pouce supplémentaire : quand Jean Harlow apparaît dans *Platinium Blonde*, en 1931, le « glamour en bouteille » se vend mieux que jamais. Par chance, L'Oréal a lancé quelques années plus tôt la coloration instantanée Imédia.

L'entreprise prête, sur plusieurs plans, une attention particulière à la mode. Elle a déjà commencé à se diversifier en 1928 avec l'acquisition des savons Monsavon, et est désormais prête à des innovations plus radicales. Prenant conscience que les peaux bronzées font un tabac, Schueller désigne une équipe pour concevoir une lotion qui permette de bronzer uniformément sans prendre de coups de soleil. C'est « juste à temps pour les vacances d'été » de 1935, note Geoffrey Jones, que la marque Ambre Solaire est ainsi lancée.

Petit à petit, L'Oréal commence à modifier les rites d'hygiène et l'apparence des consommateurs. Le lancement du shampoing grand public Dop, en 1934, est une nouvelle révolution. Cela ne vous semble peut-être pas très innovant, mais rappelez-vous qu'à l'époque d'Eugène Schueller, les coiffeurs fabriquaient leur propre shampoing en mélangeant du savon et des cristaux de soude à de l'eau chaude. Il en résultait un liquide blanc dans lequel de minuscules fragments de savon flottaient comme des flocons de neige. Schueller remarque qu'en sortant de chez le coiffeur, il a toujours les cheveux « pratiquement aussi sales qu'avant le shampoing ». Certes en Allemagne, le chimiste et parfumeur Hans Schwarzkopf expérimente des shampoings en poudre depuis 1908, mais ces derniers sont là encore basés sur du savon, induisant donc le même effet mat. Si c'est bien à Schwarzkopf que l'on doit le terme « shampoing » – dérivé de l'Hindi *châmpoo*, « massage » – ce dernier ne lance le premier shampoing non alcalin qu'en 1933.

Dop s'appuie sur la théorie de Schueller selon laquelle laver le cheveu revient à laver n'importe quel autre type de fibre. Ayant pris conseil auprès d'un ingénieur chimiste spécialisé dans le traitement des textiles, Schueller et ses équipes parviennent à mettre au point une solution nettoyante à partir de sulfates d'alcool, qui ne laisse pas de résidu savonneux mais rend au contraire les cheveux doux et brillants. Schueller dépose le produit sous l'appellation Dopal puis le commercialise sous le simple nom de Dop. On trouve dans le commerce, en 1938, trois versions de Dop : pour cheveux normaux, pour cheveux blancs et pour enfants. Une démarche pour le moins avant-gardiste à une époque où l'on ne jugeait pas nécessaire de se laver les cheveux plus d'une fois par semaine.

C'est Schueller lui-même qui expose la problématique à ses équipes de vente. « Il y a 43 millions de Français. Imaginons que ces

43 millions de Français se lavent les cheveux une fois par semaine. Nous devrions alors vendre [...] 20 fois ce que nous vendons. »

Pour atteindre l'objectif de ses rêves, Schueller lance d'agressives campagnes publicitaires. Outre les supports traditionnels – presse écrite, affichage et culs-de-bus – il se tourne vers le nouveau média qu'est la radio, saturant les ondes de ses spots promotionnels, et organise des compétitions de coiffure pour enfants dans des cirques. En un mot, Dop est partout.

L'homme d'affaires qu'est Eugène Schueller bâtit donc, progressivement, un empire de colorants capillaires, de savons moussants et de shampoings. D'un point de vue politique, il est loin en revanche d'être irréprochable…

Une guerre sale

Dans la tourmente économique et la montée des tensions politiques qui caractérisent la fin des années 1930, nombre de politiciens et d'hommes d'affaires français pensent qu'apaiser Hitler est sans doute le seul moyen de sauver leur pays de la ruine, tout en sécurisant leur propre avenir financier.

Quoique la mesure réelle de son implication n'ait jamais été établie, Schueller évolue aux abords du groupe d'extrême droite surnommé la Cagoule. Formé par l'ancien officier d'artillerie Eugène Deloncle, le Comité Secret d'Action Révolutionnaire (CSAR), selon son appellation officielle, se veut un organisme de lutte pour « le rétablissement national et économique du pays », et se positionne contre tous ceux qui s'opposent à cet objectif – cet objectif étant de renverser le gouvernement.

Si tout cela semble sortir de l'imagination des journaux à scandales dont l'époque est friande, la Cagoule est on ne peut plus réelle – et mortelle. Elle est responsable, à la fin des années 1930, de nombreux assassinats dont ceux du banquier et franc-maçon soviétique Dimitri Navachine, du journaliste anti-fasciste italien Carlo Rosselli et de son frère Sabatino (ce en échange d'une livraison de cent Beretta en provenance des services secrets italiens). Le groupe pose des bombes au bureau de la Confédération générale du patronat et du Groupe des industries métallurgiques pour incriminer les communistes. Organisé davantage comme une milice que comme un parti politique, la Cagoule possède en outre un formidable arsenal (« La Cagoule tombe le masque, *Historia* du 1er juin 2007). En octobre 1941, ses membres font exploser pas moins de sept synagogues.

Selon Jacques Marseille dans son récit de l'aventure L'Oréal, Eugène Schueller est un proche de plusieurs « Cagoulards ». Suite à la défaite française de 1940, il apporte son soutien financier au nouveau groupe que vient de former Deloncle, le Mouvement Social-Révolutionnaire, qui vise à « construire la nouvelle Europe en coopération avec l'Allemagne socialiste et toutes les autres nations européennes libérées comme elle du capitalisme libéral, du judaïsme, du bolchévisme et de la franc-maçonnerie ». Cette fois le nom de Schueller est visible par tous sur les affiches et tracts politiques du groupe, aux côtés de celui de Jacques Corrèze, le secrétaire de Deloncle, qui deviendra plus tard président de la division Amériques de L'Oréal (« Jacques Corrèze, L'Oréal official and Nazi collaborator, dies at 79 », *New York Times,* 28 juin 1991).

Après la fin de la guerre, Schueller est entendu par un comité voué à l'identification les collaborateurs. Différentes versions des faits sont exposées au cours de l'enquête ; il en ressort que, dans le brouillard et l'ambiguïté des années ayant précédé et immédiatement suivi l'Occupation, Schueller s'est rallié à ceux qu'ils estimaient le plus à même de soutenir ses théories économiques – notamment celle du « salaire proportionnel », selon laquelle les travailleurs devraient être payés en fonction de leur contribution aux résultats de l'entreprise. L'homme d'affaires s'éloigne dès 1942 de Deloncle ; il participera par la suite activement aux actions de Résistance, aidant des prisonniers à s'échapper des camps de travail nazis et des Juifs à passer en zone libre.

Le comité établit également que les produits vendus à l'occupant entre juillet 1940 et août 1944 ne représentaient respectivement que 2,5 % et 12,5 % des ventes totales de L'Oréal et de Monsavon.

Le comité blanchit Schueller en 1947. Le rapport stipule que s'il s'est comporté de façon imprudente, ses actes de patriotisme ont par la suite prouvé qu'il n'était pas un collaborateur. Il en sort donc lavé de tout soupçon – enfin presque. Ces sombres histoires referont surface bien après sa mort.

L'après Schueller : de Lancôme à Nestlé

Eugène Schueller accepte, en 1953, l'« oscar de la Publicité », « récompense symbolique décernée à ceux s'étant illustrés dans cet "art" » précise Jacques Marseille. L'année suivante, un groupe de producteurs de films publicitaires lancera un autre prix, Les Lions, devenu depuis une référence internationale dans la branche. Mais pour l'heure, cette étrange récompense nationale représente la plus belle reconnaissance que puisse recevoir un marketeur français.

Schueller lui-même connaît l'ambivalence des Français quant à la publicité. Le consensus général, admet-il, affirme que la publicité permet aux entreprises de « vendre cher des produits qui, sans elle, pourraient être vendus bon marché ». Pour lui le contraire est vrai aussi. La publicité, avance-t-il, permet d'une part d'informer les consommateurs sur les innovations qui peuvent leur faciliter la vie, et d'autre part d'accroître les bénéfices de l'entreprise, lui permettant ainsi d'investir dans la recherche et de concevoir des produits plus efficaces encore. Les publicités L'Oréal contrebalancent en effet leurs images de la beauté par des explications sur les procédés scientifiques à l'œuvre derrière ce glamour.

À la mort de Schueller en 1957, à l'âge de 76 ans, lui succède à la tête de L'Oréal François Dalle, qui a rejoint le département des ventes de Monsavon en 1942 et a évolué jusqu'au poste de directeur général. Dalle lui-même tient un discours ambigu sur la publicité. « Il serait à mon sens très dangereux que la perception d'une entreprise soit davantage fondée sur sa publicité que sur ses produits ». Pour lui, comme pour Schueller en son temps, le cœur de métier de L'Oréal réside dans la recherche et l'innovation, dont les résultats doivent nourrir les initiatives marketing.

Sa théorie semble corroborée par le lancement, en 1962, du spray Elnett. Sans l'aide d'un professionnel, les Françaises parviennent en effet difficilement à reproduire les coiffures à la mode que leur montre le cinéma, dont on ne peut que constater une fois de plus l'importance dans la diffusion des tendances beauté – citons notamment les boucles savamment ébouriffées de Brigitte Bardot. Il leur faut un produit qui maintienne les cheveux en place : Elnett remplit parfaitement ce rôle. C'est la première fois que les femmes ont accès à un produit qui, comme le formule Jacques Marseille, ne donne pas à leurs cheveux « l'aspect du carton ». La campagne publicitaire autour du spray est minimale mais le bouche-à-oreille fait son office : Elnett détient rapidement 28 % du marché français des laques. Un succès auquel la distribution du produit par les chercheurs de L'Oréal auprès de leurs collègues, familles et amis a indéniablement contribué.

Dalle passera trente années à la tête de L'Oréal, aidé en coulisses par la fille de son prédécesseur, Liliane, qu'a épousé en 1950 André Bettancourt (homme politique et ami de Schueller, avec lequel il partage un passé politique ambigu). L'Oréal doit à Dalle de nombreuses initiatives qui l'ont menée au statut de géant mondial de la beauté – l'acquisition de Lancôme par exemple.

C'est Armand Petitjean qui crée la marque en 1935, inspiré dans le choix de son nom par les roses sauvages qu'il voit pousser tout autour du château de Lancosme, dans l'Indre. Petitjean en est à sa quatrième vie : il a déjà été exportateur de produits européens en Amérique Latine, conseiller pour l'Amérique Latine auprès du ministre des Affaires étrangères pendant la Première Guerre mondiale et cadre dirigeant chez Coty, entreprise de parfums. Ces expériences ont insufflé à Petitjean le désir de partager l'élégance à la française avec le reste du monde. Pour créer Lancôme, il débauche de Coty une équipe d'experts parmi lesquels les frères Ornano, commerciaux aguerris, et le designer de flacons Georges Delhomme.

Il lance ses cinq premières fragrances – Tendre Nuit, Bocages, Conquête, Kypre et Tropiques – lors de l'Exposition universelle de Bruxelles de 1935, où il reçoit le prix de l'innovation. Dans le même temps, notre prétendant au rôle d'ambassadeur du luxe installe une petite usine dans une ancienne fabrique de perles artificielles – beau présage ! – et ouvre en parallèle une boutique sur la prestigieuse rue du Faubourg-Saint-Honoré.

En collaboration avec un vétérinaire pour chevaux, Petitjean développe une crème pour le visage contenant 4 % de sérum de cheval, antitoxine à base de sang de cheval communément utilisé dans les vaccins. Une publicité des années 1950 décrit Nutrix comme une « crème miracle… l'ange gardien de votre peau ». Elle précise que le Ministère de la Défense britannique la recommande même comme défense potentielle en cas d'exposition à des radiations nucléaires (*Il était une fois Lancôme*, www.joyce.fr, 2008).

Instinctivement, Petitjean préfère le bouche-à-oreille à la publicité traditionnelle – une ironie considérable quand on sait que Lancôme est l'un des annonceurs les plus agressifs du marché des cosmétiques et que la marque recrute pour ses campagnes de nombreuses célébrités : Isabella Rossellini, Juliette Binoche, Uma Thurman, Kate Winslet et Julia Roberts – entre autres.

Le perfectionnisme rigide de Petitjean augure l'avenir de la société. Rose de France, un rouge à lèvre doux et luxueux qui fait « les lèvres brillantes comme celles d'un enfant », remporte un grand succès à son lancement, en 1937. Les tubes de rouges à lèvres Lancôme, plaqués d'or ou d'argent, sont de véritables œuvres d'art. Dans les années 1960 cependant, la mode s'oriente vers des tubes bon marché en plastique jetables. Petitjean les tient en horreur, incapable de croire que les femmes peuvent vouloir de telles monstruosités dans leur sac à main. S'éloignant du coup des tendances du marché, Lancôme voit ses ventes s'effondrer brutalement.

En 1964 apparaît un cheval blanc sous la forme de L'Oréal et de son PDG, François Dalle. Petitjean accepte la proposition de rachat, à condition que L'Oréal ne trahisse pas le luxueux héritage de la marque. Le groupe n'en a aucunement l'intention ; en réalité il utilise Lancôme pour se repositionner sur le segment des cosmétiques de luxe. Et comme pour marquer l'avènement d'une nouvelle ère « haut de gamme », il revend Monsavon cette même année.

L'obsession des années 1960 pour la jeunesse ne peut qu'être bénéfique à une entreprise comme L'Oréal. Tirant parti d'un marché de la beauté florissant, celle-ci agrandit son unité de recherche et de production. Aux côtés de Lancôme figurent désormais dans son giron les marques de luxe Jacques Fath et André Courrèges, ainsi que la société de produits capillaires Garnier. L'Oréal accélère par ailleurs son développement international en élargissant la distribution de ses produits à l'Algérie, au Canada, au Pérou et à l'Uruguay.

Quoique L'Oréal soit cotée sur les marchés publics depuis 1963, Liliane Bettencourt en reste l'actionnaire majoritaire. L'entreprise est cependant trop ambitieuse pour rester familiale : il lui faut, pour financier son développement futur, un partenaire riche, très riche… C'est ainsi qu'en 1974, Liliane Bettencourt cède quasiment la moitié de la compagnie à Nestlé.

Cet accord permet à L'Oréal de se diversifier dans le domaine pharmaceutique, grâce à l'acquisition de 53,4 % des parts de Synthélabo, et dans celui des magazines de mode – le groupe est en effet actionnaire de *Marie-Claire* et *Cosmopolitan*. Il prend également le contrôle total de la marque de produits de soin Vichy, avec laquelle il travaillait déjà depuis les années 1950. Son expansion se poursuit en Australie, en Nouvelle-Zélande, à Hong Kong et au Japon. Lorsque Dalle se retire de la direction de L'Oréal en 1984, il peut être sûr d'avoir mené le groupe bien plus loin qu'Eugène Schueller lui-même l'aurait jamais imaginé.

Sciences et scandales

Le successeur de Dalle s'appelle Charles Zviak ; son règne sera court mais décisif. S'il est âgé de 62 ans lors de sa nomination à la tête du groupe, Zviak travaille en réalité depuis 20 ans dans l'entreprise, qu'il a rejointe comme technicien de laboratoires chez Monsavon. Il a contribué à l'invention des méthodes qui ont transformé les habitudes de coiffure des femmes, la permanente à froid notamment. Il s'est élevé au fil des ans au poste de directeur de la recherche, puis à celui de vice-président. Zviak comprend parfaitement la connexion entre la beauté et la science ; en réalité, comme le retranscrit Jacques Marseille, les marques à succès reposent selon lui sur un « triangle d'or » entre la recherche, le marketing et la qualité.

Zviak mène L'Oréal plus loin dans la recherche dermatologique. Dans les années 1980, le groupe rachète Galderma, Goupil et La Roche-Posay, trois laboratoires spécialisés dans les soins de la peau. L'ingénieur chimiste assure également la compétitivité de l'entreprise sur le marché en croissance des crèmes anti-âge grâce à un produit baptisé Niosôme, basé sur une nouvelle forme de liposome et lancé par Lancôme en 1986.

Mais François Dalle, en réalité, n'a pas tout à fait quitté L'Oréal, qu'il oriente vers le cinéma.

S'associant avec le producteur TV et cinéma Jean Frydman, il monte une société de production qu'il appelle Paravision et dont L'Oréal détient 75 % des parts. Frydman est un survivant des camps de concentration et un héros de la Résistance, qui vit la moitié du temps en Israël où il a des intérêts dans une chaîne de télévision par satellite – nous verrons l'intérêt de ce détail dans un instant.

En 1989, le binôme se brouille avec la nouvelle direction de Paravision. Frydman affirme, par voix de presse, que L'Oréal tente de l'écarter car le groupe vient d'acquérir la marque Helena Rubinstein et est menacé d'un boycott par les pays arabes. Selon l'article, L'Oréal serait informé que la Ligue des Pays Arabes cherche à estimer l'étendue de ses connexions avec Israël : Frydman serait donc devenu un handicap. Or une loi française, qui aurait pu dans d'autres circonstances paraître douteuse, stipule qu'il est illégal, pour une entreprise, de céder au boycott d'Israël. Frydman évoque le passé sombre de

L'Oréal et notamment les liens de son fondateur, Eugène Schueller, et de son ancien PDG Amériques, Jacques Corrèze, avec la Cagoule. Sa réputation, que le tribunal d'après-guerre était censé avoir blanchi, se retrouve donc brutalement exposée au grand jour, sous les yeux choqués de la nouvelle génération.

En plein scandale, Jacques Corrèze se trouve donc contraint de démissionner de son poste de président de la société américaine Cosmair, qui commercialise les produits L'Oréal aux États-Unis. Il meurt la nuit même d'un cancer qui le ronge depuis des mois. Dalle et Frydman régleront par la suite leur différend devant un tribunal ; le scandale et l'amertume se dissiperont avec le désintérêt progressif des médias pour l'histoire.

Mais « l'affaire Frydman », comme l'appellent les médias, s'avère une expérience instructive pour le nouveau patron de L'Oréal, Lindsay Owen-Jones.

Maybe he was born with it

La nomination d'Owen-Jones comme président et directeur général en 1988 marque la volonté du groupe de se positionner à l'échelle mondiale. Owen-Jones n'a aucunement l'intention de se contenter du statut, toujours enraciné dans la culture de l'entreprise, de fabricant de shampoings. Il fait de L'Oréal la première entreprise occidentale à pénétrer en Europe de l'Est après la chute du mur de Berlin ; il développe également ses activités en Asie et l'implante en Chine bien avant ses concurrents. Mais surtout, il conquiert les États-Unis en prenant le contrôle total de Cosmair et en acquérant de nombreuses marques américaines symboliques, qu'il distribue ensuite aux quatre coins du globe. Dans l'histoire de L'Oréal, il existe clairement un avant et un après Owen-Jones.

Écossais d'origine, Owen-Jones rejoint L'Oréal en 1962 après des études de littérature à Oxford et un troisième cycle en management à l'INSEAD, prestigieuse *business school* implantée en

Île-de-France. S'il envisage dans un premier temps une carrière de diplomate, il parvient finalement à la conclusion que le commerce international est une autre manière de s'impliquer dans des cultures différentes. L'aspect multiculturel de sa personnalité est assurément la clé de son succès et le moteur qui a profondément transformé L'Oréal.

Comme vous l'aurez probablement remarqué, le groupe préfère choisir ses dirigeants parmi ceux qui se sont frayé un chemin dans sa hiérarchie. Owen-Jones ne déroge pas à cette règle. Il réalise rapidement qu'un passage chez L'Oréal équivaut à un compagnonnage à l'ancienne. Il commence par l'usine puis poursuit en laboratoire (où il apprend à réaliser permanentes et colorations) et sur les routes de Normandie qu'il sillonne comme commercial, avant de devenir chef de produit pour Elnett. Comme il l'a un jour déclaré à un journaliste du magazine *Barron's*, Owen-Jones a toujours été attiré par l'univers de la beauté. « Je savais déjà que j'aimais profondément les femmes, qui ne m'effrayaient pas et dont je connaissais le quotidien, ayant été élevé avec mes sœurs. Regarder un rouge à lèvres me décontenançait bien moins que mes amis » (citation extraite de l'*Encyclopadia of World Biography*, édition en ligne, 2004).

Owen-Jones croit en ce qu'il fait – un avantage certain. Les produits de beauté ne sont pas de simples marchandises : ces tubes, crèmes et autres lotions aident les gens à se sentir mieux et facilitent leur rapport aux autres. En travaillant pour L'Oréal, Owen-Jones à l'impression de jouer un rôle positif dans la société.

Son ascension dans la hiérarchie ne s'arrête pas là : il devient successivement chef de produit en Belgique, directeur marketing de la division grand public, directeur général pour l'Italie et finalement président et directeur général de la division marketing US. C'est ici qu'il optimise les performances de la marque Lancôme.

Tout repose sur le grand magasin Macy's, qui refuse d'accorder à l'intrus français la même surface de vente qu'à la marque nationale Estée Lauder. Comme le rapporte Geoffrey Jones, Owen-Jones argumente avec succès que « la diffusion de la mode européenne et de voitures telles que BMW dans les banlieues aisées tend à montrer que leurs clients sont "mûrs pour un peu de sophistication européenne" ». Poussant plus loin encore son discours, il fait observer que l'attrait des clientes pour Macy's serait plus grand encore si les marques rivales y bénéficiaient de conditions similaires – ce que reconnaît l'enseigne. Pour accroître encore sa puissance de feu, Owen-Jones choisit l'actrice et mannequin Isabella Rossellini comme égérie de la marque et triple son budget publicitaire. Résultat : les ventes annuelles de Lancôme aux États-Unis grimpent de 30 % entre 1983 et 1988, période sur laquelle les ventes américaines comptent pour 35 % du chiffre d'affaires mondial de la marque.

C'est plus que suffisant pour le siège parisien, qui observe avec attention les résultats d'Owen-Jones. Mais selon Jacques Marseille, ce dernier n'y est pas tant apprécié pour sa capacité à accroître les chiffres d'affaires que pour son adéquation à la culture de l'entreprise, « autrement dit, avoir des idées – et qui ont du succès – travailler sans fatigue excessive parce que le métier est gratifiant, anticiper le marché et en déduire la création qui plaira. »

Lorsqu'Owen-Jones prend la tête de L'Oréal, il est l'un des premiers étrangers à avoir jamais occupé une telle fonction dans une entreprise française. Son astuce de génie consistera à laisser L'Oréal entièrement française, tout en en faisant une entreprise internationale. « J'ai essayé d'être un trait d'union entre la France et les pays anglophones » déclare-t-il à *Businessweek* (« L'Oréal, the beauty of global branding », 26 juin 1999). Plutôt que d'homogénéiser les marques en les affadissant, il renforce leurs racines culturelles : une approche qu'illustre parfaitement le rachat de Maybelline aux États-Unis.

Maybelline a été créée par le chimiste T.L. Williams à New York, en 1915, inspiré par sa sœur Mabel et l'habitude qu'a cette dernière d'épaissir ses cils à l'aide d'un mélange de Vaseline et de poussière de charbon. Ce geste lui donne l'idée de développer un produit destiné à noircir les cils : c'est ainsi qu'il lance, en 1917, l'un des premiers mascaras modernes au monde. Maybelline se concentre exclusivement, jusque dans les années 1960, sur le maquillage. Suite à son rachat en 1969 par Plough Inc (qui deviendra par la suite Schering-Plough), l'entreprise déménage au Texas et étend sa gamme de cosmétiques. Elle adopte en 1991 le slogan publicitaire bien connu des anglophones « Maybe she's born with it, maybe it's Maybelline » (« Peut-être est-ce naturel, peut-être est-ce Maybelline ».

Sous l'impulsion d'Owen-Jones, L'Oréal rachète Maybelline pour 758 millions de dollars en 1996. Le groupe la réinstalle dans sa ville d'origine et la positionne comme synonyme de « la taille, le style, la couleur et le succès qui ont donné à la ville sa saveur captivante » (Maybelline.com).

Convaincu, comme Revlon plusieurs années avant lui, que le style branché de Manhattan s'exporte parfaitement, Owen-Jones s'attache ensuite à vendre cette image au reste du monde. « J'ai eu ce qui était peut-être l'ambition irréaliste », confie-t-il au *Times*, « de mettre un tube de rouge à lèvres Maybelline entre les mains de chaque Chinoise. » Pas si irréaliste semble-t-il, puisque 6 ans après son lancement en 1998, 98 % des femmes chinoises connaissaient Maybelline. En réalité, le marché chinois ne tarde pas à représenter plus de la moitié du milliard de chiffre d'affaires que réalise la marque en dehors du territoire américain. Rien qu'au Japon, Maybelline devient la marque de cosmétique grand public qui se vend le mieux sur l'année 2000 (« Dreams of beauty », *Times*, 26 avril 2004).

Les succès s'enchaînent. L'Oréal acquiert les marques américaines de soins capillaires pour Afro-Américains Soft Sheen et Carson, qu'elle fusionne en Soft Sheen/Carson puis exporte en Afrique du Sud et au Sénégal. Ces nouveaux marchés représentent bientôt 30 % de ses revenus.

L'Oréal rachète en 2004 la marque de cosmétiques japonaise Shu Uemura. Celle-ci tient son nom de son créateur, un maquilleur devenu célèbre à Hollywood après avoir métamorphosé l'actrice Shirley MacLaine pour le rôle principal du film *My Geisha*, en 1962. La marque nippone a le profil international idéal pour L'Oréal, qui consolide ainsi sa présence au Japon tout en s'appuyant sur sa nouvelle acquisition pour promouvoir l'idée d'une beauté avant-gardiste tokyoïte auprès des riches Occidentales. « L'art de la beauté » : ainsi le groupe positionne-t-il Shu Uemura.

Autre acquisition judicieuse, celle de la marque américaine de soins corporels et capillaires Kiehl's. Fondée en 1851 par un pharmacien homéopathe du nom de John Khiel, l'entreprise est toujours installée dans la boutique ouverte par ce dernier dans East Village, et semble-t-il inchangée depuis. Il s'agit d'ailleurs du seul point de vente dont la marque est propriétaire : le reste des produits est commercialisé dans quelques grands magasins. L'image sobre et le packaging fonctionnel des produits les rendent populaires auprès des hommes, cible habituellement hors d'atteinte pour les entreprises de cosmétiques. Le marketing repose volontairement sur le bouche-à-oreille, appuyé par de généreux échantillons et les recommandations des clients. Quand L'Oréal s'empare de la marque en 2000, la première de ses actions est d'ouvrir des points de vente Kiehl's partout dans le monde, prenant ainsi, ironiquement, le risque de détruire le côté terre à terre qui avait initialement séduit les consommateurs. Si les fans de la première heure se plaignent que la marque a perdu de son authenticité, sa stratégie marketing reste toujours aussi discrète.

Des critiques similaires accompagnent le rachat, en 2006, du Body Shop, la marque britannique de beauté « naturelle » créée en 1976 par Dame Anita Roddick et son mari Gordon. Quoiqu'elle ait été parfois accusée d'exagérer son côté écologique à des fins marketing, la marque reste étroitement associée au commerce équitable, au développement durable et au refus d'effectuer des tests sur des animaux – des problématiques auxquelles sont sensibles de plus en plus de consommateurs et que le rachat permet à L'Oréal d'exploiter.

En coulisses, Owen-Jones rationalise la structure du groupe. Il renforce et développe la gamme de cosmétiques commercialisés sous la marque L'Oréal Paris, transformant cette dernière en une marque de beauté de milieu de gamme mondiale. Il se débarrasse des marques sous-performantes ou dont le potentiel international est limité pour ne plus se concentrer que sur les « méga-marques » internationales. À cette fin, il constitue une équipe chargée de veiller à la cohérence mondiale de l'identité de chaque marque, tout en s'adaptant aux tendances locales (le lancement au Japon du rouge à lèvres Maybelline Water Shine en est une illustration : le produit répondait au désir des Japonaises d'avoir des lèvres hydratées et brillantes. Il rencontra un grand succès et fut ensuite commercialisé partout dans le monde).

En cohérence avec la théorie d'Eugène Schueller, selon laquelle le succès des marques vient de la recherche et de l'innovation, Owen-Jones multiplie par huit ses équipes de chercheurs (composée à ce jour de plus de 3 000 personnes) et supervise l'ouverture de 14 centres de recherches dans le monde. L'ingénierie tissulaire est soutenue par l'acquisition de SkinEthic, laboratoire spécialisé dans la fabrication de peau de synthèse qui supprime le recours aux tests sur les animaux. Par ailleurs, un partenariat avec les équipes de recherche de Nestlé aboutit à la gamme de concentrés nutritionnels Innéov.

En parallèle, Owen-Jones redonne aux marques plus anciennes leur lustre d'antan. Il fait ainsi de Lancôme le nouveau synonyme mondial de la beauté sophistiquée « avec une touche de charme à la française » (lancome.com) et réadapte la « beauté scientifique » d'Helena Rubinstein à la nouvelle génération.

Sir Lindsay Owen-Jones (il est fait chevalier en 2005) quitte son poste de directeur général de L'Oréal en 2006, quoiqu'il en reste président jusque début 2011. Sous sa direction, l'ancienne entreprise gauloise de soins capillaires a enchaîné deux décennies de croissance à deux chiffres et s'est métamorphosée en un géant tentaculaire qui emploie plus de 64 000 personnes dans le monde et est présent dans 130 pays – tout cela grâce aux 23 marques internationales de son portefeuille.

C'est à un Français, Jean-Paul Agon, qu'est revenue la lourde responsabilité de succéder à Owen-Jones. Défini par le groupe comme ayant des « affinités naturelles avec le marketing », il a été le porte-parole de ce dernier lors de l'expansion de l'entreprise en Asie. Il a par la suite dirigé la branche US de L'Oréal, à l'époque où Garnier et sa gamme Fructis bouleversaient le marché américain, et a également collaboré au rachat du Body Shop.

Comme son prédécesseur, Agon a rejoint L'Oréal immédiatement après son école de commerce. Quel genre de culture peut donc insuffler ces salariés qui semblent n'avoir jamais voulu quitter leur entreprise ?

Parce que vous le valez bien

La rencontre a lieu dans un restaurant de Montparnasse : j'ai réussi à convaincre un ancien salarié de L'Oréal de m'expliquer comment le groupe parvient à inspirer une loyauté extrême à ses équipes. « Ils vous répètent toujours que vous avez du talent », m'indique mon contact, que nous surnommerons Alex. « Jamais que vous avez du "potentiel". Toujours du "talent". Réfléchissez à la différence que cela représente. »

Je repense au célèbre slogan de L'Oréal, « Parce que vous le valez bien » : la formulation parfaite pour une entreprise de beauté avec un positionnement de luxe. Le slogan a en réalité été décliné en plusieurs versions, dont la première date de 1973 : « Parce que je le vaux bien ». C'est une jeune rédactrice de 23 ans, employée à l'agence de publicité McCann Erickson, qui en a eu l'idée. D'abord prononcée par l'actrice Cybill Shepherd, la phrase exprime le sentiment idéal d'une époque où les femmes exigent une plus grande égalité. Le slogan perdure – du moins jusqu'en 2004. Le message féministe s'est alors dilué et il semble désormais arrogant et narcissique, surtout dans la bouche d'une actrice dont le contrat s'élève à plusieurs millions de dollars… il évolue alors vers une version plus universelle, « Parce que *vous* le valez bien ». Plus tard encore, en 2009, les publicités affichent « Parce que *nous* le valons bien », renforçant ainsi la connexion entre les consommateurs et la marque.

Le slogan est parfois utilisé par le département des ressources humaines du groupe pour fédérer ses équipes. Rien de maladroit ou d'idiot à cela pour qui travaille chez L'Oréal, qui sait valoriser ses employés. En réalité, cette intégration à la «famille» L'Oréal fonctionne même parfois un peu trop bien…

«Chaque stagiaire suit plus ou moins le même parcours, sur une période de six mois», m'explique Alex. «Vous faites d'abord le tour de toutes les coulisses – la R&D, la distribution, le marketing, etc. – à tel point que vous avez l'impression d'être en passe de devenir très vite manager. Puis vous partez sur les routes comme commercial. Ça a l'air dur, mais ça ne l'est pas. Vous dormez dans de beaux hôtels, vous êtes traité avec un maximum de respect. C'est en réalité une expérience très enrichissante. À votre retour, vous êtes promu chef de produit.»

Parallèlement, les jeunes recrues sont encouragées à se lier les unes aux autres. «L'Oréal organise de nombreux événements pour ses stagiaires, du coup vous vous faites beaucoup d'amis. Et comme vous suivez tous le même parcours, vous vous retrouvez tout au long de votre carrière chez L'Oréal, ce qui vous donne un incroyable réseau au sein même de l'entreprise. Vous vous retrouvez bientôt à vous voir en dehors du travail; et la plupart de vos conversations tournent autour de L'Oréal et de vos collègues.»

Très bien donc – jusqu'à votre départ. «Durant ma carrière chez L'Oréal, je n'ai jamais vu personne se faire renvoyer. Et très peu démissionnent, car une fois votre stage terminé, vous êtes plus ou moins convaincu que vous ne trouverez pas de meilleur poste ailleurs.»

Des recherches menées par Béatrice Collin et Daniel Rouach pour leur livre *Le Modèle L'Oréal* (2009) indiquent que les salariés de L'Oréal y restent en moyenne 13 ans. Le turnover annuel au niveau mondial est de 5,9 % pour les cadres et 4,5 % pour l'ensemble des salariés. Il ne faut pas pour autant en déduire que travailler pour L'Oréal est chose facile. Lindsay Owen-Jones était connu pour encourager l'esprit de compétition au sein de l'entreprise. Il lui est fréquemment arrivé de lancer des marques rivales sur un même marché, montant ainsi ses équipes les unes contre les autres. Les salariés doivent en permanence justifier leurs décisions ; ils sont, dans une certaine mesure, des frères d'armes – unis contre leur propre et exigeante hiérarchie.

« Il y a un culte de la perfection chez L'Oréal » me confirme Alex. « Rien n'est jamais correct du premier coup. Peu importe que vous ayez suivi les instructions de vos supérieurs à la lettre, ils trouveront toujours un moyen de vous faire recommencer, même s'il leur faut pour cela changer des paramètres ou se contredire eux-mêmes. Vous comprenez assez vite qu'il vous faut toujours un plan de secours. »

À Clichy on commence tôt et on finit tard, les jeunes cadres s'efforçant à tout prix d'impressionner leurs supérieurs. Alex considère pourtant L'Oréal comme une expérience positive. « Il existe peu d'entreprises aussi variées ou qui donnent autant de chances aux jeunes. On vous donne très vite beaucoup d'autonomie, car L'Oréal cherche à développer votre capacité à prendre des décisions et votre sens des responsabilités. En même temps, les erreurs sont généralement pardonnées, car elles font forcément partie d'une culture qui encourage l'innovation. »

Le profil international de l'entreprise constitue une autre source d'attraction : les perspectives de voyager ou de travailler à l'étranger sont élevées. Alex serait probablement resté chez L'Oréal s'il avait eu cette chance. Mais il arrive que vous passiez au travers des mailles du filet : « Je devais remplacer quelqu'un en congé maladie, mais il est revenu et ils ne m'ont pas trouvé de poste à plein-temps », m'explique-t-il.

Le nom L'Oréal sur son CV lui a cependant rapidement permis de trouver un autre job. Mais une soirée a suffi à lui rappeler qu'une fois que vous avez quitté L'Oréal, c'est terminé. « Peu de temps après mon départ, j'ai invité quelques amis à la maison. Par hasard, il s'est trouvé que beaucoup étaient disponibles et la majorité des invités étaient d'anciens collègues de L'Oréal. Comme on pouvait s'y attendre, ils ne parlaient que d'un lieu où je ne travaillais plus et de gens que je ne connaissais plus. Je me suis senti exclu à mon propre dîner. Lorsque j'y travaillais, je n'avais pas réalisé à quel point nous étions tous profondément immergés dans l'entreprise. J'ai alors dû me faire à l'idée que L'Oréal était une sorte de secte. »

Les sectes sont, bien évidemment, connues pour leurs mystères ; et les L'Oréaliens ont la réputation de veiller à l'impénétrabilité de leurs rangs. « S'ils ne vous connaissent pas, ou que vous ne leur avez pas été présenté par quelqu'un en qui ils ont confiance, vous n'obtiendrez pas un mot d'eux » m'avait confié une attachée de presse d'une entreprise concurrente. Sa mise en garde s'est avérée totalement justifiée : mes e-mails et appels se sont heurtés à un mur de silence.

Il ne s'agit pas de paranoïa. Comme le formulent Collin et Rouach, « L'Oréal est à la fois extrêmement accessible, de par sa publicité et sa communication d'entreprise, et difficile à pénétrer car elle prend soin de ne pas révéler ses avantages stratégiques dans une industrie particulièrement concurrentielle... Le culte du secret au sein du groupe est devenu un art mis en pratique par nombre de ses managers. »

Les auteurs ajoutent que les salariés de L'Oréal ont l'impression d'avoir signé une clause de confidentialité. Même après qu'ils ont quitté l'entreprise, partager ses secrets relèveraient de la trahison.

Ce « goût du secret » rend plus délicieux encore le scandale Bettencourt, qui a atteint son apogée pendant l'été 2010. L'histoire s'articule autour d'une querelle entre Liliane Bettencourt et sa fille, Françoise Bettencourt-Meyers. Cette dernière remet en cause l'amitié entre Liliane et un photographe du nom de François-Marie Banier, devenu un proche de la vieille héritière après l'avoir photographiée pour un magazine. Françoise porte l'affaire devant les tribunaux, affirmant que Banier a exploité « l'état mental fragile » de sa mère pour en obtenir cadeaux et donations – à hauteur de pratiquement un milliard d'euros – et presse la cour de lui accorder la tutelle de Liliane.

L'affaire s'achemine semble-t-il vers une réconciliation entre les deux femmes. Bettencourt-Meyers a abandonné les charges après que sa mère a promis de rompre tout lien avec Banier, supprimant notamment son nom de la liste des bénéficiaires de son assurance-vie. L'avenir de la plus grande fortune de France est donc sécurisé – même si bien sûr, dans l'intervalle, les médias ont fait leurs gorges chaudes des affaires d'enregistrements illicites, de donations secrètes au parti dirigeant, d'évasion fiscale de sommes inouïes et d'une île des Seychelles que posséderait Liliane.

Un point final à toute cette histoire semble avoir été apporté après que Liliane Bettencourt et sa fille ont été aperçues ensemble pour la première fois depuis leur différend lors d'un défilé de mode Armani – dont L'Oréal fabrique les parfums…

… car dans le monde de la beauté, même les scandales s'achèvent sur une note de glamour !

ASTUCES BEAUTÉ

* Eugène Schueller a lancé ses colorations capillaires grâce à une double stratégie : une relation privilégiée avec les propriétaires de salons et les coiffeurs, et un marketing tourné vers le consommateur qui crée un lien entre la coiffure et la mode.
* Lui aussi a eu recours, comme argument de vente, au besoin de paraître plus jeune.
* Par la suite, il innove sur les marchés des shampoings de grande consommation et des lotions solaires.
* Les successeurs de Schueller ont fait évoluer L'Oréal vers les secteurs du luxe et du soin de la peau, au travers d'acquisitions de sociétés comme Lancôme et Vichy, et ont développé largement le département Recherches.
* Pour Charles Zviak, le succès des marques de beauté repose sur un « triangle d'or » : la recherche, le marketing et la qualité.
* On doit à Lindsay Owen-Jones, nommé PDG en 1988, d'avoir transformé L'Oréal en un géant mondial.
* Sa spécificité est d'avoir accentué l'héritage de ses marques – l'atmosphère trépidante de New York pour Maybelline ou la sophistication parisienne pour Lancôme – pour les rendre attirantes aux yeux du monde.
* Des managers de marque internationaux s'assurent que les « méga-marques » mondiales de L'Oréal conservent des valeurs et des identités cohérentes tout en répondant aux tendances locales.
* Owen-Jones encourage un esprit de compétition interne entre les marques et les salariés, pour rendre l'entreprise plus dynamique.
* Les politiques de recrutement et de formation de L'Oréal engendrent des salariés extrêmement loyaux et compétitifs.

6

Un géant dans votre salle de bain

« Trouvez ce que veulent
les consommateurs et donnez-le leur. »

William Procter a sans doute des ressorts aux pieds lorsqu'il parcourt les rues de Londres en ce matin de 1832 ; la perspective d'une dure journée de travail ne l'effraie assurément pas. Adolescent, il a été apprenti dans un bazar où il a appris à fabriquer des bougies selon la technique dite de « trempage », en plongeant la mèche dans la cire. Mais à l'aube de ses 30 ans, le futur lui apparaît plus lumineux qu'un millier de bougies : Procter a ouvert la veille son premier magasin, dans lequel il vend textiles et vêtements en laine. C'est sa première entreprise commerciale et il n'a aucun doute sur son succès.

Mais en approchant de la boutique, Procter remarque quelque chose d'anormal. La porte semble entrouverte, un carreau est fêlé. Ses pires craintes se confirment dans les minutes qui suivent : il a été cambriolé. Les étagères sont vides, et le jeune homme a désormais 8 000 livres de dettes – une somme colossale pour l'époque. Il a été ruiné en une nuit.

Mû par la honte – ou un optimisme à toute épreuve – Procter décide de retenter sa chance dans le Nouveau Monde, et embarque avec sa femme pour les États-Unis. À leur arrivée, ils suivent l'exemple de bien d'autres pionniers avant eux et se dirigent vers l'ouest. Mais la malchance frappe à nouveau le pauvre William Procter : alors qu'ils descendent le fleuve Ohio, sa femme tombe malade et il leur faut s'arrêter à Cincinnati pour trouver un médecin. Mme Procter meurt quelques mois plus tard.

Incapable semble-t-il de s'en remettre, Procter se fait embaucher par une banque de Cincinnati. Travaillant d'arrache-pied pour payer ses dettes, il se remet à fabriquer des bougies pendant ses temps de loisirs. Une étape logique : l'économie de la ville repose sur l'abattage et fournit donc toute l'huile et la graisse dont a besoin Procter, qui abandonne rapidement son travail à la banque pour monter sa propre affaire – qui s'avère tout à fait rentable.

Quoiqu'il n'ait jamais quitté la ville où sa femme est décédée, il parvient à s'en remettre suffisamment pour courtiser puis épouser une jeune femme du nom d'Olivia Norris, fille d'un important fabricant de bougies, Alexander Norris. La sœur d'Olivia, Elizabeth Ann, a quant à elle épousé un fabricant de savon irlandais dont la famille a émigré aux États-Unis en 1819. Ironie du sort, le jeune homme étant tombé malade lors du voyage, sa famille s'est arrêtée à Cincinnati – et y est restée, après sa guérison. Son entreprise de savon et de bougies se porte bien lorsque William Procter fait la connaissance de son beau-frère, qui s'appelle… James Gamble.

Procter et Gamble : deux hommes liés par le destin

Alexander Norris est un homme incontestablement perspicace. On l'imagine bien assis avec ses gendres au coin du feu, fumant la pipe après le dîner… Il est en tout cas de bon conseil. Il remarque que les deux jeunes hommes se font concurrence pour l'obtention des mêmes matières premières. Pourquoi alors ne pas se lancer ensemble dans les affaires ? C'est ainsi qu'est fondée Procter & Gamble, le 31 octobre

1837. Capital : 7 192,24 dollars. L'histoire est ainsi apportée, à quelques détails près, dans une publication du groupe datant de 2006, *P&G, A Company History : 1837 – today.*

Il ne s'agit pas, à proprement parler, d'une entreprise de beauté. Son succès repose essentiellement sur les savons, surtout après que l'ampoule électrique a remisé les bougies au placard. Mais à l'instar des pionniers de la beauté, Procter et Gamble savent marketer leur marque – à la fois par instinct… et par nécessité.

Le concept du *branding* émerge au cours de la révolution industrielle lorsque les commerçants, qui précédemment vendaient leurs produits localement, commencent à les expédier dans des points de vente de plus en plus éloignés, grâce à la machine à vapeur. Ayant accès à la fois au chemin de fer et au fleuve Ohio, Procter et Gamble se retrouvent ainsi idéalement placés pour profiter de cette nouvelle ère. Comme les autres industriels, ils sont obligés de marquer leurs caisses d'un symbole permettant aux dockers et aux affréteurs, bien souvent illettrés, de les identifier. Le premier logo P&G est une étoile encerclée. William Procter imagine par la suite un dessin représentant une lune et treize étoiles – comme les treize premières colonies d'Amérique. Le logo restera inchangé jusque dans les années 1930, et l'entreprise qu'il symbolise représente déjà, à la fin des années 1850, un business d'un million de dollars.

Procter et Gamble se révèlent talentueux dans la détection d'opportunités. La fabrication du savon requiert l'utilisation d'une substance appelée colophane, une résine solide extraite du pin. Ayant eu vent des rumeurs sur l'imminence d'une guerre civile, les fils des fondateurs – James Norris Gamble et William Alexander Procter – partent pour le sud du pays se procurer d'énormes quantités de colophane, négociant au passage des remises conséquentes. Dans le même temps, l'entreprise commence à construire une nouvelle usine pour faire face aux ventes croissantes de ses produits. Et sans surprise en 1862, alors que leurs concurrents sont obligés de stopper leur production faute d'approvisionnement en colophane, Procter & Gamble remporte un contrat pour fournir en savons et en bougies l'armée nordiste.

On doit également à cette nouvelle génération l'idée d'une des plus solides marques de l'entreprise. Le savon Ivory est développé par James Norris Gamble et un autre des fils de Procter, Harley. Un heureux incident lors du fouettage des ingrédients a intégré plus d'air au mélange que d'habitude : résultat, le savon flotte. Le nom Ivory est inspiré d'un passage de la Bible qui a retenu l'attention d'Harley Procter à l'église et où il est question de « palais d'ivoire ». Il revêt également une dimension psychologique : à l'époque, l'utilisation du savon est non seulement associée à la propreté mais également aux peaux claires.

Au XIXe siècle, la publicité a, aux États-Unis, mauvaise réputation. Elle est perçue comme du charlatanisme, un bla-bla prétentieux destiné à faire acheter à des consommateurs naïfs des produits suspects – l'équivalent moderne du médecin descendant de sa diligence avec sa sacoche remplie à ras bord de potions inefficaces. Mais Harley Procter pense que la propriété inédite du savon Ivory se prête à une campagne de publicité, et parvient à convaincre ses partenaires d'y investir la somme impressionnante de 11 000 dollars. La publicité du savon miraculeux, « si pur qu'il flotte », est diffusée dans tout le pays via les pages de l'*Independent,* en 1882. Le produit devient immensément populaire ; P&G profitera par la suite de l'apparition des magazines féminins illustrés pour faire paraître une annonce en couleur dans *Cosmopolitan*, en 1896.

Au tournant du XXe siècle, P&G commence à prendre la forme qu'on lui connaît aujourd'hui. La compagnie fait construire en 1886 une vaste usine ultramoderne baptisée Ivorydale, à quelques kilomètres au nord de Cincinnati. Quatre ans plus tard, celle-ci héberge le premier laboratoire de recherche des États-Unis, dans lequel des ingénieurs s'emploient à améliorer les formules des savons et à concevoir de meilleures méthodes de production. C'est en 1911 qu'une avancée fait sortir P&G de la salle de bain : alors qu'elle effectue des expériences sur l'huile de coton hydrogénée, solide à température ambiante, pour en faire un ingrédient de base du savon, l'entreprise invente une alternative à la graisse alimentaire traditionnelle. Elle commercialise cette nouvelle matière grasse, plus saine, sous le nom de Crisco. P&G booste ses ventes en 1912 en lançant un carnet de recettes à base de Crisco.

Est-il nécessaire de le préciser ? La Première Guerre mondiale perturbe à peine l'entreprise, qui a pris soin de se préparer à ces temps difficiles. Et tandis que les États-Unis entrent dans l'ère prospère des Années Folles, P&G est tout à fait prête à investir dans le nouveau et puissant média qu'est la radio. Crisco sponsorise des émissions de cuisine, tandis que la poudre à laver Oxydol attachera par la suite son nom à la série *Ma Perkins*. Ces sponsorings sont de tels succès que P&G répétera cette tactique avec d'autres marques. Inutile que je vous rappelle d'où viennent les *soap operas*...

Redéfinir le beau

Le désir de comprendre comment les clients réagissent à ses publicités amène P&G à investir d'une nouvelle manière. L'entreprise crée, en 1924, l'un des premiers départements d'études de marché. Jusqu'alors, le développement de produits était essentiellement fondé sur l'instinct et le « pif ». Mais Procter & Gamble est bien déterminée à combler les attentes au quotidien de ses clients – et pour ce faire, il lui faut en savoir davantage sur leur vie.

Le département en charge des études de marché est dirigé par un économiste, Paul « Doc » Smelser. Dans son ouvrage *American Business, 1920-2000 : How it worked* (2000), Thomas K. McGraw décrit Doc comme un « petit homme bagarreur et sérieux » dont les vestes de tweed et les cravates soignées contrastaient avec les tenues sombres de la plupart des cadres de P&G. Il avait même coutume de les provoquer en allant les voir pour « leur poser, de façon impromptue, des questions comme "Quel pourcentage de savon Ivory est utilisé pour le visage et les mains et quel pourcentage pour la vaisselle ?" Bien souvent, personne ne connaissait la réponse. »

Doc reste à la tête du département des études de marché pendant 34 ans, en faisant « peut-être l'une des unités de ce genre les plus sophistiquées au monde». Son équipe est composée de centaines de chercheurs. Il recrute des milliers d'intervieweurs en porte-à-porte, pour la plupart des femmes auxquelles il demande expressément de porter « des robes classiques, des talons hauts et un chapeau ». Celles-ci posent avec douceur des questions sur les habitudes de cuisine, de lessive et autres travaux domestiques. Elles ne doivent avoir recours à « aucune liste, formulaire, feuille ou stylo » pour ne pas intimider leurs interviewées – il leur faut donc, une fois la conversation achevée, se précipiter dans leur voiture écrire ce qu'elles ont entendu.

De cette mine de renseignements que collecte son département, Doc découvre « pratiquement tout ce qui peut être appris sur la manière dont les produits de l'entreprise et de ses concurrents sont utilisés, comment ils pourraient l'être, et ce que les consommateurs aiment ou n'aiment pas à leur propos ». Il s'intéresse en outre aux médias : « Il aimait à surprendre les responsables des stations de radio en leur donnant des statistiques précises sur le volume de leur audience, des statistiques qu'eux-mêmes ne possédaient pas. »

Grâce au Doc, P&G est à même de remplir sa mission : « trouver ce que les consommateurs veulent et le leur donner ». C'est un autre pionnier du groupe qui formule l'expression : Neil McElroy, l'inventeur du management de marque.

McElroy rejoint P&G dès sa sortie d'Harvard, en 1925. Six ans plus tard, alors qu'il travaille sur une campagne de publicité pour le savon Camay, il lui vient à l'esprit que le département marketing pourrait être géré de façon plus efficace. Il noircit trois pages de notes, qui suggèrent qu'au lieu de faire travailler les employés du service marketing de façon transversale sur plusieurs marques, l'entreprise devrait plutôt désigner des équipes dévolues à chaque marque. Celles-ci seraient gérées comme autant de sociétés différentes, avec un petit groupe de salariés reportant à un manager de marque. Ce groupe serait responsable du marketing de sa marque mais également de ses ventes, du développement de produits et de toute autre tâche susceptible de contribuer à son succès. Chaque marque serait donc en rivalité avec les autres au sein même de P&G, de la même manière qu'elle l'est avec ses concurrents sur le marché. Une telle organisation permettrait de dynamiser les innovations et de forcer les marques à s'aventurer sur de nouvelles niches.

P&G adopte la proposition de McElroy. La compagnie devient ainsi pionnière de la technique qu'utilisera Owen-Jones des années plus tard pour stimuler la compétition interne chez L'Oréal. « Le management par marque en tant que technique d'entreprise a été l'une des innovations phare du marketing américain au cours des années 1920 » confirme McGraw.

Dès la fin de la Seconde Guerre mondiale, P&G est devenu un authentique léviathan. Sa compétitivité a créé une culture d'entreprise forte, que McGraw voit comme « étroitement soudée, secrète, ambitieuse [et] obsédée par le marketing ». Par ses nombreux lancements et acquisitions, l'entreprise semble s'insinuer dans chaque recoin du quotidien du consommateur. Le catalogue des marques lancées au cours de la seconde moitié du XXe siècle revêt l'aspect d'une liste de courses hebdomadaires : lessive Tide (1946), dentifrice Crest (1955), papier toilette Charmin (1957), couches Pampers (1961), shampoing Head & Shoulders (1961), lessive Ariel (1967), biscuits Pringles (1968), adoucissant Bounce (1972) et protections périodiques Always (1983).

P&G étend son emprise dans le secteur de la beauté avec les rachats de Richardson-Vixks (Oil of Olay, Pantene et Vidal Sassoon) en 1985, Noxell (CoverGril et Noxzema) en 1989, Old Spice l'année suivante et des cosmétiques Max Factor et Ellen Betrix l'année d'encore après.

Ces acquisitions encouragent l'entreprise à se développer dans le secteur des parfums avec le lancement de Giorgio Beverly Hills ; elle fournira ensuite des fragrances à Dolce & Gabbana, Dunhill, Escada, Gucci, Lacoste et Puma – entre autres.

Les techniques d'études de marché et de management de marques font de P&G une formidable machine. L'un de ses objectifs, selon Tom McGraw, était de doubler ses ventes tous les dix ans. Elle dépense à ces fins des milliards en publicité, principalement télévisuelle. Ses ventes dépassent en 1993 les 30 milliards de dollars, la moitié de cette somme étant réalisée à l'extérieur des États-Unis.

Mais en dépit de ses intérêts dans le secteur de la beauté, P&G reste encore une compagnie de produits de grande consommation qui joue les amateurs dans le business de la beauté. Comme le décrit Geoffrey Jones dans *Beauty Imagined*, tout cela change au début des années 1990. En 1992, le directeur général de P&G, Ed Artzt, prononce un discours intitulé « Redefining beautiful » (littéralement « Redéfinir le beau »), dans lequel il affirme que la beauté est « le secteur le plus dynamique » dans lequel opère l'entreprise, ainsi que celui « avec le meilleur potentiel de croissance ». Expliquant « pourquoi une entreprise de savons et de lessives vieille de 115 ans voudrait s'aventurer dans le monde de la mode et du glamour », il souligne que le commerce de la beauté est de plus en plus gouverné par la recherche et la technologie, ce qui en fait « son genre de business ».

Moins d'une décennie plus tard, c'est AG Lafley, ancien directeur de la division Beauté, que l'on retrouve à la tête de P&G. Il comprend que les marges élevées des produits de beauté permettent d'impressionnants retours sur investissement. La beauté s'accorde également, selon Jones, « aux forces de P&G que sont le branding et l'innovation ainsi qu'à sa profonde connaissance des réseaux de supermarchés, de drugstores et d'enseignes de discount ». P&G commence alors à investir dans la publicité pour la marque dormante qu'est Oil of Olay, et à se développer dans le domaine du soin capillaire en rachetant le fabricant de colorations Clairol.

En 2005, Procter & Gamble dépense 57 milliards de dollars pour l'acquisition de Gillette, devenant ainsi le plus gros groupe de grande consommation au monde. Le rachat lui donne accès non seulement aux produits de rasage Gillette, mais également aux appareils électriques Braun, aux déodorants Right Guard et aux piles Duracell. Mais le deal permet surtout à P&G de mettre un pied dans le secteur qui lui manquait : celui, croissant, des produits pour homme (« P&G to buy Gillette for US$57 billion », *Associated Press*, 28 janvier 2005).

À la fin de la décennie, Procter & Gamble est passé d'une « entreprise de savons et lessives » à un groupe qui réalise la moitié de ses ventes dans les secteurs de la beauté, du soin et de la santé.

Unilever : partenaire de votre sex-appeal

P&G ne manque pas de concurrents dans les catégories des produits domestiques et de l'hygiène personnelle. Les noms de Colgate-Palmolive, Reckitt Benckiser et Johnson & Johnson vous sont certainement familiers et occupent les étagères de votre salle de bain d'une façon ou d'une autre – dentifrice, antalgiques, shampoing ou talc. Mais attardons-nous un moment sur Unilever dont le portefeuille de marques contient, entre autres, Dove, Lux, Pond's, Lifebuoy, Sunsilk TIGI, Vaseline et Axe, la provocante marque de fragrance masculine.

Le conglomérat néerlando-britannique a eu lui aussi un impact majeur dans l'histoire de l'hygiène personnelle. À la fin du XIXe siècle, l'un des fondateurs de ce qui deviendra Unilever, un Anglais du nom de William Hesketh Lever, a une idée qui révolutionnera la manière dont les gens achètent et consomment le savon.

Lever naît à Bolton en 1851. Fils d'épicier, il suit naturellement les traces de son père dans le commerce. À l'époque, le savon est vendu dans les épiceries sous forme de gros blocs, dans lesquels le commerçant découpe un morceau pour chacun de ses clients. Le jeune William se demande s'il ne serait pas préférable de vendre le savon dans un format individuel, et c'est sur cette idée qu'il monte sa propre affaire, reconditionnant à l'unité les savons fabriqués par d'autres industriels.

Convaincu que la qualité du savon pourrait être améliorée, Lever commence à réinvestir ses bénéfices dans la recherche. Avec l'aide de son frère James, il loue une usine à Warrington, qu'ils renomment Lever Brothers. (James n'a en réalité jamais été impliqué dans l'entreprise. Adam Macqueen, dans son livre *The King of Sunlight : How William Lever cleaned up the world*, paru en 2005, suggère que ce dernier souffrait de diabète, maladie alors peu connue, qui a sans doute conduit son entourage à le considérer comme mentalement instable.)

Lever expérimente à Warrington différentes recettes avant de parvenir à une mixture mêlant huile de noix de palme, huile de graines de coton, résine et suif. Il la commercialise sous l'appellation Sunlight, entourant chaque barre de savon d'un emballage coloré qui attire l'œil. Ce qu'il vend là, c'est une propreté abordable, sans chichis et produite en masse. Les ventes croissent rapidement et Lever doit bientôt ouvrir une plus grande usine sur les bords du fleuve Mersey, dans le Cheshire. En écho à l'Ivorydale de Procter & Gamble, il nomme ses nouveaux locaux Port Sunlight. Il s'y fabrique, à partir de 1985, 40 000 tonnes de savon par an.

Lever se considère lui-même comme davantage qu'un simple entrepreneur. Il ambitionne d'améliorer le quotidien de ses contemporains, « de faire de l'hygiène l'affaire de tous, de diminuer le travail des femmes, d'encourager la santé, d'aider chacun à se sentir bien et de rendre la vie de ceux qui utilisent nos produits plus agréable et réconfortante » (source : www.unilever.com).

Il s'efforce également d'assurer à ses salariés des vies joyeuses et confortables. Port Sunlight n'est pas qu'une usine : c'est un village, avec logements et équipements divers pour ceux qui y travaillent – inconvénient intrinsèque : quand vous perdez votre emploi, vous perdez également votre maison. Adam Macqueen écrit que les employés de Lever :

> vivaient dans un décor agréable, des maisons spacieuses mêlant extraordinairement l'aspect d'une bonbonnière avec des détails architecturaux, selon les goûts étranges de Lever, mais chaque chose du quotidien était strictement imposée. Tous mangeaient ensemble dans de grandes salles à manger ségréguées, sous l'œil des chefs-d'œuvre préraphaélites dont débordaient les collections personnelles de Lever. Ils s'entraînaient ensemble au gymnase du village ou nageaient dans la piscine de plein air, à côté des pelouses du village. Ils priaient à l'église faussement médiévale, prenaient un verre au Temperance Inn et assistaient à des

leçons « absolument obligatoires » d'histoire, de langues et de littérature (« The king of sunlight », *Times*, 13 mai 2004).

Cette approche paternaliste s'étend également à la vie sociale. Durant leur temps libre, les employés sont en effet tenus de s'impliquer dans l'une des activités proposées par le village – orchestre philharmonique, club de théâtre (lequel possède son propre auditorium de 1 000 places) ou autre. Les femmes doivent demander au « *social department* » la permission d'assister au bal hebdomadaire avec un collègue masculin. Ceux qui dérogent aux règles ou ne conviennent pas à ce mode de vie peuvent être renvoyés. Lever n'est nullement le premier à assimiler l'hygiène physique à l'instruction et à la probité, mais peu ont poussé l'idée à cet extrême.

Au travail, Lever surveille de près tous les processus, observant ses employés par le sol en verre de son bureau. Néanmoins, les employés bénéficient – outre leurs maisons et cantines – de journées de huit heures, de plans de retraite et d'assurances chômage et maladie, des avantages quasi inédits. Comme le formule Macqueen :

> En 1888, l'année où Port Sunlight est fondée, plus de 1 000 ouvriers de l'usine d'allumettes Bryant & May se mettent en grève pour protester contre les journées imposées de 14 heures non-stop en présence de phosphore jaune, substance cancérigène qui pourrit littéralement les visages de ceux qui y sont exposés. La plupart des travailleurs doivent payer leurs propres outils et fournitures générales avec leur maigre salaire, voire débourser plus encore pour payer le chauffage de l'usine (« The king of sunlight », *Times*, 13 mai 2004).

Mais toutes les innovations de Lever ne s'attirent pas de louanges universelles. Ce dernier rejoint en 1906 d'autres industriels pour former le « monopole du savon », selon l'idée que les consommateurs comme les fabricants pourraient ainsi bénéficier d'économies d'échelle sur les matières premières, la production et la publicité. Or de tels monopoles ont déjà été remis en cause aux États-Unis, et la démarche de Lever est sévèrement critiquée par la presse britannique. Un dessin satyrique du *Daily Mirror*, rebaptisant l'empire de ce dernier « Port Moonshine », représente un magnat du savon avide, déclarant à un consommateur intimidé : « Je suis le maître de la situation, personne d'autre ne peut fabriquer de savons et il n'y a que moi et moi seul qui puisse monter les prix aussi haut que je le souhaite. » Des accusations similaires du *Daily Mail* poussent Lever à intenter une action devant les tribunaux. Il y obtient 50 000 livres d'indemnisations, mais le monopole est démantelé avant même la fin de l'année.

Ce revers n'empêche pas le businessman de poursuivre l'expansion de sa compagnie. Il rachète en 1910 les savons Pears, marque populaire lancée à Londres à la fin du XVIIIe siècle par Andrew Pears, barbier de Soho. De nombreux clients avaient fait part à ce dernier de leur insatisfaction quant à l'effet du savon sur leur peau ; aussi Pears commença-t-il à expérimenter des ingrédients naturels et moins agressifs, aboutissant finalement à un produit à base de glycérine. La transparence et l'arôme fleuri du savon rencontrèrent un grand succès, mais ça n'est que sur les conseils du petit-fils d'Andrew, Francis Pears, que fut finalement fondée la société A & F Pears Limited.

Francis Pears est aidé par l'un des premiers génies du marketing, Thomas J. Barrett – son beau-fils. Dans un éclair d'inspiration resté célèbre dans l'histoire de la publicité, Barrett parvient à convaincre l'artiste préraphaélite Sir John Everett Millais de lui céder une peinture romantique : un chérubin regardant s'élever des bulles de savons. Il réussit même à persuader Millais d'ajouter à l'image un savon Pears. C'est ainsi que « Bubbles » devient une icône, le genre d'affiche publicitaire que les gens accrochent chez eux. Barrett s'assure en outre la caution d'une célébrité (démarche quasi inédite alors), en l'occurrence Lillie Langtry, actrice, courtisane et maîtresse du Prince de Galles.

Une fois la marque Pears rentrée dans son giron, Lever en déménage la production à Port Sunshine. Il s'inspire également de la tactique de Barrett, achetant des peintures et les transformant en publicité pour ses marques. Sauf que contrairement à ce dernier, il n'en demande pas toujours la permission…

Lever adopte une approche unique de la publicité en créant ce qui deviendra une agence interne : Lever International Advertising Services, plus connue sous l'appellation Lintas. Quoique cette dernière évoluera par la suite vers le statut d'agence indépendante, elle restera fortement liée à son créateur pendant des décennies, jusqu'à ce que son nom soit finalement dissous dans l'éternel tourbillon d'acquisitions et de consolidations du monde de la publicité.

William Lever ne reproduit pas au Congo Belge, où il fabrique son huile de palme, l'approche altruiste qu'il a adoptée en Grande-Bretagne. Il profite au contraire du système de terreur introduit par les colons auprès des travailleurs locaux, et l'atmosphère ressemble davantage à *Apocalypse Now* qu'à Port Sunlight. De telles pratiques provoqueraient aujourd'hui l'indignation des consommateurs et seraient sanctionnées d'un boycott mais les mœurs de l'ère coloniale sont tout autres, et Lever conserve sa réputation de philanthrope. Il est fait Baron en 1917, puis Vicomte en 1922. Il meurt de pneumonie peu après, en 1925.

Cinq ans plus tard, l'huile de palme assure les fondations glissantes d'une nouvelle entité. Lever Brothers a joint ses forces à celle du fabricant néerlandais de margarine Margarine Unie, dont la production dépend également de l'huile de palme. À elles deux, les entreprises peuvent en importer des quantités massives, plus efficacement et à des coûts plus avantageux. Elles fusionnement finalement en une seule et même compagnie : Unilever.

Celle-ci survit à la Grande Dépression des années 1930, en partie parce qu'elle a l'idée de s'éloigner des « savons durs » traditionnellement utilisés pour l'entretien domestique pour développer poudres et flocons. Elle mène en outre des campagnes vantant les mérites de la margarine enrichie en vitamines, parvenant ainsi à atteindre des pics de vente jusqu'alors inégalés. En 1941, lors des attaques éclairs des Allemands sur Londres, sa marque Lifebuoy sponsorise un service gratuit de douches d'urgence : des camions, marqués du logo Lifebuoy et équipés de douches chaudes, de savons et de serviettes se rendent immédiatement dans les quartiers où les bombes ont fait sauter les approvisionnements en eau.

À partir de 1950, le développement d'Unilever ressemble beaucoup à celui de Procter & Gamble. À Port Sunlight, l'accent est progressivement mis sur la recherche, des laboratoires étant mis en place pour analyser les tendances des consommateurs et les avancées technologiques dans les domaines de l'hygiène et de la nutrition. Unilever lance, au cours de la même décennie, deux de ses marques les plus célèbres : le shampoing Sunsilk et le savon Dove.

Quand les publicités pour Sunsilk commencent à être diffusées sur les écrans de télévision, en 1955, les spots vantent la nécessité d'une seule application – contrairement aux marques concurrentes. Mais c'est en 1967 que la publicité de la marque prend réellement son envol, grâce à John Barry, compositeur notamment des bandes originales des films de James Bond, et sa mélodie « The girl with the sun in her hair » (littéralement « La fille qui avait du soleil dans les cheveux »). Les publicités en elles-mêmes sont assez évocatrices. Dans l'une d'elles, une jeune femme au teint frais se promène en barque sur un lac avec son petit ami : « Un visage sans maquillage le prouve – le soin cosmétique le plus important d'une femme est son shampoing… il fait partie de l'art de la beauté ». Mais c'est le thème entêtant de Barry – si populaire qu'il devient un succès – qui confère à la scène son authentique élégance.

Les années 1970, marquées par la crise du pétrole, s'avèrent difficiles pour tous les industriels mais pour Unilever, la compétition ambiante est exacerbée par le développement des chaînes de supermarchés, dont l'influence sur les ventes sapent son pouvoir de négociation. Unilever réplique en s'étendant aux États-Unis avec le rachat de National Starch puis de Lipton International, qui fait du groupe le plus gros fournisseur de thé au monde. Est également lancée durant ces années la marque de déodorant Impulse (« Men can't help acting on impulse », littéralement « Les hommes ne peuvent s'empêcher de céder à leurs pulsions »). Comme P&G à l'époque, Unilever reste toutefois une entreprise de biens de grande consommation, avec quelques marques dans le domaine de la beauté.

Cette fois, c'est dans les années 1980 que la situation évolue, lorsqu'Unilever se sépare des activités trop éloignées de son cœur de métier – notamment le transport et l'emballage – et rachète des entreprises dans ses catégories cibles : la lessive, l'alimentation et le soin de la personne. Parmi cette frénésie d'achat, notons celui de Chesebrough-Pond's aux États-Unis, propriétaire de Vaseline Intensive Care, de Pond's Cold Cream – et, incongrûment, des sauces pour pâtes Ragú.

En 1989, un trio d'acquisitions fait d'Unilever un acteur majeur des secteurs du parfum et de la cosmétique. Le groupe rachète successivement la branche européenne des parfums de Shering-Plough's, Calvin Klein et Fabergé Inc – lequel détient la marque Elizabeth Arden et les parfums Chloé, Lagerfeld et Fendi. Comme P&G, Unilever a compris que la beauté est un domaine à marges élevées, où il faut opérer à grande échelle. Sept ans plus tard le groupe ajoute à son portefeuille la société Helen Curtis Industries, incluant ainsi à son giron les marques de soin de la personne Suave, Finesse et Salon Selectives.

En 2000, le groupe réunit toutes ses marques beauté dans une entité séparée, Unilever Cosmetics International. Ironiquement, cette démarche marque la fin de son flirt avec la beauté haut de gamme.

Pour toutes les beautés

En 2005, Unilever décide à nouveau de rationaliser son portefeuille de marques. Au cours des années 1980 et 1990, le volume de croissance du groupe stagne à un faible 2,5 %. S'il a mis en place, au début du XXIe siècle, une stratégie de croissance appelée « Path to Growth » qui s'avère efficace quant aux achats de matières premières, il peine toujours à faire avancer le curseur des ventes.

La raison ? Unilever ne s'est pas adapté à l'évolution de son environnement. Historiquement, le groupe a toujours agi localement plutôt que mondialement, avec des entreprises très autonomes gérant leur propre portefeuille de marques sur chaque marché. Mais avec l'avènement du village mondial, une stratégie descendante devient nécessaire : Unilever doit devenir une entreprise mondiale, avec un message mondial unique et des marques mondiales fortes.

Pour développer cette approche, Unilever réalise une évaluation lucide de ses forces et faiblesses et revend ses marques les moins performantes. Son analyse montre que les secteurs de croissance, dans le domaine du soin de la personne, sont les déodorants ainsi que les soins de la peau et des cheveux. Notez l'absence ici du mot « parfums »... En définitive, Unilever a plus à voir avec des marques telles que Sunsilk et Dove qu'avec les marques de mode pointues comme Vera Wang ou Cerruti. Il lui faut donc se séparer de Unilever Cosmetics International, que rachète pour 800 millions de dollars le géant américain de la parfumerie Coty (source : « Unilever parts with perfume names », news.bbc.co.uk, 20 mai 2005).

À la même époque à peu près, Unilever se donne une nouvelle mission, celle de « répondre aux besoins quotidiens en nutrition, hygiène et soin de la personne avec des marques qui permettent à chacun de se sentir bien et de profiter de la vie. » Cette politique d'« apporter de la vitalité à la vie » influencera désormais chacune de ses actions... et aura un effet dramatique sur une marque en particulier : Dove.

Comme nous l'avons vu dans les chapitres précédents, la plus vieille tactique marketing des marques de beauté consiste à rendre les consommateurs paranoïaques quant à leur apparence. Quelque chose ne va pas chez vous – de l'acné, une peau sèche, une peau grasse, des signes de vieillissement, *surtout* des signes de vieillissement ? Elles peuvent y remédier. Alors, et si Dove se positionnait comme une gamme de soin de la peau pour celles qui refusent de céder à ce chantage émotionnel ? Et si Dove vous faisait vous sentir bien d'être vous-même ?

La campagne Dove « Real Beauty » (« Pour toutes les beautés » en français), conçue par l'agence de publicité Ogilvy & Mather et soutenue par le cabinet de relations publiques Edelman Public Relations, est lancée en 2004. Déclinée pour la presse et l'affichage, la campagne repose sur des images du photographe de mode Rankin, qui montrent des femmes ordinaires – certaines ont été recrutées par des petites annonces dans les journaux – posant en sous-vêtements, sûres d'elles malgré leurs imperfections. Quoique les poses soient travaillées et les fassent paraître sous leur meilleur jour, ce ne sont clairement pas des top models – en premier lieu parce qu'elles ont des seins et des cuisses, voire même un peu de ventre. La campagne tranche tellement dans un secteur habituellement peuplé de naïades retouchées qu'elle s'attire immédiatement une large couverture médiatique.

Autre élément clé de la campagne, un spot online de 2007 baptisé « Evolution ». Une adolescente, à la peau imparfaite, fait face à la caméra. Un enchaînement de prises de vue accélérées montre à quel point le maquillage, la coiffure et, surtout, les retouches sous Photoshop peuvent transformer une jeune fille banale en une déesse telle que nous les voyons dans les publicités pour produits de beauté. « No wonder our perception of beauty is distorted » – littéralement « Pas étonnant que notre perception de la beauté soit déformée » – peut-on lire à la fin du clip, avant un lien vers le « Fond de l'Estime de Soi Dove ». Celui-ci a été créé par Unilever pour « libérer la jeune génération des stéréotypes qui limitent sa perception de la beauté ». Le Fonds est ainsi partenaire de Butterfly, association australienne qui vient en aide aux personnes atteintes de troubles de l'alimentation.

Si « Evolution » s'est vu récompensé par deux Grands Prix au Festival International du Film Publicitaire de Cannes – l'équivalent des Oscars pour la publicité – il est également quelques observateurs pour se pencher sur les dessous éthiques de la campagne. Il est ainsi suggéré que les visuels des affiches et des pages de publicité ne sont pas réellement exempts de retouches sous Photoshop ; il est également rappelé qu'Unilever commercialise sur les marchés asiatiques une crème destinée à éclaircir la peau, Fair & Lovely (littéralement « Claire & Jolie »), et que les publicités pour les produits Axe sont basées sur la promesse d'un parfum si irrésistible que ne peuvent y résister les jeunes et incroyablement sexy demoiselles croisées par le héros.

La journaliste Alicia Clegg avait déjà examiné le dilemme éthique de la campagne dans un article posté sur le site Internet Brand Channel de l'agence Interbrand : « La campagne [...] implique un propos moral », écrit-elle, « qui aborde les problématiques éthiques du consumérisme : la psychologie de l'estime de soi, le lien supposé entre la pression du conformisme et les troubles de l'alimentation, et les divers stigmates attachés au vieillissement et à la défiguration. » Et pourtant, affirme-t-elle, « le marketing de Dove, c'est la réalité de la téléréalité, pas celle de la vie de tous les jours. Les mannequins, quoique non glamours au naturel, sont présentées avec glamour. De la même manière que la téléréalité transforme le quidam en star d'un jour, la campagne Dove accorde à des femmes ordinaires l'honneur de la beauté » (« Dove gets real », brandchannel.com, 18 avril 2005).

L'argument décisif, bien sûr, est que tout le propos de la campagne consiste à faire vendre des produits de beauté. La publicité initiale, shootée par Rankin, était destinée à promouvoir des « crèmes raffermissantes », conçues pour « réduire visiblement l'apparition de la cellulite ». Une approche éthique sinon hypocrite, du moins sournoise…

Mais ça marche. La campagne donne à Dove un propos qui la démarque de ses concurrents et accroît significativement ses ventes (jusqu'à plus de 700 % sur certains marchés), et qui permet à la marque d'obtenir une couverture médiatique équivalente à plusieurs millions de dollars.

Après un premier pic, toutefois, les ventes commencent à stagner. Un nouveau débat s'engage, les femmes ont-elles réellement envie de se voir représentées de façon aussi « réaliste » ? Et si elles avaient au contraire plutôt envie de savoir que des femmes « fabuleuses » – actrices et top models – partagent les mêmes problèmes et sentiment d'insécurité ? Et que les produits de beauté les aident à devenir aussi belles que possible ?

Comme me l'a confié un publicitaire français, « le problème avec la campagne Dove, c'est qu'elle n'offre pas d'espoir, or c'est ce dont il est question dans la publicité de la beauté. Les gens achètent des produits de beauté parce qu'ils ne se laissent pas aller. Ils ne veulent pas avoir l'air "ordinaire". Ils veulent avoir l'air extraordinaire. Ils veulent quelque chose qui les transforme. Moralement et intellectuellement, les femmes approuvent le message de Dove. Mais dès qu'elles sont devant le rayon, le cœur leur dicte tout à fait autre chose. Alors elles se tournent vers le produit qui leur promet de les rendre plus belles. »

La plus grande marque de soin de la peau au monde

Une autre marque, familière de nos salles de bain, a longtemps occupé le segment « sain et naturel » sur lequel est venu empiéter Dove. Pour le cabinet d'études de marché Euromonitor, c'est même celle qui se vend le mieux au monde sur le segment du soin de la peau. Elle est allemande et il s'agit, évidemment, de Nivea.

Comparée à certaines marques de beauté bien plus haut de gamme, Nivea semble anodine, amicale, presque innocente… et réalise pourtant 5 milliards de chiffre d'affaires annuel – dont on imagine aisément qu'ils sont en réalité le résultat d'efforts marketing constants.

Le lancement de Nivea remonte à 1911. Selon le site Internet de la marque, le célèbre pot de crème a toujours été « rempli d'un mélange de recherche, de créativité et de savoir-faire commercial » – une formule qui fait écho au « triangle d'or » de l'ancien PDG de L'Oréal, Charles Zviak.

La marque, bien qu'appartenant à Beiersdorf, n'a pas été créée par le fondateur du groupe, Paul Carl Beiersdorf. Non que ce dernier ait été dépourvu de sens de l'innovation : pharmacien de métier, il ouvre une officine en 1880 à Hambourg et travaille, en collaboration avec un chercheur du nom de Paul Gerson Unna, à l'élaboration du premier pansement adhésif, conçu à base de gutta-percha – une gomme obtenue à partir de la sève de l'arbre tropical dont elle tire son nom. Les deux hommes déposent le brevet de leur invention en 1882.

En 1890, Beiersdorf revend son commerce à un autre pharmacien, le docteur Oscar Troplowitz, l'homme qui fera de Beiersdorf une marque mondiale. Doté d'un esprit d'entrepreneur, ce dernier mêle en outre une compréhension perspicace du consommateur et une capacité à transformer les besoins de celui-ci en produits.

L'ancien conseiller scientifique de Paul Beiersdorf, Paul Gerson Unna, parle à Troplowitz d'un nouvel agent émulsifiant appelé Eucerit, dérivé de la lanoline et permettant donc de stabiliser une crème à base d'huile et d'eau pour la produire en quantités industrielles. Troplowitz rachète rapidement le brevet ainsi que l'usine qui produit cette crème, que le pharmacien utilisera comme base de la Nivea. Le nom Nivea dérive du latin *nix, nivis* – la neige. Outre l'Eucerit, qui permet de lier les huiles à l'eau, la crème contient « de la glycérine, un peu d'acide citrique et, pour lui donner un parfum délicat, de l'huile de rose et de muguet. » La recette est, aujourd'hui encore, toujours à peu près la même.

La couleur pure et le parfum subtil de la crème Nivea reflètent le bon sens marketing de Troplowitz. Ce dernier a compris que le soin de la peau n'est pas qu'une simple question d'efficacité : il est aussi question d'émotion. Les premières publicités mettent en scène une femme vulnérable et fragile, dans un style néanmoins contemporain et dynamique. Elles sont l'œuvre de Hans Rudi Erdt, artiste issu d'une nouvelle génération spécialisée dans l'art commercial.

Troplowitz meurt en 1918, mais son successeur témoigne des mêmes qualités de visionnaire. Bien avant que des L'Oréal, P&G et autre Unilever n'adoptent l'approche des « supermarques », le nom Nivea est étendu à une large gamme de produits d'hygiène corporelle : savon, shampoing, maquillage et crème de rasage.

La « femme fragile » Nivea ne survit pas aux années 1920, où l'apparition de jeunes filles athlétiques, coiffées à la garçonne et conduisant leur propre voiture fait soudain paraître démodé son look éthéré. « La jeunesse et la fraîcheur » : telles sont les nouvelles valeurs qu'adopte alors la marque pour satisfaire ces temps changeants. La crème est désormais positionnée comme un produit multi-usage pour toute la famille – aussi efficace pour adoucir une barbe d'homme qu'une peau féminine, une approche mise en avant par une page publicitaire sur laquelle trois jeunes garçons au teint frais sourient à l'objectif. Parallèlement, la marque lance un concours pour trouver les « filles Nivea » ; comme l'indique l'annonce : « Nous ne cherchons pas de beautés ou de reines du bal… mais vous devez être saine, fraîche et en bonne santé, et avoir une beauté naturelle. »

C'est également à cette époque que la marque adopte son emblématique duo de bleu et blanc, symbolisant la pureté et la simplicité.

À la fin des années 1930, la publicité de la marque est confiée à la talentueuse Elly Heuss-Knapp, qui deviendra l'une des plus célèbres femmes publicitaires. Elly fait sortir Nivea au grand air, l'associant aux ciels bleus et à la vie sportive d'athlétiques jeunes femmes qui n'ont rien à envier aux Gibson Girls. C'est notamment à Heuss-Knapp que revient la tâche de piloter l'image de la marque durant l'ère nazie.

Les dirigeants juifs de Beiersdorf, dont son président Willy Jacobsohn, fuient le pays dès la prise de pouvoir des Nazis. Le contrôle de l'entreprise revient alors à Carl Claussen, époux d'une des nièces de Troplowitz. Pour protéger plus encore Nivea, la licence de la marque est accordée à des fabricants à l'étranger – une tactique qui posera problème après la guerre, lorsque les stratégies marketing variées des licenciés étrangers menaceront de diluer l'image de la marque. Il faudra attendre plusieurs dizaines d'années avant que Beiersdorf ne parvienne à reprendre un contrôle centralisé de Nivea. En attendant, l'entreprise pallie la difficulté en collaborant étroitement avec les propriétaires de la licence à l'étranger, pour assurer une cohérence d'ensemble aux messages de la marque.

Dans le même temps, les publicités d'Elly Heuss-Knapp parviennent à réaliser un « délicat numéro d'équilibriste », pour reprendre les termes de Geoffrey Jones. Ces annonces peuvent « être interprétées comme étant en phase avec l'idéologie nazie et la supériorité prétendue de la beauté naturelle nordique – cheveux blonds et yeux bleus – ; mais elles sont également fondées sur l'identité de longue date de la marque, qui met l'accent sur le côté sain et athlétique de la femme jeune et libérée ».

Ses manœuvres diplomatiques et l'ambiguïté de son image permettent à Beiersdorf de sortir indemne de la guerre. L'entreprise entre dans les années 1950 confiante dans l'amour que suscite toujours Nivea et la multitude de catégories dans lesquelles peut encore se développer la marque. Nul besoin d'ailleurs d'attendre bien longtemps : le retour de la prospérité économique et le développement des voyages internationaux amènent une tendance nouvelle pour les vacances en bord de mer à l'étranger, à laquelle Beiersdorf répond par une gamme de produits solaires Nivea.

À mesure que le marché mondial des soins de la peau devient de plus en plus concurrentiel, Beiersdorf met en avant l'héritage de Nivea, insistant sur sa qualité inégalée, son efficacité et son honnêteté. « La crème de la crème » vante ainsi une annonce de 1971, sur laquelle figure uniquement l'image de la classique boîte métallique bleue. Ni mannequins, ni décors opulents : plutôt que d'essayer de concurrencer les marques de luxe, la publicité semble au contraire moquer leur prétention. Une façon subtile de poser la question : « Pourquoi payer plus ? »

Nivea n'est pas la seule marque que possède Beiersdorf – le groupe détient notamment la marque de luxe La Prairie, que nous évoquerons dans le chapitre 9 – mais elle est un véritable phénomène. L'attention inébranlable que lui apporte Beiersdorf, ainsi que le capital confiance dont elle jouit auprès des consommateurs, lui permet de se développer malgré la mondialisation des marchés. La marque englobe aujourd'hui quelque 500 références différentes pour femmes, hommes et enfants – soin de la peau, des cheveux, des mains, produits de bain et lotions solaires. Elle propose des crèmes de rasage et des soins anti-âge, des gels de coiffage et des lotions démaquillantes.

Son département Recherche, à Hambourg, est aussi développé que ceux de ses concurrents ; la marque est vendue dans 170 pays et sa notoriété atteint, en Allemagne, les 100 %. Mais surtout, quelle que soit la catégorie de produits concernée, Beiersdorf a indéfectiblement maintenu l'approche marketing fraîche, optimiste et familiale qu'elle avait adoptée dans les années 1920. Loin de promouvoir le côté ordinaire des « vraies » femmes Dove ou celui, extraordinaire, des superstars glamours de L'Oréal, Nivea est là pour nous apaiser, quelles que soient les circonstances.

Nivea dégage un halo de fiabilité qu'on serait bien en peine de retrouver chez d'autres marques pourtant plus prestigieuses. Vous imagineriez-vous étaler une crème Chanel ou Saint Laurent sur la peau d'un enfant ? Non, sans doute parce que Chanel et Yves Saint Laurent sont avant tout associées au parfum : puissant, épicé, quelque peu licencieux et irrémédiablement adulte…

ASTUCES BEAUTÉ

- Au XIXe siècle, Procter & Gamble aux États-Unis et Unilever au Royaume-Uni ont favorisé le développement de l'hygiène auprès du peuple.
- S'appuyant dans un premier temps sur le bon sens de leurs fondateurs, elles ont par la suite développé des départements de recherches scientifiques poussées et d'études marketing.
- L'objectif était de fournir des produits qui correspondaient exactement aux besoins quotidiens d'un groupe spécifique de consommateurs.
- Essentiellement tournées vers les biens de grande consommation au cycle de vie court, P&G et Unilever ont pénétré le marché de la beauté en raison des perspectives de marges élevées qu'offre ce secteur.
- Unilever a finalement mis de côté le prestige des parfums pour se concentrer sur des marques grand public qui permettent à ses clients « de se sentir bien ».
- Exemple de cette stratégie : Dove, ingénieusement repositionnée comme une marque promouvant la « beauté naturelle ».
- Beiersdorf a fait de Nivea la marque de soin de la peau la plus connue au monde en insistant constamment sur son image saine, équilibrée et familiale.
- Sa cohérence de marque et le capital confiance dont elle bénéficie ont permis à Nivea de se développer dans de nombreux segments du soin et de la beauté.
- Les « géants de nos salles de bain » ont vite compris que le commerce de la beauté n'était pas qu'une question d'efficacité : il s'agit également de générer attentes, émotions et expériences.

7

Des étoiles plein les yeux

« La folie du maquillage, comme celle du cinéma, ne faisait que commencer. »

Le maquillage a sauvé la vie de Max Factor. Il est encore à l'époque Maximilian Faktorowicz, cosméticien et maquilleur pour le Grand Opéra Impérial de Russie et la cour du tsar Nicolas II. Il est, comme l'écrit Fred E. Basten dans son livre *Max Factor : The man who changed the faces of the world* (2008), « constamment sur la brèche, au service des caprices des favorites de la cour qui attendent de lui qu'il les embellisse, leur crée de nouvelles coiffures, corrige leurs imperfections afin que leurs yeux brillent, que leurs joues rosissent et que leurs cheveux reflètent la lumière quand le tsar de Russie les regardent ».

Les belles de la cour impériale ne sont pas les seules à suivre de près le jeune homme. Étant juif, il est considéré en effet comme un intrus et constamment surveillé par la police secrète du tsar. Témoin de l'adoption de lois antisémites, Max a connaissance des émeutes et pogroms dans la Zone de Résidence. Contrevenant aux lois de la cour, il se marie en cachette et son épouse donne naissance à trois enfants. « J'étais un esclave », dira-t-il de cette période. « Tout ce que je voulais, c'était être libre. »

Comme c'est typiquement le cas des pionniers de la beauté, il est impossible de différencier la fiction de la réalité quant aux débuts de Max Factor. Mais cette fois l'histoire est tellement jolie, si pleine de détails et de rebondissements qu'on a envie d'y croire... Max a un ami à la cour – un général important, sans doute quelque peu vaniteux, à qui le maquilleur a enseigné une ou deux astuces. C'est cet homme, aux cheveux plus noirs que leur couleur naturelle et à la barbe bien soignée, qui aide Max à s'enfuir : il fait courir le bruit que le maquilleur est malade. Un médecin lui est obligeamment envoyé, qui trouve Max alité, la peau aussi jaune qu'un vieux parchemin. L'homme de science diagnostique une jaunisse et recommande une cure de 90 jours à la station thermale de Carlsbad, en Bohème.

Bien sûr, Max n'est pas malade : il a feint une jaunisse grâce à une préparation cosmétique indétectable.

Les gardes déposent Max à la gare de Carlsbad. Celui-ci parvient à faire venir sa famille ; ensemble ils traversent la forêt qui entoure la station thermale et se dirigent vers la côte, où ils embarquent pour les États-Unis. Nous sommes alors en février 1904.

L'esthéticien du tsar

Max Factor n'a pas été séduit par le glamour, il l'a *créé*. Il naît en 1877 à Lodz, en Pologne ; s'il a fait des études il ne les a jamais mentionnées. Enfant, il vend fruits et bonbons dans le foyer d'un théâtre de la ville : voilà sa « première rencontre avec le monde des illusions ». On le retrouve peu de temps après comme assistant dans une pharmacie ; à neuf ans il est apprenti chez un important cosméticien et fabricant de perruques. L'enfant est doué et progresse rapidement : il travaille pour Anton de Berlin, coiffeur et créateur de cosmétiques puis part à Moscou travailler sous la direction de Korpo, créateur de perruques et maquilleur au Grand Opéra Impérial de Russie. À 18 ans, à l'âge où beaucoup se demandent encore quelle direction donner à leur carrière, Max est déjà formé à l'art des perruques – et, surtout, à celui du maquillage de théâtre.

Le maquillage n'existait alors d'ailleurs que pour le théâtre : c'est une période de l'histoire où les visages maquillés ne sont pas encore à la mode et sont même considérés comme une preuve de perversion. Les ravages causés par les produits au plomb et autres poudres toxiques en vogue avant le XIXe siècle ont engendré une diabolisation des cosmétiques. Les femmes ordinaires se contentent, et encore, d'appliquer un peu de crème pour adoucir la peau, une touche de fard sur les joues et éventuellement un soupçon de pommade sur les lèvres. Les autres artifices, plus « osés », sont l'apanage des actrices et de leurs demi-équivalentes, les prostituées.

À la fin de son service militaire obligatoire, Max parvient presque à échapper à l'attrait de la cour impériale. Il ouvre sa propre échoppe en périphérie de Moscou et y vend perruques, fards et crèmes de sa conception. Mais la nouvelle de son talent se répand ; une troupe de théâtre engagée par la famille impériale devient son plus gros client. Il se retrouve rapidement à travailler à nouveau pour l'opéra impérial, laissant sa boutique aux mains d'un assistant. Il n'a ordre de n'y retourner qu'une à deux fois par semaine pour s'y réapprovisionner. Malgré ces circonstances, il trouve miraculeusement le temps de rencontrer et de courtiser secrètement Lizzie, la jeune femme qui deviendra son épouse.

Sur une photographie de la famille Faktorowitz, publiée dans le livre de Basten, posent trois jeunes enfants vêtus de blouses assorties avec Lizzie, yeux sombres et cheveux tirés en arrière ; n'était-ce de grandes boucles d'oreille qui lui donnent un exotisme gitan, la jeune femme a l'air sérieux, pâle – et n'est absolument pas maquillée. Max est assis devant elle, svelte et soigné en costume foncé et col cassé, ses boucles brunes coiffées en arrière à l'aide de brillantine. Le jeune homme arbore un air poli mais néanmoins sur le point de se rebeller, ses moustaches sont coquettement relevées : il convient de poser sous son meilleur jour ! La photo est prise en 1904, quelques semaines seulement avant l'embarquement de la famille pour les États-Unis.

Celle-ci arrive à New York à bord du *Molka III*. Elle n'a voyagé ni sur l'entrepont, ni même en troisième classe, car l'esclavage de Max avait au moins le mérite d'être bien payé : les Faktorowitz sont parmi les plus nantis du paquebot. Ils ne sont donc pas tenus de débarquer à Ellis Island et se contentent de passer la douane directement sur le quai. Comme on pouvait s'y attendre, les officiers tronquent son nom : désormais, l'artiste-maquilleur s'appelle Max Factor.

Si son accent slave peut sembler parfois comique, Max Factor n'en est pas moins un entrepreneur extrêmement intelligent. Sur le bateau qui l'a amené d'Europe, il est parvenu à convaincre un jeune homme parlant anglais de l'aider à monter un stand lors de l'Exposition universelle de Saint-Louis. Il teste ainsi ses produits auprès du public américain. « Cosmétiques, parfums, peignes et produits capillaires créés par l'ancien esthéticien de la famille royale de Russie » : la promesse est forte, et les sept mois de préparation couronnés de succès. Max reste à Saint-Louis et y ouvre un salon de coiffure pour homme : le maquillage n'est pas encore suffisamment en vogue pour qu'il puisse en vivre, mais tout le monde a besoin d'une coupe de temps à autre !

C'est un drame intime qui mène Max à Hollywood. Lizzie meurt brutalement d'une hémorragie cérébrale le 17 mars 1906. En août de cette même année, désespéré de ne trouver personne qui puisse l'aider à élever ses enfants – ils sont désormais cinq – il épouse une jeune fille russe, la fille d'un ami. C'est un désastre : ils ne sont pas amoureux et ne s'entendent même pas ; le couple divorce finalement deux ans plus tard. Une voisine avenante, Jennie Cook, propose alors à Max de l'aider à garder ses enfants. Elle devient sa troisième épouse le 21 janvier 1908.

À cette même époque, les clients du salon de coiffure commencent à évoquer un nouveau divertissement : les salles de cinéma, ces mêmes *nickelodeons* qui avaient enchanté Florence Nightingale Graham, la future Elizabeth Arden. Max en sort à son tour émerveillé ; mais, contrairement à Arden, il n'en conçoit pas pour autant le désir de pénétrer le monde merveilleux du cinéma. Il scrute en revanche les maquillages mal étalés, les perruques peu crédibles et les fausses barbes ridicules – et réalise qu'il y a là du travail pour lui.

Maquilleur de cinéma

La démocratisation du maquillage, au cours du XXe siècle, est directement liée au développement du cinéma et à ses séduisantes stars. Max Factor se positionne à la pointe de cette évolution. Le mot « visionnaire » lui sied à merveille : il a toujours une longueur d'avance, innove constamment et n'a pas peur de prendre des risques. Son plus grand pari est aussi celui qui s'avérera le plus intelligent : le 11 octobre 1908, il ouvre sa première boutique au 1204 South Central Avenue, à Los Angeles. En janvier de l'année suivante, il fonde la Max Factor & Company.

Outre les poudres, crèmes et pommades créées par Max, le magasin héberge d'autres marques de maquillage de théâtre telles que Leichner et Minor. Pendant son temps libre, Max se rend sur les plateaux de tournage improvisés où des réalisateurs comme D.W. Griffith écrivent une nouvelle page de l'histoire du cinéma. Les acteurs utilisent le plus souvent du maquillage de théâtre, dont le rendu à l'écran est lourd, artificiel. Comme l'écrit Basten, « Le maquillage de théâtre devait être appliqué en couches de trois millimètres d'épaisseur, recouvertes ensuite de poudre. En séchant, il formait un masque rigide qui craquelait, ce qui ne posait pas de problème au théâtre où le public est assis loin des comédiens, mais qui ne fonctionnait pas au cinéma, particulièrement lors des gros plans. »

Certains comédiens utilisent leurs propres concoctions pour se teindre la peau, mélangeant par exemple de la poussière de brique avec de la Vaseline. Max les presse de passer plutôt dans son magasin : ses poudres sont bien plus confortables ! Il organise un laboratoire dans son arrière-boutique, où il s'emploie à adapter le maquillage de théâtre pour le cinéma. Alors que de plus en plus de clients fréquentent son enseigne, il se voit sollicité pour ses compétences dans la conception de perruques. C'est ainsi qu'il équipe des dizaines de guerriers indiens pour les besoins du film de Cecil B. DeMille *Le Mari de l'Indienne*, premier long-métrage jamais tourné à Hollywood.

L'année de la sortie du film, 1914, Max perfectionne son « maquillage souple ». Conditionné en pot, plutôt que dans sa forme traditionnelle de bâtonnet, celui-ci est bien plus fin et facile à appliquer et se décline en douze nuances, pour s'accorder au mieux au teint de celui qui le porte. Déjà connu grâce à son travail pour Griffith et DeMille, Max Factor voit bientôt des stars comme Buster Keaton, Charlie Chaplin ou Fatty Arbuckle pousser personnellement la porte de sa boutique pour y acheter du maquillage – certains demandent même au maquilleur de le leur appliquer. Se souvenant de sa carrière à Hollywood, Max fera par la suite équiper toutes ses boutiques de salons d'habillage pour les stars.

Alors qu'Hollywood passe du statut de banlieue bucolique à celui de centre névralgique de l'industrie du cinéma, Max Factor & Company se développe. L'entreprise déménage ses bureaux dans les vastes locaux du Pantages Building, dans le centre de Los Angeles. Max crée pour l'actrice Phyllis Haver de faux cils à base de cheveux humains ; c'est le début d'une nouvelle tendance pour les jeunes femmes. Il lance en 1918 une version revisitée de son « maquillage souple », qu'il baptise Color Harmony, car pour lui le fond de teint doit non seulement s'accorder au teint naturel de la peau, mais également aux cheveux et à la couleur des yeux.

D'un coup d'ombre à paupières, il donne à Gloria Swanson un regard languissant et sexy et transforme les boucles de la comédienne en une chevelure lisse et brillante, digne d'une femme fatale : en un mot, il lance sa carrière. Rudolph Valentino doit lui aussi son statut de star à Max, qui retaille les sourcils de l'acteur italien, plaque ses cheveux en arrière et éclaircit subtilement son teint. À partir des années 1920, Max commence à utiliser dans ses brochures promotionnelles le terme emprunté au jargon théâtral de « make-up », plutôt que « cosmétiques », contribuant ainsi au passage de l'expression dans le vocabulaire courant.

Piqué par l'accueil glacial dont il fait l'expérience lors de sa visite au siège allemand de Leichner, à l'occasion de rares vacances – on le fait attendre pendant une heure à la réception – Max coupe ses liens avec l'entreprise et commence à élaborer pour sa propre marque un marketing agressif. Il commercialise à partir de 1922 ses fonds de teint dans des tubes rétractables, qui se déclinent désormais en 31 nuances différentes, dont « blanc, rose très léger, sable, hâlé, brun foncé et noir ». Les visiteurs des studios hollywoodiens remarquent que les actrices conservent leur maquillage à la fin des journées de tournage. Les lèvres charnues et séduisantes de comédiennes comme Clara Bow sont particulièrement désirables ; elles sont le résultat d'une technique toute simple de Max, qui consiste à y appliquer une légère touche de pommade – avant l'invention du rouge à lèvres. « [Il] plongeait son pouce dans la pommade et le pressait à deux reprises sur la lèvre supérieure. Il retournait ensuite son pouce et le pressait une fois au centre de la lèvre inférieure. Il terminait par un trait de pinceau sur le contour de la lèvre. »

C'est à cette époque que la résistance au maquillage commence à s'effriter dans la bonne société. Comme le formule Fred Basten : « Alors que de plus en plus de femmes contemplaient dans l'obscurité des salles de cinéma les lèvres luisantes de Clara Bow et que le rouge à lèvres osé et le mascara choquant de Theda Bara leur paraissaient irrésistibles, elles commencèrent à éprouver les limites de la respectabilité à l'ancienne. Pire encore, le terme immoral de "make-up" avait remplacé celui, plus raffiné et acceptable, de "cosmétiques"... La folie du maquillage, comme celle du cinéma, ne faisait que commencer. »

Hollywood, inévitablement, impacte également le domaine de la coiffure. Max comprend que la luminescence de l'écran est particulièrement flatteuse pour les cheveux blonds. Après qu'il a coloré les cheveux de Jean Harlow dans une nuance quasiment blanche – « platine » – jamais, depuis que les femmes de la Renaissance italienne décolorent péniblement leurs mèches, la blondeur n'aura été plus désirable.

Max s'adapte à toutes les évolutions de l'industrie cinématographique. Alors que l'invention du cinéma parlant requiert un nouveau type d'éclairage – les silencieuses lampes à tungstène remplaçant désormais les lampes à carbones, fréquemment agitées de secousses – il ajuste le maquillage à l'éclairage plus doux et aux nouvelles pellicules panchromatiques qui l'accompagnent. En 1928, il ouvre un nouvel établissement gigantesque au coin d'Hollywood Boulevard et de Highland Avenue.

Max Factor & Company n'a alors encore jamais fait de publicité ; mais l'entreprise organise des démonstrations de maquillage dans les foyers des cinémas. « Essayez les célèbres cosmétiques de stars Max Factor et voyez à quel point vous pouvez être belle » : inutile de préciser que les produits s'arrachent !

L'entreprise s'adjoint les services de Sales Builders, agence de gestion des ventes et de la distribution, qui la presse de réaliser des campagnes de publicité à l'échelle nationale. Max Factor & Company signe un accord avec les studios de cinéma : elle utilisera leurs actrices principales dans ses publicités en échange de la promotion de leurs dernières sorties. Le coût de cet arrangement pour Max Factor, selon Fred Basten, s'élève à un dollar par actrice. La liste de ces stars reconnaissantes – qui toutes sont d'authentiques utilisatrices des produits Max Factor – comporte les noms de Mary Astor, Lucille Ball, Madeleine Carroll, Joan Crawford, Paulette Goddard, Betty Grable, Rita Hayworth, Veronica Lake, Myrna Loy, Ida Lupino, Merle Oberon, Maureen O'Hara, Barbara Stanwyck, Lana Turner… et bien d'autres. « Dans les années 1950, toutes les grandes actrices et starlettes en herbe acceptaient d'être une Max Factor Girl. »

Dans le même temps, Max doit faire face à une concurrence inattendue, celle d'Helena Rubinstein et Elizabeth Arden, qui se sont fait un nom dans le domaine du soin de la peau et explorent désormais celui du maquillage. Leur élan élitiste les rend toutefois méfiantes quant à un monde qui, pour elles, reste empreint de vulgarité. Une perception qui tourne à leur désavantage, puisque comme l'écrit Basten, elles « demandèrent à des femmes célèbres de la haute société de représenter leur marque dans les publicités, or la plupart des Américaines préféraient ressembler à Greta Garbo qu'à Mme Vanderbilt ».

Arden, qui nourrit envers le cinéma le même rapport que de nombreuses personnes envers le chocolat, s'aventure audacieusement dans le monde hollywoodien en 1935 avec la création d'une gamme baptisée Stage and Screen (littéralement, « scène et écran »). Elle est, écrit Lindy Woodhead, « semble-t-il inconsciente que Max Factor est le grand prêtre en la matière ». Arden dépense en effet, et alors que Max Factor vient d'ouvrir son nouvel établissement, 600 000 dollars dans la construction d'un palace de la beauté dans le style Art déco, inauguré au cours d'une soirée clinquante comme seul Hollywood sait les faire. Des projecteurs balayent le ciel, les flashs crépitent alors que les célébrités descendent le tapis rouge devant un parterre de journalistes aux abois. À l'intérieur, les rubans des salons d'essayage sont coupés par quatre stars de cinéma : Jean Harlow, Ginger Rogers, Rita Hayworth et Rochelle Hudson.

En plus d'être totalement éclipsée par Max, Elizabeth Arden rencontre des problèmes dans la distribution de ses produits. En effet, les enseignes refusent d'allouer de l'espace dans leurs rayons à la gamme Stage and Screen, au détriment des marques de premier plan déjà existantes. En définitive, le projet d'Arden est « mal pensé, coûteux et discrètement abandonné ». Elizabeth Arden et Helena Rubinstein concentreront finalement exclusivement leur attention sur leurs univers éthérés et luxueux, laissant à d'autres les fastes de l'industrie du divertissement.

Une fois le champ libre à nouveau, Max et ses fils Frank et Davis, déjà profondément impliqués dans l'entreprise paternelle, s'attellent à la dernière évolution de l'histoire du cinéma. Le technicolor vient en effet d'être inventé, et avec lui se pose toute une série de nouveaux défis pour les maquilleurs. La solution des Factor consiste en une gamme baptisée « Pan-Cake » en raison de ses flacons aplatis et sa consistance de gâteau ; les nuances sont plus subtiles encore et plus flatteuses que jamais. Alors que les produits font l'objet de tests pour le film *Vogues of 1938*, les figurants en subtilisent pour près de 2 000 dollars en une semaine ! Avant même que le film ne soit terminé, les produits Pan-Cake sont utilisés sur un autre tournage, celui de *The Goldwyn Follies* et sont cette fois crédités au générique : « Color Harmony Make-Up by Max Factor ».

Les films sortent à quelques mois d'intervalle. Au même moment, une formule spéciale et plus légère de Pan-Cake, conçue par Frank Factor, est mise en vente auprès du grand public. Le lancement est soutenu par la première campagne en couleur de la marque, publiée notamment dans *Vogue* et à laquelle plusieurs stars de cinéma prêtent leur visage. Il en résulte, écrit Basten, « la vente la plus rapide et de plus grande envergure de l'histoire des cosmétiques pour un simple produit ». (Elizabeth Arden lancera brièvement une imitation du produit, « Pat-A-Cake », qu'elle changera en « Pat-A-Crème » après que Max Factor & Company l'a menacée d'un procès).

La vie extraordinaire de Max Factor s'achève sur un incident plus étrange qu'aucun épilogue jamais écrit à Hollywood. Alors qu'il se rend à Rome étudier les possibilités qu'offrent les nouveaux studios de Cinecitta, Max fait étape à Paris où il reçoit une lettre le menaçant de mort s'il ne fournit pas une somme équivalente à 200 dollars. L'extorqueur propose un rendez-vous au pied de la tour Eiffel. La police française dépêche un agent, habillé comme Max et portant lunettes et fausse moustache, prendre la place de ce dernier. Personne ne se montre, mais Max est sérieusement ébranlé par l'incident. Affaibli, il rentre aux États-Unis.

Max Factor meurt le 30 août 1938. On pourrait imaginer, au vu de l'histoire de sa vie, qu'il a atteint un âge avancé… il n'a en réalité que 61 ans.

Max Factor… sans Max Factor

Le magazine *Glamour*, que cite Basten, résume ainsi la contribution de Max au monde de la beauté :

Si vous avez jamais essayé un pinceau à poudre, admiré le maquillage d'une star de cinéma, assorti votre rouge à lèvres avec votre couleur de cheveux, utilisé un pinceau à lèvres, acheté par correspondance une perruque ou une fausse mèche, utilisé le mot « maquillage » à la place de « cosmétique », alors c'est que votre vie a été touchée par le facteur Max. Car toutes ces choses ont été inventées, développées ou perfectionnées par Max Factor, qui symbolise désormais la beauté à la ville comme à l'écran, dans ce pays et une centaine d'autres.

Même sans Max, les cosmétiques auraient fini par descendre des scènes de théâtre et des écrans de cinéma pour arriver dans nos vies quotidiennes, grâce à la beauté tout simplement hypnotique des stars et l'émancipation des femmes, qui ont utilisé le maquillage comme un moyen d'auto-expression et une déclaration d'indépendance. On se souvient d'Elizabeth Arden et des militantes en faveur du droit de vote féminin qu'elle observait défiler en arborant des lèvres d'un rouge éclatant. Ne sous-estimons pas pour autant le rôle de Max Factor, qui a rendu les cosmétiques non seulement acceptables, mais également désirables.

Marchant dans les pas de son père, Frank Factor change son nom en Max Junior. Faisant preuve d'un flair certain pour l'auto-promotion, il assure ses mains pour 50 000 dollars. Il s'attelle ensuite à l'élaboration d'un nouveau « rouge à lèvres indélébile », inventant pour en tester la résistance une « machine à embrasser » actionnée par une manivelle, qui fait s'embrasser deux paires de lèvres en caoutchouc moulé… Le rouge à lèvres Tru-Color est lancé en 1940.

Le comportement des femmes pendant la guerre témoigne du pouvoir de la beauté : à Londres, les tubes de rouge à lèvres sont équipés de lampes de poche permettant à leurs utilisatrices de voir malgré l'obscurité des *blackouts* ; Max Junior fait partie de ceux qui apprennent aux femmes à imiter la couture des bas sur leur peau. À l'instar d'autres entreprises de beauté, l'expertise de Max Factor est recherchée pour le développement de camouflages efficaces ; et les hommes décorant leurs baraquements et cabines de pilotage de pin-up aux longues jambes et aux lèvres écarlates contribuent par là même à renforcer l'image de la beauté hollywoodienne comme symbole de la liberté.

C'est en 1947 que Max Factor & Company lance son best-seller, le fond de teint Pan-Stick. Plus pratique encore que son prédécesseur, il est présenté dans un tube similaire à celui des rouges à lèvres. Max Factor est dès les années 1950 un empire mondial, distribué dans le monde entier et employant plus de 10000 personnes. L'entreprise ne se laisse pas distancer par l'arrivée de la télévision : l'émission extrêmement populaire que présente Lucille Ball, *I Love Lucy*, inclut en effet à son générique la mention « Make-up by Max Factor ». Le groupe est désormais si puissant qu'il est à même de racheter son distributeur de longue date, Sales Builders, puis dans un rebondissement charmant de conte de beauté, le fabricant de parfum Corday. On assiste là un de ces moments où deux mondes se rencontrent : la marque a en effet été créée à Paris par Blanche Arvoy, qui l'a conçue comme une version plus élégante de son espiègle gamme Jovoy (voir le chapitre 8).

Max Factor & Company célèbre son cinquantième anniversaire en 1959, dans un flot de publicités et de communiqués de presse, et par une fête qui n'a rien à envier à celles de l'âge d'or d'Hollywood. C'est pourtant le début d'une ère chaotique et incertaine pour la marque. En effet, l'entreprise entre à la bourse de New York au début des années 1960 ; la cosmétique est devenue une industrie gigantesque, gouvernée non plus par des visionnaires à l'étrange accent slave mais par des financiers et des professionnels du marketing. La famille Factor se retire progressivement de la société. Max Factor Junior prend sa retraite dans les années 1970, après avoir été témoin de l'énorme succès des parfums lancés sous le nom du créateur de mode Halston – dont les ventes mondiales ont même, un temps, été uniquement dépassées par celle de Chanel N° 5. Max Junior meurt en 1996.

Max Factor fusionne en 1973 avec Norton Simon, une entreprise étrangement diversifiée qui inclut notamment Hunt Foods et la société de location de voitures Avis. Suite à des fusions et acquisitions successives, elle passe entre les mains de Esmark, de Beatrice Foods (qui fusionne la marque avec sa division de lingerie Playtex) puis de l'investisseur Ron Perelman, propriétaire depuis 1985 de Revlon.

Max Factor & Company est finalement revendue à Procter & Gamble en 1991. À l'heure actuelle, son activité est plus ou moins suspendue aux États-Unis, où elle n'est plus disponible qu'en ligne sur le site drugstore.com – P&G préférant se concentrer sur sa gamme de maquillage CoverGirl. Mais la marque Max Factor reste connue à l'international, où elle cible un marché jeune et se positionne comme « le maquillage des maquilleurs ».

MAC et les autres

Concurrente improbable de Max Factor sur le marché britannique, la marque Rimmel a une histoire intrigante. Ses origines remontent à 1834 lorsqu'un Français du nom d'Eugène Rimmel, fils de parfumeur, fonde sa propre maison de parfums à Londres. Marketeur entreprenant, Rimmel dirige son commerce depuis ses locaux prestigieux de Regent Street et se construit une réputation haut de gamme, grâce à des catalogues de vente par correspondance fastueux et des publicités dans les programmes des salles de théâtre. Il engage l'illustrateur français Jules Chéret – célèbre pour ses affiches des Folies Bergères – pour concevoir les étiquettes de ses flacons. Rimmel écrit même un livre sur l'histoire des parfums et le fait imprimer sur un papier parfumé. Voyageur curieux, toujours à la recherche de nouvelles innovations, il aurait élaboré le premier mascara non toxique – les produits de maquillage pour les yeux demeurent d'ailleurs à ce jour la spécialité de la maison.

À la mort d'Eugène, en 1887, ses deux fils héritent de l'affaire familiale et poursuivent le développement de la marque, quoiqu'elle connaisse par la suite une longue période de hauts et de bas. Après la Seconde Guerre mondiale, elle ressuscite dans les mains du publicitaire Robert Caplin et de sa sœur Rose. Ces derniers minimisent l'héritage de luxe de la marque, anticipant ainsi la démocratisation de la mode et de la beauté des années 1960, et lancent le premier présentoir en self-service. Londres peut alors se vanter d'être la capitale de la mode : la créatrice Mary Quant y popularise le vêtement phare de l'époque, la minijupe, et lance des produits de maquillage aux couleurs métalliques surprenantes.

Rimmel navigue entre les mains de plusieurs propriétaires au cours des années 1970 et 1980, avant de rejoindre le giron de Coty en 1996. De la même manière que L'Oréal attache l'image de New York à l'identité de marque de Maybelline, Coty associe Rimmel à la jeunesse, l'énergie et la couleur de Londres. « Avec Rimmel, changer votre look est aussi simple que sauter dans le métro londonien et passer de Soho à Camden, de Portobello à Notting Hill » décrit fébrilement le site Internet de la marque. Celle-ci signe en 2001 un contrat avec le mannequin britannique superstar Kate Moss, qui en devient le visage officiel. Si elle a depuis ajouté d'autres noms à son tableau de service, Rimmel conserve son image de débrouillardise londonienne et ses prix accessibles.

On peut également citer comme « parente » de Max Factor la marque MAC. Celle-ci a été fondée à Toronto en 1984 par Frank Toskan et son créatif directeur marketing, le regretté Frank Angelo, décédé en 1997 à seulement 49 ans. Deux ans avant cette tragédie, ils ont revendu 51 % de leur entreprise à Estée Lauder. Comme le leur dit alors William Lauder, « c'est le jour où je comprends enfin ce que vous faites que vous vous trompez » (« Cosmetics company soars by laking its own rules », *Toronto Star*, 5 octobre 1995).

Le binôme sait une chose : c'est qu'ils veulent agir différemment des autres. Ils baptisent à l'origine leur marque Make-Up Art Cosmetics ; comme Max Factor ils la destinent avant tout au marché des professionnels.

Né à Trieste, Frank Toskan arrive en Alberta avec ses parents à l'âge de huit ans ; ils décident, alors qu'ils remontent vers Toronto pour rendre visite à un cousin, de s'y installer. Ses études terminées, le jeune homme commence à travailler comme photographe, maquillant lui-même ses modèles. Comme c'est souvent le cas, c'est l'insatisfaction qui l'amène à monter sa propre affaire. Mécontent de la maigre gamme de couleurs à sa disposition – « entre autres, la plupart ne convenaientt pas aux peaux claires » – il a l'impression que ces dernières sont imposées aux femmes par les entreprises de beauté contraintes de promouvoir les « couleurs de la saison ». Il déteste en outre leur aspect brillant qui reflète trop de lumière sur les photographies.

Il s'associe alors à Frank Angelo, un entrepreneur qui dirige une chaîne de salons de beauté. Ils rêvent d'une marque de maquillage pour tous : « Tous âges, toutes races, tous sexes ». Leur stratégie est de commencer par « vendre leurs produits aux professionnels du maquillage et aux mannequins, puis de se développer à partir de cette base ». Toskan recrute l'étudiant en deuxième année de chimie que fréquente sa sœur pour l'aider à fabriquer les produits. « Je n'ai eu besoin de demander à personne si ce que nous faisions était correct ou non. Nous étions des professionnels du secteur. Nous savions à quoi nos produits ressemblaient dans la rue, nous savions à quoi ils ressemblaient sur les podiums. »

Rod Ulmer, de la chaîne de grands magasins Simpson's, est l'un des premiers à mettre le doigt sur le potentiel de la marque et alloue aux deux Frank l'espace nécessaire à la création d'un lien avec le consommateur. « Je savais qu'ils étaient d'une nouvelle génération d'entrepreneurs qui savaient comprendre un consommateur bien plus précisément que les grosses entreprises » déclarera-t-il par la suite au *Toronto Star*, ajoutant que chez MAC le service passe authentiquement avant les bénéfices. « Quand vous parlez de servir le consommateur sans aboutir à une vente – ça c'est révolutionnaire. »

Ulmer doit rassurer les dirigeants des enseignes Simpson's, sceptiques quant au look des vendeurs MAC. Ces derniers n'ont rien de l'apparence habituelle des « conseillers beautés » en blouses immaculées : ils sont habillés en noir et plusieurs ont des piercing sur le nez. Ulmer réalise rapidement que les produits MAC se vendent mieux que ceux des marques plus établies ; ils séduisent un public jeune et branché en leur parlant le même langage. MAC refuse par exemple de tester ses produits sur des animaux ; c'est aussi l'un des premiers partisans du recyclage – la marque offre un rouge à lèvres gratuit à toute cliente qui lui ramène six tubes vides. Il ne faut pas longtemps avant que le top Linda Evangelista et la superstar Madonna adoptent les couleurs de MAC, sans qu'aucun contrat de représentation ou campagne publicitaire n'ait été signé : les Frank ne font pas de pub.

… sauf quand il s'agit d'en aider d'autres. Peu de temps après le lancement de la marque, le binôme crée le Fonds Sida MAC. Une partie de ses revenus provient de cartes de Noël réalisées par des enfants atteints du sida, mais l'initiative la plus significative est le lancement de la gamme de gloss et rouges à lèvres Viva Glam, dont les bénéfices sont intégralement reversés au Fonds. L'une des premières célébrités choisies pour représenter celui-ci est l'artiste et travesti noir RuPaul, un choix qui souligne la volonté de MAC d'embrasser tous les types de beauté. Plus récemment, Lady Gaga a pris le relais ; le buzz provoqué par l'intense couverture médiatique dont elle fait l'objet – plus de 20 millions de fans Facebook et plus de 8 millions d'abonnés Twitter – a accéléré la publicité magazine traditionnelle à tel point que Viva Glam a récolté 34 millions de dollars en 2010, soit autant que ce qu'avait collecté la gamme au cours des dix premières années (« The Lady Gaga effect », *Fast Company*, 18 février 2011).

MAC fait sortir la beauté des instituts chics mais ternes, il en fait une chose alternative et amusante. Ses concurrents ne tardent pas à remarquer les boîtes de fard mono-couleur qui permettent à leurs utilisatrices de faire leurs propres mélanges, les couleurs photogéniques, les emballages noirs et les équipes de vendeurs qui semblent sortir d'un salon de tatouage funky et branché. C'est Estée Lauder qui a l'intelligence de rebondir dessus la première.

La relation étroite de MAC avec les professionnels du maquillage l'a propulsé dans le monde du divertissement et de la mode. Le programme

MAC Pro est ainsi ouvert aux « professionnels du maquillage, esthéticiennes, cosmétologues, coiffeurs, stylistes, spécialistes des ongles, costumiers, mannequins, animateurs TV/radio et photographes ». Les membres de ce club bénéficient de promotions, ont accès aux produits professionnels et sont invités à des master class et autres événements de réseau. MAC dispose également d'une équipe de maquilleurs qui travaille dans les coulisses des défilés de mode et sur les plateaux de tournage du monde entier.

Résultat, quand un consommateur achète un produit MAC, il se sent confiant et créatif, comme si lui aussi faisait partie du monde fabuleux des professionnels du maquillage.

La nouvelle génération

Les jeux sont faits : après MAC, une génération entière de professionnels du maquillage devient entrepreneur.

Prenons par exemple Bobbi Brown, qui travaille au début des années 1990 avec des photographes tels que Bruce Weber, Arthur Elgort ou Patrick Demarchelier, collaboration qui s'avérera déterminante pour la suite de sa carrière, en l'occurrence pour une couverture du *Vogue* US avec un jeune mannequin montant, Naomi Campbell. Comme Toskan et Angelo, Bobbi Brown n'est pas satisfaite des produits qu'elle trouve dans le commerce, dont elle juge le rendu beaucoup trop artificiel. Elle veut un maquillage qui ait l'air naturel, comme si le mannequin n'était absolument pas maquillé. « Le maquillage était vraiment extrême dans les années 1980 – peau blanche, lèvres rouges au contour marqué. Je préférais la peau saine, naturelle et simple » déclare-t-elle au magazine *Inc* (« How I did it », 1er novembre 2007). « Je détestais la majorité des rouges à lèvres du marché. Pour moi un rouge à lèvres doit être crémeux et non sec, résistant, sans aucune odeur, et d'une couleur proche de celle des lèvres ».

Bobbi partage cette idée avec un pharmacien qui l'aide à concevoir son premier rouge à lèvres, Brown Lip Color, d'un brun rosé. Neuf autres nuances suivent. Une rencontre imprévue avec un acheteur de cosmétiques de l'enseigne Bergdorf Goodman, lors d'un dîner, débouche sur le référencement de la gamme dans le magasin : nous sommes en 1991, et 100 tubes de rouge à lèvres sont vendus en un jour. La gamme s'étend à des couleurs plus claires et plus vives, ainsi qu'à des fonds de teint conçu non pas sur une base rose, mais jaune : une nouveauté ! En effet, Bobbi sait d'expérience que la plupart des femmes – qu'elles soient noires, asiatiques ou caucasiennes – ont un teint « jaune ». Bobbi Brown Cosmetics est rachetée en 1995 par… Estée Lauder, en quête de marques de beauté branchées pour contrebalancer son image traditionnelle. Selon Brown, Leonard Lauder lui aurait même déclaré : « Nous vous voulons parce que vous nous battez dans tous les magasins… et vous me rappelez ma mère à ses débuts. »

Sous la direction de Lauder, la marque intensifie son marketing. Elle déménage son siège new-yorkais dans un « loft cool du centre-ville » et conçoit des publicités plus théâtrales et plus dynamiques que les portraits conventionnels. Comme l'explique Brown, « nos clichés publicitaires étaient plutôt éditoriaux, comme si nous travaillions pour un magazine. Une marque normale n'aurait jamais montré une publicité avec un rouge à lèvres écrabouillé. Maintenant on voit ça tout le temps. Nous sommes l'une des premières marques à avoir eu régulièrement recours à des mannequins noirs et à les montrer habillées en mariées. » Comme MAC, Bobbi Brown a conscience de la grande diversité ethnique des États-Unis. Elle montre à la jeunesse américaine un visage dans lequel celle-ci peut se reconnaître.

Autre professionnel du maquillage ayant lancé sa marque dans le sillage de la révolution MAC, François Nars, un Français dont l'adolescence dans les années 1970 a été bercée par la lecture de *Vogue* et qu'ont inspiré les clichés de mode provocants de photographes comme Guy Bourdin. Il se forme à Paris, à l'école de maquillage Carita, et commence à travailler avec les magazines de mode pointus qu'il avait tant admiré plus jeune, formant avec le photographe Steven Meisel et le coiffeur Oribe Canales un trio des plus glamours.

Obligé de combiner plusieurs marques pour parvenir au look théâtral qu'il recherche, François Nars crée une gamme de neuf rouges à lèvres qu'il lance en 1994 dans les grands magasins chics Barneys. La ligne se développe rapidement, se distinguant notamment dans les rayons grâce à son packaging minimaliste, noir et branché, conçu par Fabien Baron. Nars prend lui-même les photographies pour ses publicités, appliquant les techniques apprises auprès de Meisel et d'autres. Son choix porte sur des mannequins non conventionnels – comme Alek Wek, une étonnante anglo-soudanaise au visage rond et au crâne rasé, ou Karen Elson, une rousse à la peau translucide – donnant à leur beauté un côté éthéré, plus supernaturel que naturel. Autre astuce cruciale, la nomenclature provocante de la gamme : les nuances s'appellent en effet Orgasm (un blush qui se vend extrêmement bien !), Deep Throat, Striptease ou encore Sex Machine…

La marque est à la pointe de la mode, tendance nightclub, mais il semble que Nars reste malgré tout les pieds sur terre : « Dans un défilé, vous vendez un fantasme – c'est très théâtral… Mais quand je crée les couleurs de ma ligne, je pense aux femmes qui vont réellement les utiliser » déclare-t-il au site style.com (« Beautiful lives : François Nars »).

Shiseido Cosmetics acquiert la gamme Nars en 2000. Pour fêter le rachat, François Nars s'achète l'île de Motu Tané, en Polynésie française. Mais il garde le contrôle créatif de la marque, et ouvre en février 2011 à New York la première enseigne Nars. Le style de la boutique est caractéristique de la marque : le lieu combine en effet des parquets foncés à l'aspect vieilli et des éléments de laque rouge éclatante. L'ambassadeur du département créatif de Barneys, Simon Dooman, résume ainsi la marque : « férocement chic… inoubliable, anticonformiste ». Il ajoute, « François offre aux femmes du style et de la tragédie, grâce à des sourcils graphiques, des couleurs vives. Il leur donne un peu de singularité, d'expression personnelle et d'individualité. Pensez à Frida Kahlo, Ava Gardner ou même Simone de Beauvoir ! » (« François Nars : behind the make-up, a low-profile artist », *New York Times*, 9 février 2011).

Les cosmétiques sont depuis des décennies associés à la mode, mais ce qu'offrent ces marques de maquillage *trendy* – outre les paillettes issues de leurs liens avec les créateurs, photographes et mannequins – c'est une promesse de professionnalisme. Car si ces produits ont été conçus pour l'environnement fiévreux et artistiquement exigeant des défilés de mode, il n'y a aucune raison que ces petits flacons sophistiqués n'apportent pas aussi à notre quotidien créativité et efficacité.

Chanel n'est pas en reste, qui offre elle aussi le fantasme de l'artiste star du maquillage. La marque dépense beaucoup de temps et d'énergie à promouvoir le directeur créatif monde de sa gamme de maquillage, Peter Philips. Cet expert belge est diplômé de l'académie d'Anvers, historiquement liée à l'avant-garde belge de la mode et aux créateurs comme Martin Margiela ou Ann Demeulemesster. Peter se tourne vers le maquillage après un passage dans les coulisses des défilés de mode parisiens : « J'ai vu les équipes de maquilleurs et compris que l'on pouvait en vivre... C'est toujours moi qui maquillais mes amies dans les années 1980, "Tu peux me faire les yeux ?". J'étais bon à ça. Quand j'ai réalisé que dans la mode, il y avait aussi du maquillage, j'ai été fasciné » (« Peter Philips : Chanel's golder boy », *Independent*, 17 août 2008).

Après une brillante carrière auprès de magazines de style et de créateurs de mode, Philips collabore avec le designer de Chanel, Karl Lagerfeld, pour les défilés et les publicités de la marque. Il dit avoir un jour « associé le maquillage avec les salons de beauté » – et c'est exactement ce dont il s'agit. Associer les cosmétiques au travail d'un professionnel du maquillage dans un défilé de mode leur assure un côté palpitant, dynamique. Cela justifie les collections saisonnières et le renouvellement constant, ainsi que la recherche d'une harmonie entre la coiffure, le maquillage et les vêtements que n'aurait pas reniée Max Factor.

Le glamour des podiums va de pair avec la politique de prix pratiquée par Chanel – le rouge à lèvres Rouge Allure coûte 32 dollars sur son site Internet – et ses packaging opulents. Une ancienne journaliste beauté m'a ainsi déclaré :

Si c'est un bon rapport qualité/prix que vous cherchez, vous feriez mieux d'utiliser un rouge à lèvres de chez Monoprix. Quand vous achetez Chanel, vous payez le logo gravé sur le rouge lui-même, le tube doré somptueux, et toute la mythologie de la marque. On ne remarque rien de cela sur vos lèvres, mais vous vous sentez bien d'avoir un tel objet dans votre sac à main.

Elle ajoute que le rouge à lèvres a des vertus anti-récession car il représente un luxe abordable, un moyen d'augmenter sa confiance en soi… sans se couper un bras.

Bien sûr, MAC n'est pas la seule marque exclusivement dédiée à la beauté à se tourner vers les professionnels du maquillage. Estée Lauder a ainsi embauché Tom Pecheux comme directeur créatif en novembre 2009 – on peut aussi citer Gucci Westman chez Revlon ou encore Aaron de Mey chez Lancôme.

En plus d'apporter de la crédibilité et du cachet aux marques et d'offrir des astuces maquillages, ces artistes créent souvent des vidéos internes de formation, parlent à la presse, se montrent et contribuent au développement des produits et des packagings. Leur job consiste essentiellement à perpétuer l'idée que toute femme peut être un parangon de vénusté et de bonheur pour peu qu'elle trouve la bonne nuance de fond de teint (« It's your makeup artist's autograph that I want », *New York Times*, 20 mars 2008).

L'un des plus grands professionnels du maquillage au monde est la Britannique Pat McGrath, célèbre depuis sa collaboration avec l'éditeur de mode Edward Enninful, de l'influent magazine de style *i-D*, dans les années 1990. Elle a travaillé avec John Galliano sur certains de ses défilés les plus provocants et a été choisie par Giorgio Armani pour créer sa gamme de cosmétique. Pat McGrath est noire, détail important car c'est de sa mère qu'elle tient sa passion pour les cosmétiques : « Elle mélangeait toujours les couleurs car il n'y en avait aucune conçue pour les peaux noires » (« The shape of things to come », *Time Style & Design*, printemps 2003).

Pat McGrath est directrice créative monde chez… Max Factor.

ASTUCES BEAUTÉ

* Max Factor a apporté à l'industrie naissante d'Hollywood, dans les années 1920, ses compétences acquises dans les coulisses du Grand Opéra Impérial de Russie.
* À ses débuts il opérait seul sur son marché, et devint le roi du maquillage de cinéma. On lui doit le terme de « make-up ».
* Les cosmétiques étaient alors diabolisés, initialement en raison de leurs propriétés toxiques puis de leur association avec le milieu de la prostitution. Hollywood a popularisé le maquillage et exporté les canons de la beauté occidentale dans le monde entier.
* Max Factor est le premier à avoir fait poser des célébrités dans ses publicités, en l'occurrence des stars de cinéma. Mais la vraie clé de son succès réside dans ses produits innovants et ses packagings recherchés.
* En Grande-Bretagne, Max Factor s'est retrouvé confronté à Rimmel, qui choisit pour son identité de marque l'image dégourdie de Londres et associa son nom à celui du top model britannique Kate Moss.
* Max Factor est toujours connu aujourd'hui comme « le maquillage des professionnels ». Sa directrice créative, Pat McGrath, est l'une des expertes les plus connues du monde.
* Dans les années 1990, des maquilleurs mécontents des gammes de cosmétiques existant sur le marché lancent leurs propres lignes : MAC, Bobbi Brown ou François Nars sont parmi les plus connus.
* De nombreuses marques de beauté embauchent aujourd'hui des professionnels du maquillage comme conseillers créatifs ou porte-parole, qui leur insufflent un côté artistique et authentique.

8

La solution 5 %

« Les gens n'achètent pas une simple odeur : ils achètent une histoire. »

Il existe une légende sur la tentative de fuite de Marie-Antoinette alors qu'elle s'apprête à être guillotinée. Dans la première partie de cette histoire, la reine profite de l'obscurité pour quitter le palais des Tuileries ; elle porte les vêtements noirs et unis d'une gouvernante et est escortée par un garde du corps. Ils se perdent quelque peu dans les rues étroites qui entourent le château mais finissent par retrouver le reste de la famille royale – le roi, le dauphin, sa sœur et quelques serviteurs – dans la rue de l'Échelle. Une petite calèche les y attend et les mène à la périphérie de la ville, où ils empruntent une berline, véhicule plus grand et conçu pour les longs trajets, qui les brinquebalent dans la nuit jusqu'à un bastion royaliste, à la frontière nord-est du pays.

Si tout fonctionne comme prévu, les membres de la famille royale échapperont ainsi à l'ire des révolutionnaires jacobins et à ce qui revient à une assignation à résidence, sous la surveillance de la garde nationale de Lafayette. Sinon, il ne leur restera que quelques mois à vivre…

Dans la plupart des versions de l'histoire, la famille royale est repérée dans la petite ville de Sainte-Menehould par un receveur qui pense reconnaître le profil du roi, qu'il a pu observer sur les pièces de monnaie frappées à son effigie. Il se précipite à cheval pour donner l'alerte et organiser ainsi l'arrestation des fuyards royaux, un peu plus loin sur la route.

L'échappée se termine à Varennes, où la berline suspecte est stoppée par un convoi de citoyens de la ville. Quand Marie-Antoinette en sort, il ne subsiste plus aucun doute de son identité : quoique le stress ait fait blanchir ses cheveux, altérant radicalement son apparence, son parfum la trahit. Seule une reine peut se permettre un parfum aussi sophistiqué.

Marie-Antoinette est donc escortée avec sa famille vers Paris et l'échafaud qui les menace. Le symbole est parfait – et typiquement parisien : le roi a été reconnu par son noble profil, la reine trahie par son parfum.

Nostalgie olfactive

Dans son fascinant ouvrage *The Secret of Scent* (2006), le parfumeur Luca Turin révèle que la fragrance traîtresse provient probablement de la parfumerie Houbigant, fondée en 1775 par le grassois Jean-François Houbigant.

La boutique d'Houbigant, sise au 19 rue du Faubourg-Saint-Honoré, s'appelle *À la Corbeille de Fleurs*. Selon son enseigne extérieure, elle vend « gants, poudres, pommades et parfums, ainsi que l'authentique fard végétal perfectionné au plus haut degré ». Contrairement à Marie-Antoinette, Houbigant survit à la révolution ; on dit même que Napoléon emporte une sélection des parfums de ce dernier dans son coffre de campagne tandis que son armée se déploie en Europe. Houbigant a eu la sagesse d'installer sa boutique dans la rue la plus en vue de Paris, et n'hésite pas à profiter du soutien de l'empereur – premier cas historique de sponsoring !

Détail significatif, Houbigant est originaire de Grasse. La clémence de son climat et son abondante végétation de jasmins – introduits dans le sud de la France par les Maures au XVIe siècle – permettent à la ville, par ailleurs entourée d'une flore luxuriante, de devenir la capitale de la parfumerie française. La région était initialement connue pour ses tanneries, mais la mode des gants parfumés, lancée par Catherine de Médicis et sa sœur Marie, ont progressivement incité les marchands de cuir à cultiver des plantes aromatiques. Grasse produit à l'heure actuelle deux tiers des parfums français et héberge quelques-uns des plus célèbres parfumeurs du pays.

Le parfum est évidemment bien plus ancien que le XVIIIe siècle. Il faut, pour trouver ses origines, remonter jusqu'aux pionniers de la beauté que sont les Égyptiens, dont les rites religieux s'accompagnaient de fumées parfumées. (Le mot « parfum » vient du latin *per fumum*, « à travers la fumée » ; pour beaucoup d'entre nous aujourd'hui encore, l'odeur de l'encens est celle que nous associons aux églises). Des parfums étaient également aspergés sur les statues des dieux et l'on parfumait les morts pour leur passage dans l'au-delà. Les Égyptiens ont construit de véritables laboratoires dans lesquels ils extrayaient les essences du lotus, de l'iris ou du lis en pressant les fleurs ou en les faisant macérer dans des huiles bouillantes.

Toutefois, le nom d'Houbigant fait date dans l'histoire des senteurs car sa maison est la première à créer un parfum contenant un ingrédient de synthèse. C'est le parfumeur Paul Parquet qui compose cette fragrance, baptisée « Fougère Royale », en 1882. Comme l'observe Luca Turin, c'est une première étape vers une industrie gouvernée par le marketing, car « la fougère [...] n'a pas d'odeur, et il n'y a rien de royal chez elle ».

L'ingrédient magique de ce parfum est une version synthétique de la coumarine, dont on dit que l'odeur s'apparente à celle du foin fraîchement coupé. La coumarine naturelle existe en grande quantité dans les fèves de tonka ; pourquoi alors la recréer artificiellement ? Pour Turin, « la principale justification à l'utilisation d'un matériau synthétique, à l'époque comme aujourd'hui, est que sa fabrication coûte moins cher que son extraction naturelle. » Aujourd'hui, ajoute-t-il, les ingrédients synthétiques sont plus populaires chez les parfumeurs que les matériaux naturels, qui sont extraits de plantes ramassées « essentiellement en Russie et en ex-Yougoslavie ». Ces dernières sont « entassées sur des camions, trimballées jusqu'à l'usine d'extraction la plus proche et mélangées à des solvants chauds. L'essence est extraite de la plante puis distillée par la suite à la vapeur. »

Turin avance que les matériaux naturels sont « fragiles, variables et souvent [...] abîmés ». Ils sont aussi extrêmement complexes : si les ingrédients chimiques simples représentent une note unique, les matériaux naturels sont des compositions entières qui complexifient grandement la tâche du parfumeur quand il s'attelle à l'écriture de la symphonie qu'est un parfum.

En 2005, une famille italienne rachète les droits d'utilisation du nom Houbigant et commence à relancer ses plus célèbres fragrances, dont Fougère Royale et Quelques Fleurs, qu'avait créées la maison en 1912. Il est peu probable que ces senteurs ressemblent réellement à leurs versions originales – mais dans un univers peuplé de parfums de créateurs, le vintage est à la mode. Comme le déclare en 2010 Gian Luca Perris, vice-président exécutif d'Houbigant, au magazine *Forbes* : « Après la crise récente, il y a un besoin d'authenticité, de vraie qualité et pas juste de choses mélangées d'une certaine manière, sur lesquelles on colle une jolie étiquette et que l'on vend très cher » (« Names you need to know : Houbigant », *Forbes*, 7 décembre 2010).

Si cette théorie vous séduit, votre quête d'un parfum « rétro » vous mènera certainement à Jovoy, parfumerie de la rue Danielle Casanova, à Paris. Vous y rencontrerez avec un peu de chance François Hénin, propriétaire enthousiaste et volubile de la société. Hénin se retrouve dans l'industrie du parfum par hasard, alors qu'il travaille dans l'import-export de matières premières du Vietnam. Il se fascine pour la recherche de senteurs insaisissables et ressuscite, avec l'aide d'un cousin, la marque Jovoy, fondée en 1923. L'homme parle avec affection de sa fondatrice, Blanche Arvoy.

« C'était une femme novatrice, très en avance sur son temps », dit-il. « Elle a, par exemple, été la première à utiliser un vaporisateur. Ses parfums ciblaient clairement le genre de jeunes femmes qu'on voyait déambuler sur les grands boulevards au bras de leurs riches “oncles”. Pour nos standards actuels, ses parfums n'étaient pas du tout subtils. Ils étaient opulents, agressifs, conçus pour faire tourner les têtes. »

Hénin relance plusieurs des senteurs de Jovoy, dont Oriental, Terra Incognita et l'audacieusement nommée Quand ?.

La boutique a elle aussi sa particularité. Alors qu'Hénin trace son chemin dans le secteur de la parfumerie, assistant à des salons professionnels et des conférences, il rencontre des confrères, eux aussi spécialisés dans les parfums de niche ou vintage. Hénin rassemble alors dans sa petite mais élégante boutique ses fragrances préférées ; ainsi peut-on trouver, aux côtés des flacons Jovoy, ceux de LT Piver (1774), Dorin (1780) et Rancé (1795). Ce dernier, explique Hénin, fabriquait l'eau de Cologne favorite de Napoléon : « Il la buvait ».

C'est un barbier italien, Gian Paolo Feminis, qui crée la première eau de Cologne, dans la ville du même nom, en 1709. Mélange d'alcools de raisin, d'huile de Néroli, de bergamote, de lavande et de romarin, elle est destinée non seulement à camoufler les odeurs corporelles mais également à soigner les maux d'estomac, désinfecter les gencives et « nettoyer le sang ».

Hénin est friand de ce genre de détail, et reconnaît que la plupart des gens ne se contentent pas d'acheter une senteur : « ils achètent une histoire ».

Dans sa boutique, on n'essaye pas les parfums directement depuis leurs adorables flacons. Les parfums sont présentés dans de petites bouteilles brunes anonymes, alignées les unes à côté des autres. « Nous encourageons nos clients à essayer les fragrances, à s'immerger en elle, pour trouver l'essence qui convient à leur personnalité avant d'être séduit par un flacon et un emballage. À cette fin, nous renversons le business moderne de la parfumerie en mettant en avant d'abord la fragrance et ensuite l'image. Vous ne trouverez pas d'images d'actrices célèbres ici. Nous offrons un antidote à la “célébrité-mania” qui a infecté le secteur».

Il existe un point de bascule dans le monde coquet du parfum cher à François Hénin, quand il se recroqueville une dernière fois avant de devenir le monstre marketing que nous connaissons aujourd'hui. Ce moment est celui où Gabrielle «Coco» Chanel pointe du doigt une fiole parmi la rangée de dix échantillons déployée devant elle et choisit: «Le numéro 5».

Coco et «le monstre»

En 1921, au moment du lancement de N° 5, Coco Chanel est déjà une créatrice de mode reconnue, qui a su imposer sa vision rationalisée du vêtement féminin auprès d'une clientèle fortunée ou célèbre. Si la mort dans un accident de voiture de son compagnon, le joueur de polo Boy Capel, lui laisse dans un premier temps le cœur brisé, elle lui donne finalement une détermination âpre et inflexible. À l'instar de la tour Eiffel, c'est de loin qu'on apprécie le mieux Coco Chanel, dont le snobisme et l'antisémitisme ne sont que deux des pires défauts...

Que les choses soient claires: ce ne sont pas les créateurs de mode qui créent les parfums. C'est le métier des parfumeurs, que l'on appelle parfois des «nez». Aujourd'hui, la plupart d'entre eux travaillent pour des géants du secteur comme Firmenich, Givaudan, International Flavors and Fragrances (IFF) ou Symrise; ils créent non seulement des parfums magnifiques mais également les arômes quotidiens de nos produits de salle de bain, de nos lessives et de nos encas.

Le «nez» de Chanel, en l'occurrence, s'appelle Ernest Beaux et a travaillé chez le parfumeur A. Rallet & Company. On pourrait penser que Beaux saute sur l'occasion qui lui est donnée quand Chanel lui demande de créer son premier parfum, mais Tilar J. Mazzeo rapporte dans *The Secret of Chanel N° 5* (2010) les appréhensions de ce dernier: «Créer une senteur pour une couturière ne se faisait finalement pas du tout à l'époque. Cet été-là, Coco Chanel n'était que la troisième créatrice de l'histoire à s'aventurer sur ce territoire.»

Elle parvient malgré tout à le persuader et Beaux, ayant écouté ce qu'on appellerait aujourd'hui un « brief », s'attelle à composer la fragrance des rêves de son commanditaire. Le jasmin – beaucoup de jasmin – est l'un de ses ingrédients clé. « Elle voulait le parfum le plus extravagant du monde », raconte Mazzeo.

Extravagant oui, mais également strict. Comme beaucoup des héroïnes de ce livre, Gabrielle Chanel est issue d'un milieu très modeste. Sa mère étant morte de tuberculose alors qu'elle n'a que douze ans, son père, « représentant de commerce itinérant », est forcé d'abandonner Gabrielle et ses deux sœurs au couvent d'Aubazine, en Corrèze. L'austérité du lieu, ses murs blanchis à la chaux et ses parquets cirés imprègnent l'esprit de la jeune fille. Celle-ci mène par la suite une existence douteuse de chanteuse dans les cabarets de province, et c'est une reprise impertinente de la chanson « Qui qu'a vu Coco » qui lui vaut son surnom.

C'est ce que symbolise Chanel N° 5 : la rencontre d'une nonne et d'une chanteuse de cabaret…

La sévérité du parfum lui est conférée par des substances synthétiques appelées aldéhydes, qui existent sous des formes variées mais dont l'odeur est généralement associée à celle du froid et du propre. La cinquième fiole de la série qu'a préparée Beaux pour Coco en contient plus que les autres. La senteur touche le fond sensible de la créatrice et devient Chanel N° 5, fragrance synthétique assumée du siècle des machines. La couturière choisit un flacon Art déco austère, aux épaules carrées, que lui a inspiré une des flasques de whisky de Boy Chapel.

Il se vend une bouteille de N° 5 toutes les 30 secondes. Dans un monde où les fragrances ne restent pas plus longtemps sur le marché qu'elles ne durent sur la peau, la marque, malgré ses 90 printemps, est toujours aussi forte. Plus qu'un simple parfum c'est une légende, un rite de passage, un monument. Pour Chandler Burr, critique de parfums pour le *New York Times*, Chanel N° 5 est « le monstre ».

Retour en 1921. Loin d'atomiser le marché par une campagne marketing agressive : le parfum est au contraire introduit furtivement.

Coco Chanel lance N° 5 en le portant lors d'un dîner à Cannes. Comme elle s'y attend, on lui demande quel est ce parfum… Par la suite, elle distribue des flacons à ses clientes préférées en guise de cadeau de Noël. Ces dernières reviennent à la boutique se réapprovisionner – suivies de leurs amies.

Chanel N° 5 est en passe de devenir le code de reconnaissance olfactif de l'élite parisienne quand la couturière fait une chose extraordinaire : elle cède les droits de la marque.

Aujourd'hui, les riches se rencontrent lors de vernissages et de galas de charité, dans les défilés de mode des couturiers stars, sur les marches du palais des festivals à Cannes et les tapis rouges d'Hollywood ou derrière les cordons de velours des clubs et restaurants VIP. En 1923, ils font connaissance aux courses hippiques de Deauville : c'est là que Gabrielle Chanel est présentée à Pierre et Paul Wertheimer, propriétaires de la société de parfums Bourjois.

Aux origines de cette marque : le théâtre, et un comédien qui invente en 1863 un maquillage de scène facile à appliquer puis le commercialise auprès du grand public. Alexandre-Napoléon Bourjois rachète l'affaire quatre ans plus tard, se retrouvant avec un best-seller dans les mains : la « Poudre de riz de Java », qui « adoucit et éclaircit la peau ». Son successeur, Émile Orosdi, étoffe la gamme, y ajoutant vernis à ongles, rouges à lèvres et parfums enivrants destinés à être vaporisés sur des mouchoirs. Le père de Pierre et Paul, un ancien vendeur de cravates du nom d'Ernest Wertheimer, rachète la moitié de l'entreprise en 1898. Lorsque ses fils prennent en charge la société, ils la mènent vers les États-Unis – et vers la prospérité.

Coco Chanel leur accorde le contrôle quasi total de sa branche des parfums, n'exigeant que 10 % des bénéfices. Une décision rétrospectivement absurde – que Coco regrettera amèrement – mais qui est à l'époque parfaitement sensée. En effet, Chanel est une créatrice de mode, elle ne connaît rien à l'industrie du parfum. Sans les Wertheimer, N° 5 ne serait sans doute restée que la signature olfactive d'une minuscule clique parisienne. Avec eux, il conquiert le monde.

Tilar J. Mazzeo se montre extrêmement critique quant à l'approche marketing première des frères Wertheimer et notamment quant à leur décision d'« enterrer » Chanel N° 5 parmi une gamme de produits similairement baptisés – Chanel N° 1, Chanel N° 2, Chanel N° 11, Chanel N° 14, Chanel N° 20, Chanel N° 21, Chanel N° 22 et Chanel N° 27, pour être exact – mais le catalogue adressé aux distributeurs américains témoigne de la maîtrise qu'a le binôme des tautologies fleuries du langage du luxe : « Les parfums Chanel, créés à l'attention exclusive des connaisseurs, occupent une place unique et sans précédent dans l'histoire du parfum… Mademoiselle Chanel est fière de présenter les flacons simples, uniquement parés de blancheur, et les précieuses gouttes d'un parfum d'une qualité incomparable, à la composition unique, qui révèle la personnalité artistique de sa créatrice. »

Et ainsi de suite. En réalité, c'est le succès disproportionné de Chanel N° 5 *en dépit* de leur stratégie marketing saugrenue qui convainc finalement les Wertheimer d'investir massivement en publicité dans les années 1930.

Chanel N° 5 parvient également à repousser la concurrence d'un parfum étrangement similaire, L'Aimant, lancé par la société d'une vieille connaissance de Gabrielle Chanel : François Coty. Corse de naissance, François Spoturno a déformé le nom de jeune fille de sa mère, Coti, et s'est formé à la parfumerie à Grasse. Il lance en 1904 un parfum à base d'huiles concentrées de fleurs, La Rose Jacqueminot, qui remporte un grand succès. Coty mêle son amour des senteurs à un don pour le packaging et travaille avec René Lalique à la conception de sculpturales bouteilles Art nouveau – qui se seraient vendues même vides. À l'heure où Chanel crée N° 5, Coty dirige déjà un empire. (Au passage, son entreprise finance une carrière politique douteuse : ayant acquis le *Figaro* en 1922, il en fait un journal d'extrême droite ; il financera également par la suite diverses organisations fascistes).

Coty rachète en 1926 l'entreprise Chiris, qui elle-même possède A. Rallet & Company – la maison de parfum où Ernest Beaux a fait ses premières armes. Cette acquisition permet au Grassois d'obtenir la formule de Rallet N° 1, une ancienne création de Beaux. En réalité, comme le suppose Coty, la formule de N° 5 est très proche de cette dernière. Quand il lance L'Aimant, une version légèrement adaptée de Rallet N° 1, il lance en réalité Chanel N° 5 sous un autre nom.

Mais c'est trop tard ; comme l'écrit Mazzeo, « Chanel N° 5 est déjà le parfum le plus célèbre du monde. Ses ventes ont grimpé en flèche pendant la bulle économique des années 1920 et, dans une époque vouée à la quête de luxes incomparables, il en est devenu le plus convoité. »

C'est alors que Coco réalise son erreur et envisage les possibilités qui s'offrent à elle pour récupérer le contrôle de sa marque – chose qu'elle ne parviendra jamais à faire. Assise sur le banc de touche, elle contemple sa création continuer à se vendre malgré les turbulences économiques des années 1930. Les Wertheimer revoient à la baisse la production de leurs autres parfums pour se concentrer sur leurs best-sellers. Comme le suggèrent leurs brochures, N° 5 est « porté par plus de femmes élégantes que n'importe quel autre parfum ».

Le parfum parvient à conserver son statut d'icône lors de la Seconde Guerre mondiale, lors de laquelle les Wertheimer prennent la décision risquée de le distribuer dans les supérettes des bases militaires américaines, les *post exchanges* (*PXs*). Vendre la fragrance ainsi, non taxée et dans un tel environnement, aurait pu entamer son statut de produit de luxe mais, comme le remarque Mazzeo, « personne ne s'attendait à trouver des boutiques luxueuses et des showrooms clinquants dans une zone de guerre ».

Chanel N° 5 devient le parfum de la liberté, « une partie du monde d'avant la guerre, un monde de glamour et de beauté qui a finalement survécu ». C'est ainsi que la marque entre dans les années 1950 entourée d'un halo de nostalgie érotique – chaque homme voyageant en ayant ramené un flacon pour un être cher, voire pour deux ou trois.

Fidèle à sa réputation, Coco passe les tumultueuses années de guerre dans sa suite du Ritz en compagnie d'un officier nazi. Alors même que le parfum dont elle ne possède plus que quelques miettes continue à s'arracher, elle doit, la réputation souillée, se cacher en Suisse. Quand elle revient finalement à Paris en 1954, pour ressusciter sa marque de haute couture, elle n'a d'autre choix que de demander de l'aide aux frères Wertheimer. Ils la lui accordent – en prenant le contrôle total de la marque Chanel. Longtemps propriétaire de son parfum, ils possèdent désormais la créatrice. Elle leur en voudra jusqu'à sa mort, le 10 janvier 1971 à l'âge de 87 ans.

Dans les années 1960, c'est le fils de Pierre, Jacques, qui dirige l'entreprise mais il semble davantage intéressé par les performances de ses chevaux de course et leur reproduction que par la gestion d'une maison de haute couture. Au même moment, l'ubiquité de Chanel N° 5 est en passe de sombrer dans l'oubli. Aux États-Unis, il est typiquement devenu le parfum de votre mère – quand ce n'est pas celui de votre grand-mère. Quand le fils de Jacques, Alain, reprend à 24 ans les reines de la maison, il remédie rapidement à cette situation : afin de rétablir le positionnement haut de gamme du parfum, il renonce à sa commercialisation dans les drugstores et diminue significativement le nombre de points de vente, qui passe de 18 000 à 12 000.

La popularité constante de Chanel N° 5 peut être attribuée au travail publicitaire de Jacques Helleu, directeur artistique de la marque, qui rejoint la maison Chanel en 1956 à l'âge de 18 ans et y reste jusqu'à sa mort en 2007, à 69 ans. Son père, Jean, occupait ce même poste avant lui… À l'exception de Coco elle-même, personne d'autre que Jacques Helleu n'a une meilleure compréhension de l'ADN de la marque.

Il choisit en 1968 l'actrice Catherine Deneuve pour personnifier Chanel N° 5. Coco aurait approuvé cette décision : froide mais sensuelle, la blonde comédienne reflète la tension qui réside au cœur du parfum. Elle a incarné l'année précédente, dans le film *Belle de Jour*, une belle bourgeoise qui tente de tromper son ennui en s'adonnant à la prostitution.

La campagne Chanel consolide le statut de star internationale de Deneuve et souligne celui d'icône de N° 5. Les publicités sont d'une simplicité extrême – on y voit juste le visage sans défaut de l'actrice, photographiée par Richard Avedon, et le flacon, reconnaissable entre tous. Helleu a conscience que la bouteille, résolument minimaliste, n'est rien de moins qu'un logo de verre ; toutes les publicités qu'il réalisera par la suite le mettront ainsi en avant. Aux États-Unis, l'une d'elles présente le flacon, seul, surmonté des mots « Share the fantasy » : « Partagez le fantasme ». (La « bouteille logo » sera une approche également utilisée par la marque de vodka Absolut et, dans une certaine mesure, par Coca-Cola).

Les spots publicitaires tournés pour le marché américain exploitent au maximum l'accent français et la voix légèrement rauque de Deneuve. Quand elle dit déposer une goutte de Chanel N° 5 « dans un endroit spécial – derrière le genou », elle donne à cette petite cavité du corps l'aura d'une zone intensément érogène… « Inutile de le demander » susurre-t-elle lorsque le flacon apparaît à l'écran. « Il sait exactement ce que vous voulez. »

Helleu répète sa tactique encore et encore, associant le flacon à des actrices magnifiques sous l'objectif de photographes et de réalisateurs célèbres. Les spots TV et cinéma deviennent de plus en plus extravagants, atteignant leur climax avec le clip que tourne Nicole Kidman en 2004 sous la direction de Baz Luhrmann, qui avait précédemment dirigé l'actrice dans *Moulin Rouge* – dans lequel Kidman jouait le rôle d'une courtisane et meneuse de revue que n'aurait pas renié Coco Chanel. Cabotinage grimaçant ou romantisme éhonté, à vous de voir… Quoi qu'il en soit, Nicole Kidman ne s'en plaint pas : elle empoche, pour ce spot publicitaire de trois minutes, la somme de 12 millions d'euros.

La publicité pour parfum, on le sait, est une affaire épineuse. L'attribut principal du produit étant par essence (!) impossible à démontrer, le consommateur n'en retient que quelques vagues notions de sexualité et de romance, suggérées par des images exprimant l'atmosphère que la fragrance est censée évoquer. Les résultats sont souvent prétentieux, totalement dénués de chaleur et d'humour – et même d'un quelconque sens narratif. Les publicités Chanel sont meilleures que la majorité de celles de ses concurrents, mais en aucun cas meilleures que celles des spots primés dans d'autres catégories de produits.

Vogue rend hommage à Helleu lorsque celui-ci décède : « [Il] a été le moteur des iconiques campagnes publicitaires de la maison, qui ont fait de Chanel une marque incontournable sur le marché de la consommation moderne » (« Jacques Helleu remembered », *Vogue* 1er octobre 2007). Le PDG monde de Chanel, Maureen Chiquet, a quant à elle déclaré : « Sa personnalité hors du commun, ses immenses talents et sa vision unique ont fait de Chanel la maison de luxe ultime, jouissant d'une présence mondiale inégalée… Il est parvenu à faire entrer Chanel dans le XXIe siècle en tant que leader de l'univers de l'exclusivité. »

Une déclaration qui aurait de quoi vexer Karl Lagerfeld, le créateur des collections haute couture de la maison. Mais comme l'avait découvert Coco à son retour d'exil en Suisse, le monde de la mode est rempli de parfums. Preuve en est le défilé automne-hiver 2009, dans lequel d'immenses répliques du flacon de N° 5 forment le décor du podium arpenté par les mannequins.

Un fantasme en flacon

Yves Saint Laurent sait combien les parfums sont importants dans l'industrie de la mode. Son blockbuster, la fragrance « orientale » Opium, a fait la fortune de sa maison : lors de son trentième anniversaire en 1992, 80 % des revenus de la société provenaient de ses parfums et cosmétiques. Raison pour laquelle, lorsque des conglomérats du luxe comme LVMH ou PPR signent avec de jeunes labels de créateurs, ils les encouragent très rapidement, et quasi systématiquement, à lancer leur propre parfum…

Dans sa biographie de Saint Laurent, parue en 2002, la journaliste française Laurence Benaïm décrit le lancement d'Opium comme « une superbe leçon de communication ». Saint Laurent avait en quelque sorte préparé le terrain avec sa collection « chinoise » : 36 pièces rayées d'or et bordées de fourrure, cocktail hallucinogène à mi-chemin entre *Shanghai Express* et les aventures de Tintin. « Moins d'un an après la mort de Mao, Saint Laurent célèbre les excès de la Chine impériale » écrit la journaliste.

Opium est lancé à Paris le 12 octobre 1977. « Opium c'est la femme fatale, les pagodes, les lanternes ! » se répand Saint Laurent dans la brochure de présentation. Son intention, écrit-il, était de mettre en bouteille « le moment où un homme et une femme se regardent pour la première fois ». Le flacon rouge est inspiré des *inro* des samouraïs (la distinction entre Chine et Japon semblant ici assez confuse dans l'esprit du couturier), ces petites boîtes laquées destinées à contenir pièces de monnaie, sceaux, encres ou remèdes médicinaux. Saint Laurent a créé le flacon en collaboration avec le designer Pierre Dinand, qui a su lui conférer la brillance énigmatique de la laque. À celle-ci s'ajoute, nouée autour du capuchon, une fine cordelette noire qui s'achève sur une pampille, ainsi qu'une délicate chaînette dorée.

C'est le modèle Jerry Hall, photographiée par Helmut Newton, que l'on retrouve sur les images de la campagne : allongée dans une tunique orientale brodée, lèvres entrouvertes et paupières baissées, elle semble perdue dans une extase langoureuse. Le cliché a été pris dans les propres appartements de Saint Laurent, qui a conçu la mise en scène et habillé le mannequin. Le slogan ? « Pour celles qui s'adonnent à Yves Saint Laurent »...

En Europe, les ventes atteignent 30 millions de dollars en une seule année. Pour le lancement d'Opium aux États-Unis, le 25 septembre 1978, Saint Laurent rachète le *Peking*, voilier de 1911 amarré au South Street Seaport Museum de New York, et le décore de guirlandes de fleurs et de lanternes, de pagodes et d'un bouddha géant. Lors de la soirée de lancement, laquelle pullule de célébrités et d'équipes de reportage TV (32 pour être exact), des feux d'artifice épellent les lettres YSL dans le ciel étoilé de Manhattan.

Inévitablement, Opium crée le scandale – la Coalition against Drug Abuse souhaitant notamment savoir comment YSL a pu nommer un parfum d'après une drogue qui a tué des millions de gens – et soulève une tornade médiatique, qui s'avère bénéfique pour les créateurs du parfum : fin 1978, Opium est la fragrance la plus connue depuis Chanel N° 5. Les femmes y voient une invitation à l'aventure, un fantasme en flacon…

Sans doute le couturier Thierry Mugler a-t-il Opium en tête lorsqu'il demande à Jerry Hall d'incarner son propre parfum, Angel, en 1992. Cette nouvelle essence est pourtant radicalement différente : sucrée à vous en faire grincer les dents, avec des notes de patchouli, de praline, de caramel et de vanille, elle donne le coup d'envoi d'une nouvelle tendance, celle des parfums « gourmands ». Mugler dit d'Angel qu'il doit « presque vous donner l'impression que vous mangez la personne que vous aimez ». Poussant plus loin encore dans l'étrange, le parfum est bleu ciel et son flacon a la forme d'une étoile.

Si les critiques de parfums accueillent mal Angel, son odeur de barbe à papa séduit néanmoins les femmes, toutes générations et catégories sociales confondues. Et puis, Angel est différent. Thierry Mugler étant une marque relativement petite, l'entreprise peut se permettre de prendre des risques : le budget marketing en jeu est bien moindre que lorsque Dior ou Gucci lancent un parfum. Mugler s'amuse, et son enjouement est visible. Intervient également le facteur temps : les parfums vont et viennent à un rythme effréné, mais les ventes d'Angel progressent sans interruption sur plusieurs années. Les parfums ont un côté viral – l'effet « Qu'est-ce que tu portes ? » – qui ne s'installe pas du jour au lendemain. Thierry Mugler n'est peut-être plus le couturier star qu'il était, mais le parfum bleu et son flacon étoilé sont devenus un best-seller.

Le business des parfums ne repose cependant pas uniquement sur des noms de la haute couture : de nombreuses célébrités ont prêté leur identité à des fragrances. On considère généralement que ce phénomène a commencé avec Glow, de Jennifer Lopez, que lance Coty en 2002. C'est un succès énorme, qui incite la chanteuse et actrice à commercialiser ensuite toute une gamme de produits dérivés. Jennifer Lopez n'est pourtant pas la première en la matière : Sophia Lauren avait lancé Sophia en 1981, Cher Uninhibited en 1987 et Elizabeth Taylor White Diamonds en 1991.

Glow n'est rien de moins que « l'incarnation moderne du parfum de célébrité », comme le formule Chandler Burr dans son ouvrage *The Perfect Scent*. En générant des ventes de millions de dollars sur un court laps de temps, il lance une mode que suivront bien d'autres célébrités. Il faut reconnaître à la société Coty qu'elle domine la catégorie des parfums de célébrités : Sarah Jessica Parker, Gwen Stefani, Beyoncé Knowles, Celine Dion, David et Victoria Beckham, Faith Hill, Halle Berry, Kate Moss, Kylie Minogue et Lady Gaga – entre autres – ont toutes signé avec Coty la création de leur senteur. C'est de l'évasion dans sa forme la plus simple : voici finalement la confortable irréalité que nous observons sur nos écrans ou les pages de nos magazines, distillée puis mise en flacon.

La société fondée par le corse François Coty, génie du marketing et meilleur ennemi de Gabrielle Chanel, est aujourd'hui la plus importante du monde de la parfumerie, avec des ventes annuelles de 4 milliards de dollars. Propriété de Benckiser et fermement implantée aux États-Unis, Coty opère également sur les segments des cosmétiques, des produits de toilettes et des soins de la peau, mais les parfums représentent 65 % de ses revenus.

Les « compositeurs »

Comme nous l'avons vu, les entreprises comme Coty ne *créent* pas les parfums. Elles en exploitent les licences et assurent leur marketing et leur distribution. Les parfumeurs sont ailleurs, et mettent en œuvre leurs extraordinaires compétences olfactives pour composer un parfum à partir du brief d'un client.

Céline Ellena est une parfumeuse grassoise de la troisième génération. Son père, Jean-Claude Ellena, est « nez » chez Hermès – une situation inhabituelle : hormis Hermès, seuls Chanel, Dior et Guerlain font appel à des parfumeurs exclusifs (respectivement Jacques Polge, François Demacky et Thierry Wasser). Céline est aujourd'hui indépendante, mais elle a précédemment travaillé chez Symrise et pour une entreprise de Grasse nommée Charabot.

Comme de nombreux autres parfumeurs, Céline a étudié à l'Institut Supérieur International du Parfum de la Cosmétique et de l'Aromatique alimentaire (ISIPCA), l'école de parfumerie de Versailles. Il faut, pour envisager d'y entrer, être diplômé en chimie et bénéficier du soutien d'une entreprise de parfums. L'école n'accepte pas plus de quinze étudiants par an, recrutés sur des tests écrits et un oral devant un jury professionnel. « C'est à ce moment-là que vous commencez à réaliser à quel point la parfumerie est un milieu difficile », relate Céline.

Imaginons que vous ayez ensuite la chance de travailler pour l'un des grands parfumeurs du marché : que se passe-t-il alors ? À quoi ressemble une journée de travail ?

Il y a bien longtemps, le parfumeur s'asseyait devant un grand casier rempli de fioles en verre – un « orgue ». Chacune des fioles contenait, bien sûr, une senteur, synthétique ou naturelle. En les associant en quantités variées, le parfumeur créait une nouvelle fragrance.

Aujourd'hui, le parfumeur est assis dans un bureau, derrière un ordinateur. Ayant en tête les différentes senteurs qui pourraient s'avérer utiles dans la conception du parfum qu'il imagine, il affiche sur son écran la base de données des matières premières. Chaque ingrédient étant listé avec son prix, le parfumeur peut par addition ou soustraction définir le coût approximatif de sa formule. Les essences sont conservées en laboratoire par des préparateurs, qui suivent les instructions de l'expert pour mélanger, à l'aide d'instruments de haute précision, de minuscules gouttes de liquide. Au concentré obtenu est ensuite ajouté de l'alcool, et ce nouvel échantillon est apporté au bureau du parfumeur.

La pression est mise sur les parfumeurs pour que le coût au kilo des parfums soit le moins élevé possible. « Il y a dix ans, décrit Luca Turin dans *The Secret of Scents*, un parfum délicat revenait à 200 ou

300 dollars le kilo. Aujourd'hui, 100 dollars sont déjà trop chers... La recherche de formules à bas coût est la raison pour laquelle la plupart des parfums dits "fins" sont médiocres. »

Le parfumeur se voit également pressé de créer des succès commerciaux. Résultat, de nombreuses fragrances ne sont que des versions légèrement modifiées des précédentes. Pour rester au courant des tendances du marché, les parfumeurs hument en permanence des échantillons des derniers parfums lancés.

« Pour gagner du temps, certains parfumeurs sont connus pour mélanger les formules de parfums déjà existants, explique Céline. Vous pouvez donc les entendre dire "C'est 80 % de J'Adore et 20 % de Nina, de Nina Ricci." Dans le métier on appelle ça un "twist". »

L'une des grandes qualités d'un parfumeur est de savoir déterminer, à l'odeur, les ingrédients qui composent un parfum. Les « nez » ont en tête une bibliothèque considérable d'arômes – une compétence qui ressemble à un superpouvoir pour tout étranger au métier !

« En réalité, se construire une mémoire olfactive n'est pas le plus difficile », explique Céline. « Vous apprenez les odeurs par cœur. La vraie compétence c'est de savoir ce que donneront les différents éléments une fois combinés. Parce qu'en parfumerie, un plus un égale trois. Si je mélange un ingrédient synthétique appelé ionone, qui sent un peu comme l'iris, à l'aldéhyde C14, qui ressemble à de la pêche, j'obtiens de l'abricot. »

Céline reconnaît que les standards souvent peu élevés de la parfumerie sont en partie dus à des budgets stricts, mais elle blâme également les délais serrés. « Dans une grosse entreprise de parfumerie vous n'avez pas le temps de réfléchir, d'explorer, de faire vos propres recherches. Vous travaillez souvent sur plusieurs briefs à la fois. Ajoutez à cela une réticence des clients à prendre des risques, et vous finissez avec une sélection plutôt insipide dans les rayons. »

Il existe également un important facteur culturel. Depuis les années 1970, les consommateurs des pays développés baignent dans un arôme extrêmement courant que l'on retrouve dans les lessives. Pour la quasi totalité d'entre nous, cette odeur est celle du « propre ». Quand elle n'est pas présente dans un parfum – par exemple un qui privilégie les essences naturelles et non de synthèse – nous en concluons généralement que le parfum a tourné. Conséquence, la plupart des parfums sentent essentiellement la lessive ! Nos odorats ont subi un lavage de cerveau…

La naissance d'un parfum débute lorqu'un client – LVMH, L'Oréal, Coty ou autre – décide qu'il veut lancer une nouvelle fragrance. Ce peut être pour remplacer une marque en perte de vitesse, ou pour suivre une tendance (la mode est aux « Orientaux » cette saison). Le chef de produit contacte alors trois ou quatre des gros fabricants de parfums, qui dispatchent leurs équipes marketing et ventes. Pas leurs parfumeurs : ce rôle revient à l'« évaluateur », qui combine des compétences en parfumerie et en marketing. L'évaluateur et ses collègues prennent connaissance du brief – généralement un document écrit, qui précise la cible démographique, la famille olfactive, le parfum dont doit se rapprocher (ou non) la création, etc.

Céline indique que « les bons jours, l'équipe du fabricant de parfums est seule avec le client dans une salle de réunion. Il arrive aussi que le brief soit présenté à une poignée de parfumeurs concurrents en même temps. On attend des équipes commerciales qu'elles prennent des notes puis les ramènent à leurs collègues. »

Je me demande, à voix haute, à quel degré s'implique un couturier dans la création d'un parfum qui porte son nom.

Céline me répond : « Si le contrat du couturier avec l'entreprise stipule qu'il a effectivement renoncé à son nom, alors il est à peine consulté. Il est éventuellement appelé en fin de processus pour sentir rapidement le parfum, mais sinon son opinion n'a aucune importance. La parfumerie n'est pas son métier. Inutile de préciser qu'on affirme au public que le couturier a été fortement impliqué dans la création du parfum. Mais c'est du marketing. »

Je pose la même question à Judith Gross, directrice du marketing pour les parfums et ingrédients naturels chez International Flavors and Fragrances (IFF). « Cela dépend », me répond-elle, donnant en exemple Giorgio Armani, particulièrement impliqué dans ses projets de parfums. « Une implication profonde de A à Z dans le processus est plutôt rare. »

Il en va de même, naturellement, avec les célébrités. Gross reconnaît que donner l'impression qu'un couturier ou une célébrité a été très présent durant la création d'un parfum peut constituer une part importante de la stratégie marketing. « Les parfums qui marchent vraiment sont ceux qui racontent une histoire convaincante ; ils emmènent le consommateur dans leur univers. »

Et avec près de 400 nouveaux parfums par an sur le marché, nul doute qu'il vous faut une histoire convaincante pour vous différencier ! Pour Judith Gross, le « jus » ne représente que 5 % du prix que paye un consommateur pour un flacon de parfum. Le reste de vos 70 euros part dans le packaging, la publicité – incluant les éventuelles indemnités contractuelles de la star qui aura prêté son visage ou son nom à la marque – et la distribution.

Les parfumeurs ne sont impliqués dans rien de cela. Ils ne voient pas même le flacon, dont la création est confiée à des agences de design spécialisées.

Une fois les commerciaux de retour de la réunion avec le client, le brief est communiqué à plusieurs parfumeurs, lesquels concourent en interne pour la conception de la formule qui sera présentée au commanditaire. Ceci, dans un laps de temps de quinze jours à trois semaines. Les formules jugées suffisamment valables par l'évaluateur et l'équipe commerciale sont ensuite présentées au client. Celui-ci se retrouve généralement avec un choix de cinq ou six fragrances issues de différentes sociétés sollicitées sur le brief. Une fois son choix arrêté sur l'une d'elles, les autres n'ont plus qu'à repartir tout à fait bredouilles…

« Après cela commence le vrai travail, parce que le client veut toujours apporter des modifications » précise Céline. « Trop floral, pas assez floral… »

Le parfum est testé lors de *focus groups* pour déterminer ses chances de succès sur le marché, puis modifié à nouveau en fonction des résultats. Le processus complet, depuis le brief jusqu'au lancement, peut prendre un à deux ans.

Tout cela peut sembler décourageant – jusqu'à ce que je demande à Céline ce qui se passe réellement quand elle crée un parfum.

« Pour moi, ça débute avec une image », me répond-elle. « Ça peut être une forme. Je peux, par exemple, vouloir créer quelque chose qui ait un parfum rond. Ou ça peut être le souvenir d'un voyage. Une fois, j'avais en tête de créer un parfum qui sentait comme lorsqu'on plonge ses mains dans un tas de plumes. Une autre fois, je pensais au tee-shirt de Marlon Brando dans *Un tramway nommé désir*. Après, j'écris la formule qui pourrait recréer le sentiment que j'ai en tête. Je sais que ça peut sembler étrange, mais il est possible de créer des odeurs qui ont une texture : rêche, douce ou métallique. Vous portez le flacon à votre nez, et tout à coup vous vivez une sensation. »

Et ça, en dépit de la dure réalité de l'industrie du parfum, c'est un peu de la magie.

ASTUCES BEAUTÉ

* Le « jus » contenu dans un flacon de parfum ne représente que 5 % de son prix – le reste part en packaging et marketing.
* Pour les parfumeurs, les budgets stricts et les délais serrés impliquent que les standards de la parfumerie dite « fine » sont généralement assez bas.
* Fatigués des marques conventionnelles, certains consommateurs redécouvrent des fragrances conçues au XVIIIe siècle.
* Chanel N° 5 demeure le parfum le plus connu au monde. Gabrielle Chanel en a d'abord assuré une promotion discrète.
* Il doit son succès en partie à sa longévité pure et simple, mais également à ses campagnes publicitaires qui évoquent son passé : des actrices qui rappellent l'esprit de Coco Chanel ainsi que son célèbre flacon.
* Le côté viral des parfums signifie que leur propagation parmi les consommateurs prend du temps.
* Les entreprises de beauté préfèrent toutefois se concentrer sur une nouveauté à laquelle elles allouent de gros budgets publicitaires, dans l'espoir de créer un succès immédiat.

9

L'appât du luxe

« Il y a des tendances dans la beauté,
exactement comme il y en a
dans la mode. »

Patienter à la réception du siège parisien des Parfums Christian Dior, c'est un peu comme attendre son embarquement pour des vacances de luxe dans l'espace. J'imagine le même silence imperturbé, les mêmes meubles gris perle, un comptoir de réception orné d'un logo argenté pareillement immaculé. Je n'aurais pas été surpris que la femme élégante, entrée quelques instants plus tôt, flotte devant moi plutôt que de traverser la pièce en faisant claquer ses talons hauts sur le sol. Je m'attends même à entendre le soupir d'un sas de décompression tandis qu'elle disparaît au cœur de l'immeuble.

C'est en 1947, l'année même où il commercialise sa première collection de mode, que le couturier Christian Dior se lance dans les parfums, avec le parfumeur Serge Heftler-Louiche. Sa première fragrance est Miss Dior, qu'a inspiré, dit-on, la sœur de Christian, Catherine. L'année suivante, la société Parfums Christian Dior ouvre déjà des bureaux à New York. Le couturier a parfaitement conscience du pouvoir d'attraction des marques de mode sur les catégories connexes : ainsi en 1950 développe-t-il aux États-Unis une gamme de cravates et d'accessoires. Son rouge à lèvres Rouge apparaît en 1955, même s'il faut attendre 1963, soit six ans après la mort du créateur, pour que soit lancée la Crème Abricot. Dix ans plus tard, c'est tout une gamme de produits de soin de la peau que lancent les Parfums Christian Dior, sous l'appellation Hydra Dior.

C'est pour parler de peau que je suis là aujourd'hui. Édouard Mauvais-Jarvis est le directeur scientifique de la marque. Tandis qu'il me serre la main, je remarque qu'il semble plus jeune que son âge – 41 ans, selon mes recherches Google – ce qui fait de lui un ambassadeur convainquant.

« La relation entre les créateurs de mode, les soins de la peau et les consommateurs repose sur la légitimité », m'explique-t-il une fois que nous nous sommes installés dans son modeste bureau. « En lançant un parfum en même temps que sa première collection, Christian Dior s'est montré particulièrement visionnaire. Son nom a été associé au monde de la beauté dès le début. Le maquillage est venu rapidement après – c'est, après tout, un accessoire de mode. »

Le lancement des produits de soins pour la peau arrive bien plus tard, notamment parce que la division des parfums est revendue pour n'être réintégrée à la maison de mode qu'en 1988, quand LVMH rachète cette dernière. Les parfums Christian Dior sont aujourd'hui encore gérés comme une entité séparée ; ils n'ont autrement dit que peu de liens avec la marque de haute couture Christian Dior. Mais leur positionnement sur le segment du luxe, associé à la légitimité perçue de Dior dans l'univers de la beauté, attire encore et toujours les consommateurs.

Mauvais-Jarvis m'assure cependant que ce succès repose davantage sur les produits eux-mêmes que sur leur conditionnement raffiné : « Nous jouons un rôle primordial dans la recherche en cosmétologie. En réalité, nous partageons nos recherches avec d'autres marques du groupe LVMH, comme Guerlain, Givenchy ou Kenzo, grâce à nos laboratoires de Saint-Jean de Braye. Nous avons 260 chercheurs, ce qui semble peu comparé aux équipes de L'Oréal, mais nous travaillons également avec des partenaires extérieurs, comme l'Institut de biologie des cellules souches et de médecine régénérative de l'université de Stanford. »

La recherche sur les cellules souches : un terrain fertile pour les équipes marketing des soins de la peau. Les cellules souches ayant la capacité de s'auto-renouveler, la théorie veut que les cellules souches épidermique devraient être protégées – voire même boostées – pour leur permettre de continuer à donner à notre peau, avec un maximum d'efficacité, son teint frais et radieux. Telle est l'idée derrière la gamme anti-âge Capture Totale, best-seller de Dior, longtemps vantée grâce aux photographies publicitaires d'une Sharon Stone sans âge. Pour défendre les cellules souches, les produits Capture Totale contiennent du TP Vityl, composant topique dérivé de la vitamine E. C'est ce à quoi font référence les marketeurs des soins de la peau quand ils évoquent les « principes actifs » : ce sont les ingrédients qui ont un rôle à jouer, par opposition à ceux ayant des fonctions « support » – les colorants et arômes, par exemple.

Les entreprises de beauté cherchent à promouvoir leurs principes actifs par un langage qui reflète l'ADN de leurs marques. Ainsi La Prairie (propriété, comme Nivea, de Beiersdorf), insiste sur ses origines suisses, évoquant l'air pur et la neige de son pays natal comme synonyme de bonne santé et de pureté. La marque nous assure par exemple que son Infusion Cellulaire Intensive contient « des cellules souches de raisin rouge suisse et de l'extrait d'algue de neige suisse ». C'est certainement ce qui explique son prix – 500 dollars le pot. Mais revenons-en à Mauvais-Jarvis : « Je pense qu'une petite équipe travaillant avec des partenaires extérieurs est plus souple qu'un énorme département de recherche qui est pratiquement une entreprise à l'intérieur de l'entreprise. Dans ce business, vous vous devez d'être réactif, parce qu'il est important d'être le premier sur le marché avec votre découverte. »

De tels partenariats profitent également aux institutions académiques ; ils suggèrent que les scientifiques sont bien aux prises avec des problématiques du monde réel, et qu'en aucun cas il n'existe d'incitations financières. « Ca n'est pas une donation, insiste Mauvais-Jarvis. Nos chercheurs travaillent ensemble. C'est une approche scientifique – et, il faut l'admettre, financée – mais il y a un authentique échange d'opinions et d'expertises. »

Les découvertes scientifiques n'entraînent pas pour autant de lancement immédiat de nouveaux produits. En effet, une découverte peut « reposer au fond d'un tiroir », métaphoriquement parlant, jusqu'à ce que Dior imagine le meilleur moyen de l'exploiter. « Nous communiquons en permanence avec nos clients sur leurs besoins et désirs, nous savons donc quel est le bon moment pour lancer un produit. Je compare ça à l'écran digital des iPhones. La technologie existait depuis des années, mais Apple a imaginé le meilleur moyen de l'intégrer à un produit. »

Le fait est que la plupart des entreprises de cosmétiques ont des plans marketing sur plusieurs mois ou années. Elles savent exactement quand elles auront besoin de renouveler ou de remplacer leurs gammes, même s'il arrive parfois qu'elles doivent réagir rapidement à un lancement concurrent. Dans les deux cas, elles se tournent vers leur département de recherches.

Mauvais-Jarvis nie que le marketing dirige la recherche, mais il admet que les deux doivent travailler « en concordance ». « Il n'y a pas de sens à lancer un nouveau produit avant que le marché ne soit prêt, ajoute-t-il. Nous faisons des affaires après tout. Il y a des tendances dans la beauté, exactement comme il y en a dans la mode. Il y a même une saisonnalité : nous savons que nous lançons les produits anti-âge au début de l'année, les crèmes blanchissantes en Asie en mars, les crèmes amincissantes et tonifiantes au printemps. »

Pour lui, le lancement du sérum Capture Totale One Essential de Dior est un exemple parfait de la collaboration entre la recherche et le marketing (un sérum est plus riche et plus intense qu'une crème). Le produit est issu d'une recherche menée par les scientifiques de Dior avec l'institut Pierre et Marie Curie, à Paris, sur les mécanismes de vieillissement des protéines. Il en est ressorti la découverte des protéasomes, des protéines que l'on trouve à l'intérieur des cellules et qui agissent comme des « usines de recyclage » miniatures en débarrassant ces dernières des toxines ou en les convertissant en protéines saines. Ce processus naturel, et c'est là le problème, ralentit avec l'âge. En d'autres termes, au fur et à mesure que nous vieillissons, les cellules de notre peau accumulent plus de toxines – d'où les rides, la décoloration et une peau de plus en plus terne. La réponse de Dior à cette problématique est donc un produit à base de Perle de Longoza, ingrédient breveté et issu du Longoza, un arbre que l'on trouve sur l'île de Madagascar et qui est capable, vous l'aurez deviné, d'accroître l'activité des protéasomes.

« L'idée du sérum One Essential est de donner à votre peau un coup de pouce général tout en la préparant pour les autres produits de soin », explique Mauvais-Jarvis. « Il répond, pour être honnête avec vous, à une tendance du marché pour les sérums universels, que d'autres sociétés avaient déjà lancés mais que nous n'avions toujours pas dans notre gamme. Nous avions connaissance de l'effet des protéasomes depuis des années, mais n'avions pas encore trouvé le bon moyen de les utiliser. Et puis, en collaboration avec l'équipe marketing, nous avons développé un concept qui a marché. »

C'est là qu'entre en action toute la force de la machine promotionnelle Dior. Le flacon lui-même, dessiné par l'agence de packaging Rexam, est un véritable chef d'œuvre : d'un rouge profond et brillant, doté d'un doseur dissimulé par un capuchon de métal argenté – un style que reprennent la description du produit et le nom de la marque. C'est le visage de Sharon Stone que l'on retrouve sur les affiches et pages publicitaires de la campagne ; des échantillons sont en outre largement distribués aux journalistes beauté et bloggueuses concernées.

Le « super sérum qui booste la peau » a été un « un succès extraordinaire », continue Mauvais-Jarvis. Il a gagné une mention dans les résultats financiers de LVMH pour le premier trimestre 2010 : « bonnes performances ».

La rencontre du prestige et de la science

Le désir d'en mettre plein les yeux aux consommateurs grâce à la science a induit l'équivalent d'une course à l'armement dans le secteur, chaque marque essayant de faire toujours mieux que les autres. Les entreprises brevettent leurs inventions et les revendiquent dans leurs publicités ; Estée Lauder, par exemple, signale ses « 20 brevets mondiaux » et ses « 25 ans de recherches sur l'ADN », soulignés par une double hélice dorée, pour sa crème Advanced Night Repair.

Depuis 1991, Chanel dirige le Centre de recherches et d'investigations épidermiques et sensorielles (CERIES), qui alloue chaque année une récompense de 40 000 euros pour les avancées marquantes dans le domaine du soin de la peau. L'une des armes de Chanel, dans la guerre des soins, aura été son directeur de la recherche, Xavier Ormancey[1]. Ce dernier a écumé les régions les plus éloignées du globe, en quête de plantes exotiques pouvant contribuer à la réduction des effets du vieillissement. Des voyages qui ravissent les journalistes :

« Ormancey, 42 ans, parcourt le globe à la découverte d'ingrédients naturels non connus à ce jour qui pourraient révolutionner les soins de la peau », écrivait un journaliste du *Times* en 2006. « Naturellement, sa destination favorite est Madagascar… Non seulement y a-t-il l'occasion d'observer les crocodiles et le virus du chikungunya, mais également des scorpions, des serpents, des araignées et des sangsues. C'est cet esprit d'aventure qui lui a valu le surnom d'"Indiana Jones de la beauté". »

Grâce au travail d'Ormancey, peut-on lire dans l'article, Chanel est à même de mettre sur le marché l'aboutissement de huit années de travail :

> La crème Sublimage prend ses origines à l'extrémité nord de Madagascar où, il y a presque dix ans, Ormancey fut averti de l'existence d'une

1. Xavier Ormancey a rejoint en août 2011 les laboratoires Yves Rocher comme directeur Recherche et Développement (NdT).

espèce de vanillier donnant un fruit étonnant et vivifiant dont ne subsistent que treize spécimens dans le monde. Des études de terrain menées sur les gousses de Vanille Planifolia ont révélé que ces dernières contenaient plus de 60 % de principes actifs, en l'occurrence les polycétones, que n'égalent pas même les super-sources d'antioxydants que sont les pépins de raisin ou le thé vert (« Beauty in full bloom ? », *Times*, 2 septembre 2006).

À l'instar des célébrités qui apportent leur nom ou leur caution à un produit, Ormancey et ses aventures donnent une dimension humaine à ces délicats tubes de crème.

Après le *Times* londonien, c'est au tour de son homophone new-yorkais de disserter avec lyrisme : « Qu'il suive des moines tibétains dans les contreforts de l'Himalaya à la recherche d'une rose qui ne fleurit que sous la neige, qu'il se fraye un chemin à la machette au cœur de la jungle péruvienne pour trouver une vigne que mangent les condors pour soigner leurs piqûres de serpent, ou qu'il se procure les recettes des élixirs de beauté de l'antiquité indonésienne, Ormancey est l'éco-guerrier secret de Chanel » (« Ecochic », *T Style Magazine*, 27 août 2006).

Quel besoin de faire de la publicité quand paraissent de tels articles ? Plus récemment on retrouvait Ormancey, pour le lancement de l'Essence Cellulaire Détoxifiante de Chanel (ce nom ne vous rappelle rien ?), sur les traces de « la fleur d'or de l'Himalaya : la Golden Champa ».

Où qu'il soit découvert, le végétal concerné se retrouve au carrefour de trois impératifs marketing : le désir de nouveaux principes actifs, le besoin d'histoires fascinantes et la demande croissante des consommateurs pour des produits naturels. Dior possède ce que l'entreprise appelle des « jardins » disséminés partout dans le monde : des zones protégées dans lesquelles elle s'approvisionne en principes actifs. Aux graines de Longoza de Madagascar déjà évoquées on peut ajouter des fleurs rares d'Ousbékistan ou, plus proche de nous, les vignes d'Yquem de la région de Bordeaux. Il est extraordinairement fortuit que ces vignes aient des propriétés anti-vieillissement :

le domaine de Château Yquem, qui produit quelques-uns des vins les plus chers au monde, appartient… à la maison-mère de Dior, LVMH. L'équivalent en quelque sorte d'un bonus exceptionnel, dans l'industrie du luxe…

Les produits de soin des marques de luxe sont outrageusement chers – mais rappelons-nous la théorie d'Helena Rubinstein, selon laquelle les *fashionistas* ne veulent pas d'un produit abordable. Elles se réjouissent même encore plus quand il est quasi introuvable… lisez plutôt :

> Il vous faut plus que du fric – il vous faut traquer. Sensei Premier, de Kanebo, coûte 1 320 dollars quand vous parvenez à mettre la main dessus ; Barney's, à New York, a écoulé son stock en moins de deux semaines. Un pot de Crème de la Mer, qui vous fait trois semaines, coûte 2 100 dollars – disponible sur invitation uniquement… Comment expliquer ces chiffres à couper le souffle ? « Vous pouvez vous offrir un sac à main de créateur chaque hiver, mais vous n'avez qu'un seul visage » explique Jose Parron, Image Director du magasin Barney's de New York (« Luxe creams – tags to riches », *New York Times,* 16 octobre 2005).

C'est là l'équation familière du marketing du luxe : on ne peut pas se le permettre, on n'en est pas digne, le produit est introuvable – alors on le veut d'autant plus.

Un mécanisme que la marque suisse La Prairie a parfaitement compris. Son origine remonte à la Clinique La Prairie – une entité désormais tout à fait séparée – fondée par le Dr Paul Niehans à Montreux en 1931. Dans cet établissement luxueux, Niehans expérimente ce qu'il appelle la « thérapie cellulaire », qui implique l'injection sur ses patientes de cellules fraîches de fœtus d'agneau (une démarche expliquée sur le site Internet de la clinique, www.laprairie.ch). L'idée est née d'une expérience sur un patient souffrant d'un endommagement des glandes parathyroïdes (celles-ci contrôlent la quantité de calcium fixée dans le sang et sur les os), auquel Niehans injecte une solution à base de cellules parathyroïdes de veau. Une fois le patient rétabli, le docteur poursuit ses expérimentations de transplantation cellulaire entre un animal et un humain, et parvient à la conclusion que le processus prolonge la vie et peut même combattre le cancer. (Une hypothèse écartée par l'American Cancer Society, qui affirme que le traitement n'a jamais été testé scientifiquement.)

Comme on pouvait s'y attendre, ce remède capable de prolonger la vie prend des allures de Saint Graal, et ce sont des milliers de patients riches et influents qui ont recours aux soins du Dr Niehans – depuis Gloria Swanson jusqu'au pape Pie XII. Voici ainsi établi le lien entre La Prairie et l'élite…

En 1976, quatre ans après la mort de Niehans, un banquier suisse du nom d'Armin Mattli rachète la clinique. Il lance La Prairie Cosmetics, une gamme de soins de la peau dont le marketing s'appuie sur la réputation de la clinique dans le domaine de la thérapie cellulaire. La marque est revendue en 1982, d'abord à l'entreprise américaine Cyanamid Company puis à Sanofi. Elle est rachetée en 1987 par Georgette Mosbacher, femme d'affaires extrêmement en vue, anciennement mariée au président de Fabergé George Barrie et épouse actuelle du magnat du pétrole et collecteur de fonds pour le parti républicain Robert A. Mosbacher. À la tête de La Prairie, Georgette Mosbacher témoigne de son dynamisme et transforme la marque, alors en perte de vitesse, grâce à sa personnalité de femme mondaine et sa capacité à motiver ses équipes de vente qui ne sont pas sans rappeler Estée Lauder. Quand elle revend La Prairie à Beiesdorf en 1991, le chèque s'élève à 45 millions de dollars.

La Prairie joue aujourd'hui encore sur son héritage suisse, ses packagings classieux et son « Complexe Cellulaire breveté » – terme que suit quasi systématiquement le mot « exclusif » – pour séduire une cible mature et nantie. Les spas de la marque, installés dans des hôtels luxueux, contribuent là encore à maintenir son image auprès de ce groupe de consommateurs. La clé de la ligne Complexe Cellulaire semble être la présence de glycoprotéines, qui stimulent la réparation cellulaire. Mais, comme le fait observer un acteur du marché de la beauté, il n'y a aucune raison que leur application sur la peau ne soit efficace : « Il faudrait aller bien plus en profondeur pour observer le moindre effet. Ce que les consommateurs payent, c'est un parfum, une texture – et un prestige. »

Dans le courant de l'été 2010, des journalistes beauté triés sur le volet se sont vus invités par La Prairie au « Moderne », le restaurant du Musée d'Art Moderne de New York, où la marque lançait une poignée de nouveaux produits. Elle organise typiquement ce genre d'événements quatre à six mois avant la mise sur le marché de ces derniers, afin que les éditeurs aient tout le temps nécessaire à la découverte de la marchandise avant de boucler leurs numéros de septembre et octobre – les magazines les plus épais et les plus chargés en publicité de l'année.

Les journalistes présents au MoMA sont dûment courtisés : boissons et petits-fours, carnets de notes et stylos au logo de la marque. Parmi les produits lancés, l'Émulsion Cellulaire Radiance SPF 30 (425 dollars), la Crème de Nuit Anti-Âge Cou et Décolleté (200 dollars) et deux lots Vacances (950 dollars chacun). Une journaliste du *New York Times* décrira la marque comme « l'ordinateur Apple du monde de la beauté », ajoutant que « ses packagings sont splendides : argentés, blancs, sobres et raffinés. Les prix sont élevés. Et [la marque] met l'accent sur son service personnalisé au client. La plupart des ventes se font dans les kiosques de grands magasins [...] où [les vendeuses] appliquent les produits aux clientes potentielles et les questionnent sur leurs besoins quant aux soins de peau » (« Mimosas and caviar for breakfast », 10 juin 2010). Lors de l'événement, Lynne Florio, présidente de la marque, déclare que La Prairie aime « parler à la presse et à ses clients aussi souvent et intimement que possible ».

La profusion des magazines de luxe et la régularité à laquelle les éditeurs sont arrosés de produits de beauté gratuits par les services de presse – ainsi que le pouvoir publicitaire qu'ont les marques elles-mêmes – expliquent l'absence de tout discours critique sur le sujet. La journaliste Janet Street-Porter attaqua un jour férocement les éditrices des magazines de beauté, les qualifiant de « traîtresses envers leur propre sexe» qui «encombrent les colonnes d'idioties en série sur ces produits et se conduisent en propagandistes de l'industrie cosmétique» («Why beauty editors are the real villains», *Independent*, 22 octobre 2000).

Si Janet Street-Porter avait écrit son article aujourd'hui, il lui aurait fallu élargir son propos à la majorité des auteurs des blogs beauté.

Finalement, les consommatrices sont-elles dupées par les entreprises cosmétiques de luxe et leurs acolytes des médias ? Rien n'est moins sûr. Ils semblent plutôt qu'elles *veulent* y croire… Elles aiment la démarche de A à Z: parler à une «conseillère beauté» dans leur magasin, ramener à la maison le précieux produit, le déballer, appliquer une crème dont la couleur, la texture et le parfum ont été conçus pour procurer la sensation la plus agréable possible tandis que le produit glisse délicatement sur leur peau. Tout au long de ce processus, elles se cramponnent à un optimisme irrationnel mais ô combien appréciable.

Autre marque coûteuse, Sisley, société cosmétique française fondée en 1976 par le comte Hubert d'Ornano, dont le père était l'un des fondateurs de Lancôme. Collectionneurs d'art avertis, d'Ornano et son épouse Isabelle ont donné à leur marque le nom du peintre impressionniste Alfred Sisley. Très en avance sur leur temps, ils basent leur gamme sur des extraits naturels de plantes, un processus que la marque baptise «phytocosmétologie» et qui repose sur un cocktail de principes actifs naturels élaboré de façon à intensifier les effets de chaque composant individuel.

«Certains nous disent qu'ils préfèrent utiliser une de nos crèmes plutôt que sortir dîner au restaurant un samedi soir», déclarait un jour Isabelle («Sisley: the house of beauty», *Times*, 9 octobre 2008).

Ce commentaire est le cœur même de la beauté de luxe. Pour beaucoup d'acheteurs ou acheteuses de crème, l'efficacité ne constitue même pas la moitié du motif de leur achat. Une crème est une source de confort, un soin que l'on s'offre à soi-même, un moyen de mieux entamer sa journée; c'est pourquoi les produits de beauté continuent à se vendre en période de récession. Les consommateurs ne sont pas accros au résultat, mais à la sensation. S'imaginer un spa luxueux ou un éco-scientifique courageux qui se taille un chemin dans la forêt tropicale fait partie de l'expérience.

Gardons toutefois en tête que le composant principal de la majorité des soins de beauté, quel que soit leur prix, est… l'eau.

ASTUCES BEAUTÉ

* Les marques de haute couture se sont très vite lancées dans les parfums et le maquillage, établissant ainsi leur légitimité dans le secteur de la beauté.
* Elles ont enchaîné avec les crèmes, les consommateurs cherchant non plus à simplement à cacher les rides mais aussi à les combattre.
* Elles ont investi dans des centres de recherche pour concurrencer ceux de P&G et autre L'Oréal.
* Les mythes exploités pour vendre les crèmes sont basés sur la quête des « principes actifs ».
* Les marques de beauté se livrent concurrence pour découvrir le prochain principe actif et être la première à le lancer sur le marché.
* L'étroite et intime relation entre les services de presse des marques de beauté et les journalistes du secteur allège le processus marketing.
* Les consommatrices achètent une efficacité mais également une expérience : l'environnement d'achat, l'emballage, le parfum, la texture.
* Elles achètent aussi un certain prestige : les marges élevées du business du luxe viennent de ce que beaucoup sont prêtes à payer cher pour une marque de luxe – ou, à l'inverse, peu enclines à débourser pour une marque bas de gamme.

10

Le lancement d'une crème

« Il vous faut théâtraliser la science. »

Je me suis demandé : « mais comment est-ce que tout cela fonctionne ? Je comprends pourquoi les gens achètent des crèmes de soin, mais que se passe-t-il avant qu'elles ne soient lancées sur le marché ? Quel est le processus ? »

J'ai donc trouvé quelqu'un à qui poser mes questions, une amie d'ami qui travaille comme chef de produit pour une grosse entreprise de beauté dont le nom a déjà été mentionné dans ces pages. Elle a accepté de me répondre sous couvert d'anonymat ; appelons-la donc Caroline.

Comme nous l'avons déjà vu, les tendances sur le marché des soins vont et viennent aussi vite que les engouements dans l'univers de la mode. Extraits de plantes, antioxydants, peptides, cellules souches, bio-électricité : tous ont eu leur instant de gloire. Les concurrents du secteur se surveillent les uns les autres avec des yeux de faucon pour être certains de ne passer à côté d'aucun nouveau principe actif.

« Vous surveillez en permanence ce que font vos concurrents », confirme Caroline. « Vous devez vous assurer de maintenir votre part de marché, vous pouvez donc vous retrouver à lancer un produit pour réagir à la concurrence ou répondre à une *success story*, mais ce sont loin d'être les seuls déclencheurs. Quand vous avez une gamme qui fonctionne bien, il y a de l'érosion naturelle. Vous pouvez maintenir l'intérêt du public en lançant une extension de gamme, à moins de devoir repackager et relancer la ligne entière, en changeant complètement le message marketing. »

L'écriture d'un « scénario scientifique »

C'est là qu'il vous faut contacter le laboratoire pour savoir s'il existe un nouveau principe actif, une nouvelle histoire à raconter. « Tout commence avec un concept. Vous vous asseyez et l'écrivez – et la plupart de ce que vous aurez écrit finira typiquement dans le texte publicitaire, à la toute fin du processus. Ce concept, vous l'emmenez au laboratoire et en discutez avec les experts. Ils peuvent vous dire dans quelle mesure leurs recherches sont en phase avec ce concept. Vous faites des allers-retours en ajustant votre concept jusqu'à ce qu'il corresponde à celles-ci, et vous obtenez finalement une histoire cohérente à raconter au consommateur. Un bon exemple de ceci est, à mon sens, LiftActiv Derme Source de Vichy. Vichy cible essentiellement le derme papillaire, la couche de peau juste en dessous de la surface – l'épiderme – qu'elle a rebaptisé « Derme Source » dans sa communication. Cela implique qu'il est la source de tous vos problèmes de peau et que, en le ciblant avec un extrait de plante, ils peuvent améliorer l'élasticité et l'éclat de votre peau. »

Une marque de beauté peut lancer deux ou trois produits basés sur la même histoire – d'autres suivront éventuellement en cas de succès. Pour une ligne anti-âge, il peut s'agir d'un sérum, d'une crème et peut-être d'un sérum pour le contour de l'œil. Si le produit cible l'hydratation, la gamme peut être élargie pour englober les différents types de peau : sèche, grasse ou mixte. Une gamme peut s'étendre jusqu'à englober dix produits ou plus. « Dernièrement, la tendance est de lancer une gamme avec un sérum », indique Caroline. « On habitue les femmes à appliquer un sérum qui prépare la peau avant les autres soins de beauté. »

Le laboratoire réalise ensuite des échantillons et mène des tests pour voir comment les principes actifs réagissent avec les ingrédients standards d'une crème – l'eau, les conservateurs, les colorants, les arômes et autres agents. Le type de packaging est également déterminé très en amont, notamment parce qu'il arrive que le matériau choisi réagisse mal aux ingrédients (« Je me rappelle d'une crème qui faisait fondre le plastique », se souvient Caroline.) Le packaging est un autre élément vital du *storytelling*, il importe donc de bien le choisir. À ces fins, de nombreuses réunions rassemblent l'équipe marketing, l'agence de design et le fabricant, avec moult débats et ajustements. Il faut fabriquer des moules et réserver les lignes de production dans les usines ; les contenants en verre sont particulièrement longs à produire.

Le chef de produit reçoit ensuite plusieurs échantillons de crème de consistances différentes. « La texture est très importante – nous avons des spécialistes sensoriels qui travaillent exclusivement là-dessus », dit Caroline. « Mais c'est aussi très subjectif. J'ai tendance à toujours aimer le même type de crème. Généralement, quelques-unes d'entre nous les testent pour déterminer quel est le plus populaire. »

En cas de doute, on demande au spécialiste sensoriel de trancher en faveur de la texture la plus agréable d'utililisation.

Une fois l'échantillon validé, la crème est envoyée dans un centre de tests où sont étudiées les réactions des consommateurs. Elle est soumise parmi d'autres produits concurrents à des *blind tests* auprès de volontaires. On demande également à ces derniers d'utiliser la crème pendant quinze jours à un mois, pour qu'ils évaluent la façon dont leur peau réagit (voir plus bas la section « Bienvenue dans la Cosmetic Valley »). Les groupes échantillonnés sont restreints – trente femmes seulement ; c'est ce qui permet aux entreprises d'affirmer que « 80 % des femmes ayant testé le produit ont noté un effet significatif sur leur peau ». Des résultats positifs aux tests fournissent au chef de produit des cartouches pour convaincre les équipes commerciales et marketing – et, en dernier lieu, le PDG de l'entreprise – que la crème mérite bien le temps et l'argent qui lui seront consacrés.

Parallèlement, le chef de produit travaille sur les aspects créatifs du packaging et de la publicité. « On cherche le moyen le plus attractif pour traduire la science en un scénario qui vende les bienfaits du produit au consommateur. »

Un autre contact, cette fois au sein d'une agence de publicité, m'affirme qu'il n'y a pas de grande différence entre travailler sur des produits de beauté et travailler sur des lessives. « Les deux exigent la même compétence », me dit-il. « Il vous faut théâtraliser la science. Avec les lessives, on vous montre comment l'enzyme ou je ne sais quoi absorbe toute la saleté sur vos vêtements. Avec une crème pour la peau, nous vous montrons comment le principe actif entre en réaction avec vos cellules. Il y a toujours une certaine somme de jargon scientifique et probablement une de ces illustrations en gros plan que vous trouvez dans les livres de biologie. »

Le langage du marketing de la beauté a des allures de poésie surnaturelle. « Naturel », « éclat », « sans défaut », « réduit visiblement », « booste », « régénère », « réhausse », « rajeunit », « revitalise », « reconstitue », « exclusif », « breveté », « testé », « prouvé », « perfectionné » : prenez-en une poignée, ajoutez-y quelque jargon scientifique (« cellule » ou « cellulaire » étant des mots compte triple) et, idéalement pour les publicités étrangères, quelques mots de français. De nombreuses marques américaines préfèrent encore utiliser le mot « crème » au lieu de l'anglais « cream » – d'anciennes réglementations avaient en effet interdit l'usage du mot « cream » à moins qu'il ne s'agisse d'un produit laitier.

Les restrictions sur la publicité des produits de beauté sont de plus en plus sévères. L'Advertising Standards Authority (ASA) britannique s'en prend régulièrement aux annonces qu'elle juge douteuses ; les entreprises cosmétiques considèrent conséquemment le Royaume-Uni comme l'un des environnements les plus strictement régulés au monde. « Si votre publicité passe au Royaume-Uni, elle passera probablement n'importe où », m'a confirmé un publicitaire spécialisé dans la beauté.

Les rides corrigées sur ordinateur et les statistiques ingénieusement manipulées, ajoutées aux expressions type « peau visiblement plus jeune » ou « réduit l'apparition des rides légères » ont provoqué des plaintes de consommateurs, généralement soutenues par l'ASA, pressant ainsi P&G, Beiersdorf et consorts de retirer certaines de leurs publicités. Des campagnes pour produits capillaires et mascaras se sont elles aussi retrouvées sous le feu des critiques de l'ASA, qui a accusé L'Oréal et Rimmel, entre autres, d'utiliser extensions capillaires et faux cils – et ceci en dépit des petites lignes dont les publicitaires ont commencé à saupoudrer leurs annonces, visant à relativiser l'effet annoncé. Les marques non britanniques sont fréquemment obligées de réajuster les textes de leurs publicités pour le Royaume-Uni.

L'inquiétude grandit au sein de l'industrie cosmétique quant à cette évolution. Lors de la foire inCosmetics de Munich, en mai 2009, le consultant en cosmétique Chris Gummer a pressé le secteur de « s'adresser fermement aux législateurs ». « Ils se montrent extrêmement impliqués dans nos communications publicitaires et ne comprennent pas vraiment le consommateur », déclarait-il. Il a suggéré aux entreprises cosmétiques de convier chez elles les législateurs et de leur montrer leurs études sur le consommateur. « C'est un domaine de perception, de beauté et d'émotion, et ils doivent savoir comment les consommateurs réagissent réellement à ces produits. »

Chris Gummer est convaincu que les consommateurs savent interpréter les messages publicitaires et ne se laissent pas « avoir ». Il reconnaît en même temps que les entreprises du secteur doivent se montrer plus appliquées quant aux données qu'elles fournissent. Il les incite particulièrement aux tests *in vivo* (sur des sujets vivants) plutôt qu'*in vitro* (en laboratoire uniquement). « L'*in vitro* dira simplement qu'une chose marchera ou pourrait marcher. C'est un guide qui vous permettra d'aborder l'étape suivante, et coûteuse, des essais *in vivo* » (www.cosmeticsdesign.com).

Pour Caroline, la plupart des consommateurs sont des victimes consentantes. « Ils ne sont jamais convaincus à 100 % que ça marchera. Ils ont parfaitement conscience qu'il y a une part de fantasme. »

Ce fantasme est très souvent incarné par une personnalité. Certaines gammes ont leur célébrité attitrée, comme Sharon Stone pour Capture Totale, de Dior, auquel cas il suffit de la photographier pour promouvoir le dernier produit en date. Mais si vous lancez une nouvelle ligne – ou en relancez une ancienne – il vous faut une nouvelle tête. Caroline m'explique : « De vous à moi, je pense que les consommateurs se fatiguent un peu du jeu des célébrités. Ils sont tout à fait conscients qu'elles ne sont en rien, ou très peu, impliquées dans la conception des produits. Mais c'est pour le milieu que c'est important. Si vous lancez sans le soutien d'une star, le secteur pensera que vous n'avez pas confiance dans votre produit. Après tout, le fait que vous soyez prêt à faire un chèque de 8 ou 10 millions de dollars à une personnalité, ça envoie un message. Je pense que c'est important aussi pour la morale d'entreprise. Vous vous dites que tout le stress et les conneries que vous supportez le vaut, parce que vous travaillez dans une industrie glamour. »

La combinaison d'une grande star et d'une histoire scientifique intrigante attire également l'attention de la presse. Caroline admet l'importance des journalistes beauté – et, en particulier, l'importance des récompenses attribuées par les magazines de luxe. En France, le Prix d'Excellence de la Beauté de *Marie Claire* est considéré comme particulièrement prestigieux. Il m'a été rapporté que les propriétaires des grandes marques mettaient la pression sur les magazines au cas où ces récompenses négligeraient leurs produits. Les conglomérats qui possèdent désormais le gros des marques de beauté de luxe usent à ces fins du formidable levier que sont leurs investissements publicitaires.

Assuré d'une bonne couverture médiatique et du visage éblouissant d'une star éclairant une populace crédule du haut de ses panneaux d'affichage, le produit est fin prêt à décoller des rayons. Selon Caroline, le voyage, depuis le concept jusqu'au lancement, dure en moyenne dix-huit mois. Il y a fort à parier que, dans ce laps de temps, le produit fasse un arrêt dans la Cosmetic Valley, pôle français de compétitivité des sciences de la beauté.

Bienvenue dans la Cosmetic Valley

La Cosmetic Valley est plus un concept qu'un lieu – quoiqu'elle soit géographiquement relativement définie, ses unités étant disséminées entre l'Île-de-France, Tours et la Normandie comme autant de gouttelettes de parfum jaillies d'un vaporisateur. Elle compte plus de 200 laboratoires, six universités et plus de 7 700 chercheurs, ainsi que des sociétés approchant tous les aspects de l'industrie de la beauté – c'est la Silicon Valley des secteurs de la parfumerie et des cosmétiques. De nombreuses marques françaises y ont leurs départements de recherche et de conditionnement, et quasiment toutes en ont dépendu à un moment ou à un autre. Selon Jean-Luc Ansel, directeur général de l'association, « 80 % des produits de beauté en vente dans les boutiques de duty-free proviennent de ce groupe. »

Le développement de la Cosmetic Valley commence dans les années 1970, lorsque les entreprises cosmétiques quittent Paris et sa banlieue pour des terrains plus spacieux et moins chers dans les régions avoisinantes. C'est à partir des années 1990 une véritable ruche d'entreprises, mais qui communiquent à peine les unes avec les autres. La Cosmetic Valley a été créée pour développer des formations mutualisées et des initiatives d'embauche, organiser des conférences et des salons professionnels et promouvoir la région comme une entité à part entière auprès des pays étrangers. La croissance s'accélère en 2005 quand la région est nommée « pôle de compétitivité » par le gouvernement français, qui accorde des exonérations fiscales aux compagnies qui s'y implantent. « La Cosmetic Valley joue un rôle important dans le maintien du prestige du "made in France" dans les secteurs du luxe et de la beauté », précise Ansel. « C'est une source d'innovation. »

Alors qu'une grande partie de l'embouteillage et du conditionnement se fait directement dans la région, les scientifiques y étudient également toutes sortes de choses, depuis les effets des plastiques biodégradables sur les principes actifs jusqu'à l'utilisation des ultrasons dans la mesure de la profondeur des rides.

C'est par la Cosmetic Valley que je rencontre Patrick Beau, fondateur du centre d'essais chirurgicaux Spincontrol. Je lui rends visite par une froide matinée d'octobre à Tours, à laquelle les maisons blanches et leurs toits d'ardoises bleues donnent un air quelque peu guindé – mais très plaisant. Spincontrol n'a rien du laboratoire vitré et labyrinthique auquel je m'attends ; c'est une entreprise modeste installée dans un petit immeuble Art déco. L'intérieur est sobre mais fonctionnel, il tient davantage de la clinique de province que du spa de luxe. On est bien éloigné des actrices glamours et des affiches clinquantes pour produits de soins que l'on voit à Paris.

Beau lui-même est détendu et amical, il a les yeux bleu clair et le teint légèrement rouge de celui qui préfère le grand air au confinement d'un laboratoire. Il m'escorte au travers des couloirs et ouvre la porte verrouillée d'une grande réserve. Sur les étagères s'entassent des tubes de plastiques de tailles variées remplis de crème, tous marqués d'un numéro. « Les volontaires ne connaissent jamais le nom de la marque qu'on leur demande de tester » me dit Beau. Il prend un tube au hasard et fixe son contenu. « Même moi je serais bien en peine de vous dire ce que c'est. »

Tous les testeurs sont des volontaires recrutés par bouche-à-oreille ; la base de données de Spincontrol en compte 15 000. Une étude peut prendre de deux mois à un an, selon le produit et les exigences du client. « Nous avons d'abord besoin de savoir quel est leur marché cible et ce qu'ils attendent du produit. Nous leur proposons alors différentes techniques pour arriver à une étude sur mesure et conforme aux règlementations internationales. »

Beau ouvre d'autres portes, qui révèlent des outils variés et invraisemblables : des cadres d'acier équipés de mentonnières, de spots et d'appareils photos. La société se sert de techniques photographiques sophistiquées et de logiciels pour analyser les points noirs sur la peau ou les cernes sous les yeux, ou encore de la « projection de franges » – une technique consistant à projeter de la lumière sur la peau pour en obtenir une image 3D avec une précision microscopique – pour juger l'efficacité des crèmes amincissantes et des traitements anti-rides. « Nous avons été les premiers à apporter la projection de franges en France, il y a dix ans », m'indique Beau.

Il a fondé Spincontrol en 1991 ; la société compte désormais 42 employés en France et a également des équipes en Thaïlande et à Montréal. Il pense désormais à ouvrir des succursales en Inde et au Brésil. « Il y a une demande croissante pour des tests rigoureux car les entreprises cosmétiques font des promesses de plus en plus ambitieuses, alors que dans le même temps, les associations de consommateurs demandent plus de transparence. Les résultats pourraient bien évidemment être remis en question si c'était les marques elles-mêmes qui conduisaient ces tests. » Spincontrol a obtenu une certification ISO ainsi que son homologation officielle par l'AFSSAPS (Agence Française de Sécurité Sanitaire des Produits de Santé) comme « établissement de recherche biomédicales » indépendant. Beau souligne, « Nous sommes impartiaux. Nous ne conseillons pas les marques sur ce qu'elles doivent dire ou ne pas dire. Nous leur fournissons simplement les faits. Ce qu'elles font des données les regardent. »

Je lui pose la question de la taille des échantillons. « Une étude typique implique trente personnes », confirme-t-il. « Mais vous n'avez pas besoin de plus, surtout si vous ciblez un segment de marché très spécifique. Si vous y réfléchissez, plus le groupe testé est petit, plus l'efficacité du produit sera prouvée s'il existe un changement mesurable. »

Il reconnaît que la façon dont les données sont utilisées par les marques peuvent attirer des critiques sur ces dernières. « Il est plus probable qu'ils diront "réduction des rides sur 95 % des femmes testées" que "réduction des rides de 5 %" par exemple. Ils tournent l'histoire à leur avantage. » Je suis surpris d'entendre qu'il peut y avoir un changement réel, mais Patrick Beau m'assure que certaines crèmes ont un impact, parfois même spectaculaire. « En aucun cas, je pense que l'on peut réduire les crèmes à leur efficacité. Elles sont aussi conçues pour procurer du plaisir : packaging, fragrance, texture. Nous avons mené des tests de bien-être qui ont prouvé que l'utilisation de cosmétiques réduisait le stress. » Il pense, toutefois, que les crèmes anti-âge ont commencé à supplanter le maquillage traditionnel. « Autrefois, quand les gens avaient des rides et des rougeurs, ils les cachaient. Mais aujourd'hui, ils espèrent, même sans chirurgie

ASTUCES BEAUTÉ

* Les marques de beauté surveillent en permanence la concurrence et leurs lancements correspondent souvent à des saisies au vol des dernières tendances en matière de principe actif.
* Le lancement d'une nouvelle crème part d'un concept – littéralement, d'une histoire – construit autour des recherches les plus récentes.
* L'habileté des marketeurs de la beauté consiste à « théâtraliser la science » de façon à convaincre les consommateurs que la crème va améliorer leur apparence.
* Les associations de consommateurs, en tête desquelles l'Advertising Standards Authority, au Royaume-Uni – considéré comme le marché le plus régulé – sévissent cependant contre les promesses exagérées des marques de beauté.
* Les produits sont testés par des laboratoires d'essais indépendants, mais les résultats sont bien souvent manipulés dans les messages publicitaires.
* La part de fantasme des marques de beauté est personnifiée par des stars qui leur prêtent leur nom ou leur visage. Le prestige d'une marque, pour ses pairs, dépend également de cette caution apportée par une célébrité.

11

La quête de la jeunesse éternelle

« Vous feriez mieux de dépenser
votre argent dans une bonne bouteille
de Pinot noir. »

Quand Catherine de Médicis arrive à Paris, elle apporte avec elle la cuisine italienne, les soins de beauté de la Renaissance et, dit la rumeur, poignards et poisons. Surnommée « la Reine Noire » par le peuple durant son long mariage avec le roi de France Henri II, elle résiste stoïquement à la tentation d'embrocher la maîtresse de ce dernier, Diane de Poitiers, à qui le roi démontre publiquement son affection – ce sont en effet les couleurs de Diane qu'il arbore lorsqu'une lance lui transperce le cerveau, en plein tournoi.

Après la mort du roi, Diane est bannie de la Cour ; mais Catherine n'aura pas besoin de l'empoisonner : l'ancienne favorite du roi s'en chargera elle-même.

L'erreur de Diane est d'avoir un médecin qui est également apothicaire. Ces pharmaciens de la première heure expérimentent toutes sortes de traitements douteux, notamment l'utilisation du mercure et de l'or comme élixirs de jeunesse. La pseudo-science alchimiste

– qui promet, on le sait, de transformer les vils matériaux en or – donne lieu à de nombreuses superstitions quant à ce métal associé, entre autres, à l'immortalité. On pense en effet que l'or est inaltérable, et que conséquemment toute personne consommant de l'or se voit assurée d'une jeunesse éternelle. Cela semble avoir marché pour Diane : alors qu'elle a vingt ans de plus que le roi, elle paraît avoir le même âge. Un courtisan déclarera, des années plus tard, qu'elle était « aussi fraîche et adorable » que lorsqu'elle avait 30 ans, et que sa peau avait « une belle blancheur ».

En 2008, un toxicologue français du nom de Jöel Poupon a analysé une mèche de cheveux de Diane conservée au château d'Anet, son ancienne demeure, en Eure-et-Loir. Poupon est, en quelque sorte, accro à la résolution de mystères médicaux historiques. Jusqu'à 2005, personne ne savait ce qui avait causé la maladie puis la mort d'Agnès Sorel (1421-1450), maîtresse du roi de France Charles VII, dont elle avait eu trois enfants. Avec son collègue Philippe Charlier, archéologue médico-légal, Poupon établit qu'elle avait été victime d'un empoisonnement au mercure. Celui-ci étant possiblement dû à des soins de beauté, le meurtre n'a pu être établi. En 2008, le même binôme a démontré que les supposées « reliques saintes » de Jeanne d'Arc – des os découverts dans un pot étiqueté dans le grenier d'une pharmacie parisienne en 1867 – étaient en réalité celles d'une momie égyptienne… et d'un chat.

Poupon et Charlier ont ensuite tourné leur attention sur l'énigme de la beauté sans âge de Diane. Sa mèche de cheveux, conservée dans un médaillon, montre une concentration d'or élevée. Poupon en a déduit qu'elle avait consommé régulièrement un élixir d'or – mélange de chlorure d'or et d'éther diéthylique – sous forme de gouttes vraisemblablement versées dans un verre de vin.

« L'or n'est pas très toxique », m'explique Poupon lors de ma visite à l'hôpital Lariboisière, gracieux bâtiment parisien du XIXe siècle dont les galeries voutées entourent un jardin thérapeutique. « Une overdose d'or n'est pas nécessairement fatale. Mais au fil du temps, ça l'a affaiblie. Sa peau était extrêmement fine, ses os fragiles. Sa pâleur éthérée était due à de l'anémie. »

Poupon et Charlier ont également pu étudier les os de Diane, qui reposent désormais à Anet après avoir été jetés dans une fosse commune pendant la Révolution. Les résidus de tissu montraient des traces d'or et de mercure.

« Mon hypothèse est que, comme beaucoup de femmes de son époque, Diane était fascinée par l'alchimie » m'indique Poupon. « Le mot a aujourd'hui une aura de mystère, mais c'était en réalité l'ancêtre de la chimie. Le terme dérive de l'arabe *al-kimia.* »

L'expression vient elle-même du persan *kimia*, « élixir ». La quête du secret de la jeunesse éternelle est en définitive ce qui a perdu Diane de Poitiers, qui meurt à 66 ans – de causes non naturelles.

La peau, un tissu… d'illusions ?

L'or est encore, de nos jours, utilisé comme soin de beauté. Un certain nombre de crèmes affirme en contenir, notamment le Complexe Cellulaire Radiance Or Pure de La Prairie, dans lequel « des peptides spécialement développés rejoignent l'eau colloïdale d'or » et son Soin Cellulaire Or Illusion Correcteur Rides, une « base de maquillage correctrice soyeuse, gorgée d'or ». D'autres marques ont lancé des produits contenant diamants, poudre d'or et « extrait de perle noire ». Aucun n'est dangereux – excepté pour votre compte en banque.

En dépit des conséquences sur sa santé, Diane de Poitiers a sans doute eu raison d'ingérer l'or plutôt que de se l'étaler sur la peau. Aucune crème antiride ne peut inverser le cours du temps. Certaines ont un effet temporaire sur les signes du vieillissement, généralement en gonflant la peau pour dissimuler les rides de surface – un rôle que remplit n'importe quelle crème hydratante de base. Les autres principes actifs ont toute une variété de fonctions. Les peptides stimuleraient le processus de réparation et accroîtraient la production de collagène ou d'élastine, les acides alpha-hydroxylés élimineraient les cellules de peau mortes et donneraient une apparence plus douce à la peau – mais peuvent à haute dose décaper réellement celle-ci –, les antioxydants neutraliseraient les dommages du soleil, la coenzyme Q10 aurait des propriétés antioxydantes, le Retin-A est utilisé dans les traitements contre l'acné mais peut aussi avoir un effet desséchant… la liste est longue.

En 2007, l'association de consommateurs américaine Consumer Reports a testé dix des crèmes antirides les plus vendues du marché sur un groupe de femmes âgées de 30 à 70 ans, durant 12 semaines – soit bien plus longtemps que la durée indiquée par les marques pour l'apparition des premiers résultats visibles. Pour ces tests, Consumer Reports a eu recours à une technologie très similaire à celle que nous avons vue dans le précédent chapitre. Ils ont révélé que les produits atténuaient en effet quelques rides de surface – chez quelques-unes des volontaires – mais que « même les crèmes les plus performantes ne réduisaient la profondeur des rides que de moins de 10 %, une amplitude qui est, hélas, à peine visible à l'œil nu. De plus, les gammes de luxe n'ont pas mieux fonctionné que les marques vendues en supermarché. »

Détail intéressant, quand on a demandé aux femmes leur opinion sur l'efficacité des crèmes testées, elles ont estimé qu'il était difficile de juger, et que leurs avis n'avaient aucun rapport avec les performances objectivement mesurées des produits. Une fois encore, la beauté est dans l'œil de celui qui la regarde… Consumer Reports a depuis mené des tests similaires sur les sérums antirides (« améliorations mineures ») et les crèmes pour le contour de l'œil (« aucune n'élimine les rides »).

C'est Anita Roddick, fondatrice du Body Shop, qui a prononcé la dénonciation la plus saisissante du monde du soin, en 2000 (voir chapitre 18). Prenant la parole lors du Festival de Littérature de Cheltenham, à l'occasion d'une tournée de promotion de son livre *Business as Unusual*, elle déclara : « Les crèmes hydratantes fonctionnent, mais le reste n'est qu'inepties. Il n'y a rien sur cette planète, pas une seule chose, qui effacera 30 ans de disputes avec votre mari et 40 années de maltraitance de l'environnement. Toute chose qui prétend pouvoir éliminer magiquement vos rides est un mensonge scandaleux. » Et d'ajouter, dans un sourire narquois, « vous feriez mieux de dépenser votre argent dans une bonne bouteille de pinot noir » (« "Wrinkle cream is pap", says Roddick », *Telegraph*, 19 octobre 2000).

L'état de votre peau est le résultat d'un cocktail complexe de facteurs incluant la génétique, le régime alimentaire et l'exposition au soleil. Si aucun des marketeurs de produits de soin que j'ai rencontré ne m'a convaincu que ses produits fonctionnaient réellement, tous se sont cependant montrés davantage persuasifs en affirmant que les crèmes pouvaient prévenir les dommages futurs. Édouard Mauvais-Jarvis, chez Dior, l'a ainsi souligné : « Si vous regardez une femme de quarante ans dans les années 1970 et que vous comparez sa peau à une femme de quarante ans d'aujourd'hui, vous verrez une différence spectaculaire. Nous avons fait d'énormes progrès – et les seules choses qui nous empêchent d'en faire plus sont les réglementations. »

En d'autres termes, si les crèmes cosmétiques étaient plus efficaces, elles deviendraient des produits pharmaceutiques et seraient sujettes à des tests bien plus longs et plus stricts.

De façon similaire, Patrick Beau de Spincontrol m'a décrit une photographie qu'il avait observée de deux sœurs jumelles brésiliennes. La première avait passé sa vie à travailler au grand air dans la ferme familiale, la seconde avait quitté le foyer pour une existence plus sophistiquée en ville. Sur la photo, elles n'avaient plus rien de jumelles. « Celle qui avait passé sa vie à peiner sous le soleil aurait pu passer pour la mère de celle qui avait mené une existence de citadine bichonnée. L'environnement fait tout. Le soleil est très dur pour la peau. »

Lors d'un forum en 1989, la marque japonaise Shiseido (voir chapitre 12) avait proposé le terme de « vieillissement réussi » plutôt que « anti-vieillissement », suggérant qu'elle croyait en la prévention plutôt qu'en un remède.

Les consommateurs sont-ils dupes des promesses des marketeurs quant aux crèmes antirides ? Pas nécessairement : une étude de Mintel de 2011 montre qu'aux États-Unis – où le marché des soins anti-âge pèse 832 milliards de dollars – 69 % des consommateurs pensent que « l'âge que vous paraissez est essentiellement génétique, et que les produits extérieurs sont davantage un espoir qu'une aide réelle ». 8 consommateurs sur 10 ont affirmé que le régime alimentaire et l'exercice physique étaient les facteurs les plus importants associés au vieillissement de la peau ; 78 % ont déclaré que l'utilisation d'un écran total était le seul moyen de prévenir les premiers signes de vieillissement. Pour 69 % des sondés, plus vous commencez tôt vos remèdes anti-âge, mieux vous agissez.

Pour l'analyste beauté Kat Fay, « il y a un fossé de taille entre l'opinion et la pratique. Alors qu'il n'existe aucune garantie en matière d'achat de soins anti-âge, la plupart des femmes achètent quand même le produit en espérant des résultats visibles. Elles adoptent l'approche "Mieux vaut essayer quelque chose que ne rien faire du tout". »

Seulement 24 % des consommateurs américains ont rapporté utiliser des produits de soin anti-âge. « Les répondants entre 25 et 54 ans sont ceux qui ont montré la plus grande propension à utiliser des produits de soin aux propriétés anti-âge, réduisant les rides ou rajeunissant la peau », ajoute Kat Fay. « C'est logique, car à 25 ans de nombreuses personnes voient apparaître les premiers signes du vieillissement et veulent prévenir les signes futurs. À l'âge mûr ils tentent d'inverser ces signes, et après 55 ans ils se sont résignés au processus de vieillissement et sont moins enclins à dépenser pour cela. »

Une fois qu'elles sont apparues sur votre visage, vos rides peuvent être éradiquées de façon temporaire grâce à des injections (de produits de comblement comme le collagène ou de relaxant musculaire comme le Botox), ou de façon permanente avec la chirurgie.

Mais il y a peut-être une autre solution au problème du vieillissement… Tiens, que pensez-vous de l'immortalité par exemple ?

Ticket pour l'éternité

Il est peu de villes aussi agréables que la provençale Arles. Que vous déambuliez dans une lumière incroyablement cristalline le long des remparts qui bordent les eaux vertes du Rhône, ou que vous sirotiez un verre de rosé sur une terrasse de la place du Forum alors que le soleil couchant teinte d'ocre les façades anciennes, vous avez l'impression que la vie ici pourrait toujours être plus chaude, plus lente, plus simple – meilleure, tout simplement.

Et sans doute est-ce vrai, car Arles a hébergé la plus vieille femme de l'humanité. Jeanne-Louise Calment y est morte en 1997 à l'âge de 122 ans et 164 jours. Elle a rencontré Van Gogh quand elle avait 13 ans. Elle avait déjà 39 ans lorsque la Première Guerre mondiale a éclaté ; elle a fumé deux cigarettes par jour entre ses 20 et ses 120 ans, lorsque le médecin lui a conseillé d'arrêter. Elle aimait le chocolat et un verre de porto de temps en temps. Elle avait épousé un homme riche et n'a jamais travaillé. À 92 ans, elle a vendu en viager son appartement à un avocat… qui mourut avant elle.

Jeanne Calment attribuait sa longévité à l'huile d'olive – dont elle assaisonnait ses plats et avec laquelle elle se massait le visage – et à une philosophie simple. « J'ai pris du plaisir dès que je le pouvais. J'ai agi clairement et moralement, sans regret. J'ai eu beaucoup de chance. » Elle n'a jamais manqué d'esprit, même à la fin de sa vie. « Je n'ai toujours eu qu'une seule ride, et je suis assise dessus », disait-elle. Quand, dans ses dernières années, on la saluait en disant « A l'année prochaine, peut-être », elle répondait, « Je ne vois pas pourquoi – tu m'as l'air en pleine forme ! » (« Jeanne Calment, world's elder, dies at 122 », *New York Times,* 5 août 1997).

C'est peut-être ça le secret de la longévité : le sens de l'humour !

Tout le monde ne se contente pas de rentrer tôt à la maison pour louer une comédie romantique et s'évader dans le porto et l'huile d'olive. La quête de l'immortalité est un business sérieux ; nombre de médecins, scientifiques et futuristes ont publié sur le sujet et apparaissent régulièrement dans les circuits de conférences pour partager leurs théories.

En tête de cet étrange peloton arrive Aubrey de Grey qui, au moins, a le nom de l'emploi. Reconnaissable à une barbe qui ferait pâlir d'envie Mathusalem, de Grey est un ancien de Cambridge et un chercheur non-conformiste qui soutient que le vieillissement n'est pas une fatalité. Il est convaincu qu'il est possible d'identifier les composants qui amènent les tissus humains à décliner et de les réparer. S'appuyant sur sa formation d'informaticien, il décrit ce phénomène comme « un problème d'ingénierie ». Pour de Grey, le premier homme à vivre jusqu'à 1 000 ans est, peut-être, déjà né.

Je vous entends pouffer d'ici, mais laissez-moi vous dire que de Grey n'est pas le seul excentrique du genre. Il a fondé en 2009, avec une équipe de soutien, la Fondation SENS (www.sens.org), déclarée comme œuvre de bienfaisance, qui « travaille à développer, promouvoir et assurer un large accès aux biotechnologies du rajeunissement qui traitent toutes les défaillances et maladies causées par le vieillissement » – il s'agit en d'autres termes de médecine régénérative qui répare l'usure qui nous fait vieillir. La Fondation soutient tout un réseau d'étudiants et de chercheurs.

SENS est l'acronyme de Strategies for Engineered Negligible Senescence. La Fondation se propose de cibler directement les causes du vieillissement – De Grey en a identifié sept d'entre elles, dont la mort des cellules, leur atrophie et les mutations de l'ADN entraînant le cancer – dans l'espoir de les contrer de façon systématique.

Les idées de de Grey sont, inévitablement, controversées mais les scientifiques qui le critiquent ne parviennent pas à s'en débarrasser. En 2005, le magazine *Technology Review* du MIT offrait une récompense de 20 000 dollars (la moitié de la somme étant allouée par de Grey lui-même) pour tout scientifique moléculaire capable de prouver que le propos de SENS est « si erroné qu'il n'est pas digne d'un débat éclairé. » Le sujet du concours était de « déterminer si les propositions de de Grey relevaient de la science ou de la fantaisie ». Personne ne gagna, et à l'heure où sont écrites ces lignes, la somme est toujours en jeu. Tout ce que les critiques de de Grey ont pu produire de mieux était que ses idées étaient « quelque peu fantaisistes ».

Écrivant au nom des jurés, Nathan Myhrvold, cofondateur et directeur exécutif de Intellectual Ventures et ancien directeur des technologies chez Microsoft, formulait : « Il arrive de temps à autre que des idées radicales s'avèrent vraies. En réalité, ces exceptions sont souvent les découvertes scientifiques les plus capitales » (« Is defeating aging only a dream ? », *Technology Review*, 11 juillet 2006).

De Grey nie pour sa part être un « marchand d'immortalité ». Il ne veut simplement pas que les gens tombent malades. Voici ce qu'il déclarait récemment au *Guardian* :

> Mon métier n'est pas la longévité, mon métier est de garder les gens en bonne santé. La seule différence entre mon travail est celui de la profession médicale dans son ensemble est que nous sommes loin devant eux pour ce qui est de garder les gens en tellement bonne santé qu'ils se réveillent à 90 ans dans le même état physique que quand ils en avaient 30, et que la probabilité qu'ils ne se réveillent pas un matin n'est pas plus élevée que quand ils en avaient 30 (« Aubrey de Grey : We don't have to get sick as we get older », 1er août 2010).

La publicité générée par les recherches « non-scientifiques » de de Grey est tout aussi remarquable. Comme il le dit lui-même, « la plupart des scientifiques bénéficieront d'une véritable couverture médiatique environ deux fois dans toute leur carrière, parce qu'ils auront effectivement mené une expérience intéressante. Moi, je ne fais même pas d'expériences, pas vrai ?... et je suis dans les médias à longueur de temps. »

C'est comme les crèmes antirides : il semblerait qu'on veuille y croire...

Inventeur brillant – il a conçu à 13 ans, et à partir des composants d'un téléphone, une machine qui calculait des racines carrées, et par la suite a appris aux ordinateurs à reconnaître et lire des textes à voix haute – Ray Kurzweil propose, question immortalité, une autre initiative. Pour lui, la technologie peut nous permettre de vivre éternellement. Seul inconvénient : nous serons tous des ordinateurs.

La théorie de Kurzweil est basée sur une notion appelée « singularité ». L'expression sert, à la base, à décrire un lieu dans lequel les lois de la nature telles qu'on les accepte cessent de s'appliquer – l'existence d'un horizon dans un trou noir par exemple. Le terme a par la suite été associé à la vitesse époustouflante des avancées de la technologie. Quiconque a vu les films *Terminator* est familier de cette théorie : il existe un moment où les ordinateurs deviendront si intelligents qu'ils créeront d'autres ordinateurs plus intelligents encore, qui prendront le contrôle de la planète et renverront l'humanité sur son banc de touche. « La singularité », c'est ce moment où les machines parviennent à se reproduire.

Kurzweil a une vision moins dystopique du futur. Il ne doute pas que d'ici 2029, nous aurons réussi à faire la rétro-ingénierie du cerveau humain, nous permettant de créer le logiciel nécessaire à la construction d'un ordinateur qui pense comme un être humain, jusqu'à en ressentir les émotions. La puissance informatique croissant exponentiellement (elle double chaque année), cette nouvelle génération de super-ordinateurs sera inévitablement bien plus intelligente que nous.

Mauvaise nouvelle ? Pas forcément. Kurzweil souligne que, si l'intelligence de l'homme sera dépassée, sa conscience continuera d'exister. Plutôt qu'une relation de maître à esclave, l'inventeur envisage la singularité comme un partenariat. Les humains intégreront les ordinateurs à leurs corps pour former des êtres hybrides, qui vivront naturellement plus longtemps que leurs ancêtres 100 % biologiques. L'intelligence artificielle permettra d'accroître les capacités de nos cerveaux. Des nano-ordinateurs, à l'intérieur de nos corps, se chargeront de réparer ce qu'Aubrey de Grey nomme les « dommages » du vieillissement.

Kurzweil prédit que d'ici le début des années 2030, la majorité de nos organes internes, faillibles, auront été remplacés par de minuscules robots. Nous aurons « éliminé le cœur, les poumons, les globules rouges et les globules blancs, les plaquettes, le pancréas, la thyroïde, les reins, la vessie, le foie, le bas-œsophage, l'estomac, l'intestin grêle et le gros intestin. Nous resteront à ce point le squelette, la peau, les organes sexuels, les organes sensoriels, la bouche, l'œsophage haut et le cerveau (« Futurist Ray Kurzweil pulls out all the stops – and pills – to live to witness the singularity », *Wired*, 24 mars 2008).

C'est donc dans le recoupement des théories de de Grey et Kurzweil qu'il faut chercher l'immortalité. La médecine régénérative permettra à chacun d'entre nous d'atteindre l'âge vénérable de Jeanne Calment, âge auquel nous serons alors en mesure d'améliorer nos enveloppes corporelles grâce à la technologie. Du moins, certains d'entre nous le pourront… Car la théorie soulève aussi le spectre d'une élite d'immortels nantis régnant sur un troupeau de serfs obsolètes. La singularité a déjà engendré une spécialisation poussée de la médecine, dans laquelle des conseillers spécialisés dans le bien-être expliquent à leurs clients comment vivre suffisamment longtemps pour passer la « première passerelle » vers des âges hautement canoniques – et patienter ainsi que la technologie ait résolu le problème de la mortalité.

Heureusement, il y a fort à penser que la singularité ne relève que de la science-fiction. Les recherches des précédents spécialistes de l'immortalité se sont avérées semble-t-il infructueuses, en attestent leurs pierres tombales…

Quoi qu'il en soit, la perspective de vivre éternellement est-elle réellement si séduisante ? Peu de temps avant sa mort, on demandait à Jeanne Calment si elle aimerait vivre jusqu'à la fin du siècle.

« Non, répondit-elle. J'en ai eu assez. »

ASTUCES BEAUTÉ

* Le marketing de la beauté est essentiellement basé sur la quête de la jeunesse éternelle – le désir profond de vivre vieux.
* Les belles de la Renaissance, telles Diane de Poitiers, pensaient que boire des élixirs d'or leur assurerait une apparence de jeunesse. L'or est encore utilisé aujourd'hui dans certains produits de beauté.
* Bien que les crèmes hydratantes améliorent véritablement l'aspect de la peau, les preuves restent insuffisantes de l'efficacité réelle des soins antirides, qui bénéficient toutefois d'un effet placebo.
* Les consommateurs se méfient des promesses marketing des crèmes antirides, mais considèrent que faire quelque chose est toujours mieux que de ne rien faire : il s'agit « davantage d'un espoir que d'une aide réelle ».
* Ils s'accordent à penser que les crèmes peuvent prévenir des dommages cutanés futurs, et plus particulièrement ceux liés à l'exposition au soleil.
* La peur de vieillir a engendré un « business de l'immortalité » dans lequel médecins, scientifiques et penseurs envisagent les différentes façons de prolonger la vie.
* Environ 100 milliards d'individus ont vécu sur cette planète jusqu'à ce jour. À notre connaissance, le plus vieux d'entre eux n'a vécu que 122 ans !

12

Quand la beauté se mondialise

« L'inégalité est inscrite sur notre corps. »

« Si nous voulons devenir une marque mondiale, nous n'avons pas d'autre choix que d'adapter nos produits aux différentes cultures et aux différents types de peau », affirme le docteur Olivier Courtin-Clarins, l'un des deux frères à la tête de la marque française de cosmétiques Clarins. « Savez-vous quel est le pourcentage de Blancs sur Terre ? » Je m'aventure : 25 % ? Mon interlocuteur secoue la tête, sourit et lève trois doigts : « 3 %. On ne va pas aller bien loin si on adresse nos produits exclusivement aux femmes blanches. »

Clarins cite comme source de ce chiffre l'Institut National d'Études Démographiques français. Mais que désigne le terme provocant de « Blanc » ? Celui dont la généalogie est essentiellement européenne ? Ou, plus simplement, tout individu à la pigmentation claire ? Courtin-Clarins mentionne le terme « caucasien », mais même celui-ci reste difficile à définir. Les chiffres que j'ai pu trouver sur Internet, de sources trop peu fiables pour être citées ici, sont plus proches de mon estimation : environ 20 % – et cette proportion est en train de diminuer. On dit que le pourcentage de « Blancs » dans le monde pourrait passer sous la barre des 10 % d'ici 2040.

L'ironie est savoureuse : l'industrie cosmétique va devoir s'adapter à cette réalité alors qu'elle est responsable de l'établissement de clichés de la beauté – grande, mince, peau claire – dont la persistance est visible aujourd'hui encore. À la fin du XIXe siècle et au début du XXe, les entreprises de cosmétiques et de savons occidentales ont importé en Asie et en Afrique l'attitude coloniale qui associe la peau claire à la civilisation et à la propreté. Par la suite, l'industrie de la beauté et Hollywood ont uni leurs forces pour propager l'idéal de la bombe blonde – et tout cela, des années avant que le marketing des cosmétiques ne reformule ses messages pour y inclure une palette plus large de couleurs de peau et d'ethnies… mais le mal était déjà fait.

Une chose est certaine : les entreprises de beauté d'aujourd'hui sont infiniment plus souples qu'elles ne l'étaient il y a 40 ans. Rien qu'aux États-Unis, la situation s'est profondément modifiée ; la première étape significative vers la reconnaissance des femmes noires comme cible potentielle distincte remonte à 1973, avec le lancement des Fashion Fair Cosmetics par le regretté John H. Johnson, également fondateur du magazine *Ebony*. Initialement commercialisée chez Marshall Field's (aujourd'hui Macy's) à Chicago, la marque s'est ensuite développée au Royaume-Uni et en France, où elle a ouvert un stand au Printemps, à Paris, en 1984. Marchant sur les traces de cette marque pionnière, Maybelline, Max Factor, Revlon et L'Oréal se mettent dès les années 1980 à concevoir des produits pour le marché afro-américain.

Pourtant, il faut ici rappeler que les experts du maquillage avaient lancé leurs propres lignes dans les années 1990 en partie parce que la gamme des couleurs existant sur le marché ne reflétait pas la grande variété des carnations américaines – et, d'ailleurs, internationales – qu'ils rencontraient dans leur travail. Bobbie Brown s'est fait connaître grâce à une couverture du *Vogue* américain avec le mannequin noir Naomi Campbell ; François Nars a choisi le mannequin noir Alek Wek pour sa première campagne de publicité. Aucun des modèles n'avait été recruté avec l'intention expresse de cibler un public noir.

Les attitudes envers les races et la beauté se sont transformées, mais les entreprises cosmétiques traditionnelles ont évolué lentement. Elles n'ont fait qu'étendre à l'étranger la perception étroite de la beauté qu'elles avaient imposée à leur propre marché ; un comportement qui a permis à des marques locales d'assimiler leurs idées et de les adapter plus efficacement aux goûts locaux.

Japon : un géant s'éveille

Ils les appellent les *kurofune*. Ce sont les navires noirs : le *Mississippi*, le *Plymouth*, le *Saratoga* et le *Susquehanna* – la flotte armée du Commandant Perry qui pénètre dans la baie de Yokohama le 14 juillet 1853. Perry a la charge de faire pression sur le Japon pour que ce dernier s'ouvre à l'Ouest et mette fin à la politique d'isolationnisme qu'il pratique depuis plus de 200 ans. Pour souligner son effet, le commandant met en scène des funérailles en mer, faisant retentir en guise d'hommage les canons de ses navires. Un an plus tard, le Japon signera un traité avec les États-Unis... C'est ainsi, sous la menace des armes, que débute l'occidentalisation du Japon.

À partir de 1868, le gouvernement japonais s'embarque dans une série de réformes politiques, économiques et culturelles visant à « rattraper » l'Ouest. La beauté s'en trouve impactée : les femmes abandonnent progressivement leurs pratiques traditionnelles de noircissement des dents et d'épilation complète des sourcils, quoiqu'elles continuent à s'éclaircir le teint. Elles parviennent à faire évoluer leur apparence vers les charmes éthérés d'un idéal qui sera repris des années plus tard dans les grands yeux des personnages de manga.

Inévitablement, P&G entre en scène, apportant son message d'hygiène comme marque de la civilisation occidentale, auquel adhèrent les consommateurs japonais les plus aisés. (P&G rachètera par la suite un atout majeur du Japon, SK-II, lancé en 1980 par Max Factor et basé sur un principe actif découvert lors de la fabrication du saké.)

Apparaît cependant un entrepreneur visionnaire local, qui répond aux attentes des Japonais en quête d'un style occidental. Il s'appelle Arinobu Fukuhara et ouvre en 1872 la pharmacie Shiseido dans le quartier de Ginza, à Tokyo. Séduisant une clientèle nantie, Fukuhara utilise sa pharmacie pour lancer une série de produits révolutionnaires : la première pâte de dentifrice japonais (on utilisait précédemment de la poudre) en 1888, la lotion pour la peau Eudermine en 1897 (toujours commercialisée aujourd'hui, avec le ruban rouge emblème de la marque autour du bouchon) et en 1906 la première poudre au ton « naturel », qui vient se substituer au produit blanc qu'affectionnaient alors les femmes.

Dans le même temps, le fils de Fukuhara, Shizo, photographe, parcourt l'Europe et les États-Unis, s'immergeant dans ces cultures étrangères. À son retour, il travaille avec son père pour faire bénéficier l'entreprise familiale de son expérience. Il en résulte la création, en 1916, d'une entité cosmétique à part entière, complétée par une boutique à l'enseigne de la marque non loin de la pharmacie originelle. Autre étape importante, la création d'un département d'architecture d'intérieur, où travaillent de jeunes artistes ambitieux dont le style gracieux s'inspire des illustrations observées dans les magazines parisiens. Grâce à ce département naissent un nouveau logo Art déco en forme de camélia et toute une gamme de packaging reconnaissable à ses arabesques. L'entreprise acquiert bientôt une réputation de mécène pour jeunes artistes : elle inaugure à son siège en 1919 une galerie, qui existe toujours et a depuis sa création hébergé plus de 3 000 expositions et présenté le travail de plus de 5 000 artistes.

Shiseido prend le statut de SA en 1927 ; Shizo en est le premier président. L'entreprise s'applique, au cours des années suivantes, à suivre ses cinq principes de management : 1) la qualité avant tout – l'excellence absolue est recherchée dans toute création ; 2) la coexistence et la co-prospérité – toute personne associée à Shiseido doit en retirer un bénéfice ; 3) le respect du consommateur ; 4) la stabilité – respect envers les performances passées de l'entreprise et choix d'objectifs intelligents pour le futur; 5) la sincérité – la loyauté et l'honnêteté sont les principes fondamentaux des affaires.

Ces principes ont inspiré la majorité des innovations de Shiseido, et notamment son approche visionnaire de la fidélisation du consommateur avec la création du Club Camélia et d'un magazine mensuel. Lorsque les pharmacies s'engagent dans une guerre des prix pour attirer les consommateurs, Shiseido lance son propre système de distribution, imposant ainsi un prix fixe aux détaillants qui commercialisent ses produits. Non seulement cette démarche protège le statut haut de gamme de la marque, mais elle sécurise en plus les marges du fournisseur comme du revendeur et relève le niveau des enseignes et de la marque auprès des consommateurs.

La mondialisation de l'industrie de la beauté est ralentie au cours de la première moitié du XXe siècle par la tourmente et les conflits internationaux. Shiseido se lance sur le marché américain en 1935 en signant un accord avec le magasin de luxe Mark Cross, mais doit y suspendre ses activités lorqu'éclate la Seconde Guerre mondiale. Ce n'est que dans les années 1960 que l'entreprise peut reprendre son expansion internationale : Shiseido retourne alors aux États-Unis et pénètre pour la première fois en Europe – en Italie plus précisément.

Ayant vendu à ses clients japonais un idéal occidental de la beauté, Shiseido renverse ingénieusement cette idée avec le lancement en 1964, aux États-Unis et en Europe, d'un parfum baptisé Zen. L'Occident s'intéresse de plus en plus aux pratiques de santé « orientales », comme l'acupuncture et le yoga, ainsi qu'à la décoration japonaise : les fleurs et brins d'herbe sur fond noir du flacon sont conçus pour assouvir la vision américaine de l'art nippon.

Le rapport à la beauté japonaise évolue au sein même du Japon. Le type « occidental » est dans les années 1970 encore très à la mode, et Shiseido opte dans ses publicités pour des mannequins métisses. La marque choisit toutefois en 1973 le modèle Sayoko Yamaguchi, une beauté typiquement japonaise aux yeux en amande et aux cheveux noir corbeau, pour incarner sa collection parisienne. Sayoko restera le mannequin exclusif de Shiseido jusqu'en 1988 et contribuera à renforcer l'idée que la beauté japonaise est aussi désirable que la beauté occidentale.

Contrairement aux nouveaux entrants, qui veulent eux aussi conquérir ce qui est désormais le second marché de la beauté au monde, les marques japonaises sont passées maîtres dans l'art de mêler concepts locaux et occidentaux, aboutissant à un résultat tout à fait unique. Nous avons déjà évoqué le pionnier de la beauté Shu Uemura, expert du maquillage à Hollywood. Il devient en réalité le Max Factor japonais en ouvrant en 1965 un studio de maquillage pour enseigner aux consommateurs japonais, fondus de films hollywoodiens, les techniques de beauté américaines. Sa philosophie de simplicité et de pureté est toutefois résolument japonaise. Ayant souffert de la tuberculose dans sa jeunesse, Uemura associe depuis la beauté à la santé et au bien-être.

Shiseido reflète la même croyance : son Centre de Qualité de Vie Beauté donne lui aussi des conseils sur les techniques de maquillage à celles et ceux qui ont des problèmes de peau, comme des taches de naissances ou des cicatrices. Il explique également aux médecins et travailleurs sociaux la manière dont les cosmétiques et les soins de la peau peuvent influer sur la qualité de vie. Pour résumer, la marque prône le message que les produits de beauté ont des bienfaits à la fois physiques et émotionnels.

Autre entrant du marché, la marque Kanebo, une entreprise textile ayant introduit des produits de soin et de cosmétiques dans ses magasins au cours des années 1960 et contrôlant, dix ans plus tard, un cinquième du marché.

Leur approche figée des idéaux hollywoodiens de la beauté pénalise dans un premier temps les sociétés occidentales, qui font face aux approches plus nuancées des marques locales. Elles se lancent toutefois rapidement dans l'un des secteurs les plus important du marché asiatique de la beauté : celui des crèmes blanchissantes.

Sois pâle et tais-toi !

Comme nous l'avons vu au chapitre 1, l'attirance pour les peaux claires remonte à des millénaires. Pour en donner un résumé simpliste, disons que ces dernières sont associées aux couches supérieures de la société se languissant dans leurs palais ombragés pendant que les paysans peinent dans les champs – un préjugé certainement renforcé par les gouverneurs blancs de l'ère coloniale. En Inde, la situation est rendue plus complexe encore par la stratification sociale stricte du système des castes, qui place en bas de l'échelle les individus à la peau sombre. Répercussion perturbante, les femmes à la peau claire sont plus désirables, qu'il s'agisse d'un contexte sentimental ou professionnel.

Il n'est donc pas étonnant que ce soit en Inde qu'ait été créée la plus célèbre crème blanchissante au monde, Fair & Lovely, lancée en 1978 par Hindustan Lever (aujourd'hui Hindustan Unilever Ltd). Quoique les actionnaires soient en partie indiens, la compagnie est détenue à 52,1 % par le conglomérat anglo-néerlandais Unilever, le créateur de la campagne Dove « Pour toutes les beautés ». La stratégie marketing de Fair & Lovely en Inde n'a pas changé depuis ses débuts : elle promet une peau plus claire en l'espace de quelques semaines – le site web précise à ce jour « une blancheur éclatante inégalée en seulement 4 semaines » – et est incarnée dans ses campagnes par des stars de Bollywood. Internationale depuis les années 1980, la marque est aujourd'hui commercialisée en Asie, au Moyen-Orient et en Afrique.

Hindustan Unilever affirme que Fair & Lovely est sans danger et ne contient aucun composant nuisible voire interdit comme de l'hydroquinone, des stéroïdes ou du mercure. Sa formule brevetée est basée sur un actif blanchissant appelé nicotinamide (de la vitamine B3, utilisée également pour soigner l'acné) mélangé à des filtres anti-UVA et UVB. Eh oui : Fair & Lovely marche aussi parce que ses utilisateurs sont assurés de ne pas bronzer !

Aussi détestables que soient ses implications, Fair & Lovely est un succès colossal qui a engendré de nombreuses imitations. Pratiquement toutes les grandes marques ont désormais dans leur gamme un produit blanchissant : L'Oréal (White Perfect, « NOUVEAU, combat la mélanine »), Yves Saint Laurent (White Mode Crème Rénovatrice Éclaircissant Nuit), Dior (Diorsnow, Crème Éclaircissante), Shiseido (White Lucent), Clarins (White Plus HP), etc. Chanel a lancé un 2001 un produit baptisé Précision Blanc Pureté, suivi en 2008 de la gamme White Essentiel. Son dernier produit en date s'appelle tout simplement Le Blanc, qui « éclaire le teint d'un subtil halo de lumière et illumine le visage en transparence pour un éclat instantané du teint ». La publicité quasi invisible de ces produits sur les marchés occidentaux trahit leur nature controversée...

La question est désormais de savoir si ceux qui vendent ces produits n'empêchent pas l'émergence d'une vision plus large de la beauté en continuant à véhiculer l'idée qu'une peau blanche reste préférable. Dans un article pugnace paru dans la newsletter démocrate *Counterpunch*, Amina Mire décrit le commerce des crèmes blanchissantes comme un « racisme marchand » et se montre particulièrement choquée par une publicité pour la crème Bi-White de Vichy, dans laquelle « une femme semble-t-il asiatique retire sa peau sombre avec une fermeture éclair. Sa peau foncée est remplacée par une peau « lisse », « éclaircie » et sans défaut. Ce qu'implique cette image est brutal et glaçant. La peau noire est fausse, sale et laide. La blancheur est authentique, saine, propre et belle » (« Pigmentation and empire », 28 juillet 2005).

En 2008, Brinda Karat, femme politique et membre de la All-India Democratic Women's Association, dénonçait également ces produits, soulignant que « dénigrer les peaux sombres est du racisme pur et simple ». Le ton monte à l'occasion d'une mini-série de spots publicitaires créée pour une gamme de Hindustant Unilever au nom alarmant de White Beauty. « La mini-série populaire de spots pour la crème blanchissante met en scène l'idole Saif Ali Fhan préférant la starlette à la peau claire Nehan Dhupia à son ancienne petite amie

Priyanka Chopra, célébrée à Bollywood pour son « teint sombre comme du froment ». On voit alors une Chopra éperdue et en fuite, se tournant désespérément vers la crème White Beauty en espérant qu'il lui donnera une peau plus blanche et plus attractive pour Khan le quadragénaire » (« Criticism in India over skin-whitening trend », 10 juillet 2008).

Hormis ces flambées médiatiques occasionnelles, peu de signes attestent d'un changement des comportements, que ce soit en Inde ou dans n'importe quel autre pays où les produits blanchissants sont populaires. La notion qu'une peau claire est forcément désirable est aussi profondément ancrée dans ces sociétés que l'idée occidentale selon laquelle une peau bronzée est synonyme de loisirs et de bonne santé, en dépit des preuves écrasantes qu'il s'agit en réalité d'une peau abîmée.

La nature brésilienne

Et puisqu'on parle de peaux bronzées, le Brésil est le pays le plus étroitement associé dans l'esprit du consommateur occidental à la vie à la plage, pour ne rien dire de la culture du corps. Les spécialistes marketing européens et américains m'ont également confié qu'il représentait le plus grand défi pour leurs marques, en raison de la grande variété de types de peau qui y cohabitent. Ce phénomène a engendré le développement de l'industrie brésilienne de la beauté, dont l'impact commence à se faire sentir à l'étranger.

Comme le souligne le cabinet d'observation des tendances WGSN, « les marques brésiliennes sont en passe de prendre l'avantage sur la tendance mondiale croissante des produits "naturels" et "éthiques" » (« Brazilian beauty targets the world », 4 janvier 2008). À la tête de la charge, la marque Natura, partie en 1969 d'un simple magasin à Sao Paulo monté par Luiz da Cunha Seabra à l'âge de 27 ans. Doté d'une formation en économie, le jeune homme est employé au siège brésilien de Remington Electric Shavers lorsqu'il décide de se lancer dans le secteur du soin de la peau. Aujourd'hui encore, il met l'accent sur les ingrédients naturels contenus dans ses produits – une tradition d'entreprise veut qu'il promeuve la marque en offrant une fleur et sa carte aux passants.

Luiz est doué pour les relations clientèle ; il prend le temps d'expliquer ses recettes de beauté aux visiteurs de sa boutique. De là part le tournant le plus important dans l'histoire de l'entreprise : l'abandon de la distribution traditionnelle au profit du porte-à-porte, ou « vente directe », à l'instar d'Avon qui demeure son plus grand rival. Cette étape transforme l'entreprise qui gère, dès le milieu des années 1980, un réseau de 16 000 commerciaux indépendants – appelés « consultants » – et une croissance de 40 % par an. En recrutant des équipes motivées, qui démontrent les bienfaits des produits aux clients lors d'entrevues particulières, dans le confort de leur propre maison, la société crée un lien humain entre la marque et sa cible dont peu de ses concurrents peuvent se prévaloir.

Seabra s'associe ensuite avec Guilherme Peirao Leal, un revendeur, et Pedro Luiz Passos, un ingénieur qui prend en charge la production. Ils lancent en 1986 un produit anti-âge appelé Chronos – le premier du marché à promouvoir le renouvellement cellulaire – dont il se vend 90 000 unités en moins de deux mois. La gamme est développée pour embrasser une large variété de solutions de soins. Dans le même temps, Natura se développe au Portugal, en Argentine et au Chili, tout en faisant face sur son propre marché à l'arrivée des multinationales : les ventes de cosmétiques passent de 2,6 à 5,7 milliards de dollars entre 1992 et 1996… ce à quoi Natura réplique en lançant plus de cent nouveaux produits (source : Hoover, fiche « Natura Cosméticos SA).

Outre son approche innovante de vente directe, l'entreprise bénéficie des centres d'intérêt extrêmement variés de son fondateur, parmi lesquels figurent le bouddhisme, le taoïsme, les écrits de Carl Gustav Jung et les théories du management de Peter Drucker. Seabra est un des premiers à adopter des pratiques « durables », s'assurant avec soin qu'aucun de ses fournisseurs n'ait recours au travail des enfants et investissant une partie de ses bénéfices dans des projets sociaux. Il lance les produits rechargeables dès 1983 ; les vendeurs sont payés en moyenne 16 fois plus que le salaire minimum, reçoivent des parts de l'entreprise et sont régulièrement formés sur les dernières avancées en matière de soin de la peau. Natura reste présente auprès des consommateurs grâce à son centre d'appel, qui répond aux questions de ses consultants comme à celles de ses clients.

Seabra n'a pas peur de suivre son instinct : il lance, contre l'avis de ses chercheurs, une gamme de produits pour bébés, Mamãe e Bebê. À l'instar de Shiseido, il est convaincu que les cosmétiques sont essentiels au bien-être et à l'estime de soi. Natura appelle cela *bem estar bem,* « il est bien d'être bien ». La marque se garde de faire des promesses exagérées, indiquant qu'elle vise à prévenir les signes du vieillissement plutôt que de promettre un rajeunissement. Bien avant Dove, elle embauche pour ses campagnes des femmes ordinaires, et non des mannequins.

En 2000, Natura possède un portefeuille de plus de 300 produits incluant parfums, produits de soin de la peau, cosmétiques de couleur, articles de toilettes, produits pour enfants et nourrissons et compléments nutritionnels. Les innovations sont conçues depuis l'un des plus grands centres de recherche du pays. L'entreprise rachète en 1999 Flora Medicinal J. Monteiro da Silva, dont le concept repose sur les pouvoirs curatifs des plantes brésiliennes. Il découle de ce rachat le lancement en 2000 de la gamme de soins corporels Ekos, qui contient des ingrédients naturels issus des forêts tropicales humides du pays et achetés selon les règles du commerce équitable. Pour l'entreprise, c'est là un moyen de ralentir la déforestation.

Natura entre à la bourse de Sao Paulo en mai 2004. Elle se développe en Europe au cours de l'année suivante avec l'ouverture d'une boutique à Paris, rive gauche – elle est l'une des premières marques à mêler ainsi les privilèges du luxe à une offre naturelle et durable, anticipant la tendance qui prendra la tête du marché de la beauté à la fin de la décennie (voir chapitre 18). L'entreprise bénéficie aujourd'hui d'un réseau de 800 000 « consultants » au Brésil, en Argentine, au Chili, au Pérou, en Colombie et en France – un score honorable quand on se rappelle qu'elle a démarré avec 70 vendeurs ! Détail amusant pour les aficionados de l'image « Sea, sex and sun » du Brésil, l'un de ses produits les plus populaires est une cire épilatoire pour le maillot.

Empruntant sa réplique à Natura, une poignée de marques brésiliennes a exploité son côté naturel et ses origines pour se lancer sur les marchés étrangers, démarche activement encouragée par l'ABIHPEC, l'Association brésilienne des produits de toilette, de la parfumerie et de la cosmétique. WGSN a par exemple identifié Brazilian Fruit, une gamme de produits de bain et de soins du corps « à base de fortes concentrations de beurres et d'huiles naturelles amazoniens. » Lors de son lancement sur les marchés français et britannique en septembre 2007, sa directrice, Veronika Rezzani déclarait : « Notre objectif est de présenter au monde des produits qui propagent la « brésiliennité » grâce aux arômes, aux parfums et à l'énorme richesse naturelle de notre pays. » La gamme phare de la marque porte le nom du cocktail brésilien suprême : Caipirinha.

Le Brésil jouit généralement d'une image positive à l'étranger – on imagine mal un chauffeur de taxi londonien bougon confesser une animosité particulière envers les Brésiliens de la même manière qu'il avouerait ses préjugés envers les Français ou les Allemands, mais la préoccupation du pays pour la beauté présente également des aspects négatifs. En matière amoureuse, professionnelle ou sociale, le corps parfait est presque aussi désirable au Brésil qu'une peau claire en Inde.

En 2007, l'anthropologue Mirian Goldenberg, professeur à l'Université Fédérale de Rio de Janeiro, publiait un livre intitulé *O Corpo Como Capital* (« Le corps comme capital ») dans lequel elle explorait le culte du pays pour la perfection physique. Dans une interview accordée à l'agence de presse Inter Press Service, elle précisait que les femmes de toutes les classes sociales se sentaient forcées d'« investir lourdement dans leur corps » – ce en quoi les plus nanties sont bien évidemment avantagées. Elle soulignait que le marché brésilien des salles de gym, des cosmétiques et de la chirurgie esthétique rivalisait avec celui des États-Unis, où les revenus sont 14 fois plus élevés. Au Brésil, « le corps reflète les inégalités [...] c'est ce qu'exigent le marché et la société. Une femme, par exemple, ne peut pas sortir avec des cheveux blancs. » Une fois encore, dans un pays qui présente pourtant une large palette de couleurs de peau, l'accent est mis sur la minceur et la blondeur. (« The body beautiful – women's ladder to success », 17 avril 2008).

L'un des mannequins les plus connus au monde est d'ailleurs Gisele Bündchen, une sculpturale blonde brésilienne.

Les approches orientales

Les entreprises cosmétiques gardent un œil attentif sur les bouleversements au Moyen-Orient, qui représente depuis quelque temps un marché prometteur pour les marques haut de gamme : il suffit d'arpenter les luxueuses galeries commerciales de Dubaï pour s'en persuader. En novembre 2010, le magazine *Global Cosmetic Industry* publiait un rapport d'Euromonitor International sur la région. Celui-ci commentait : « La beauté au Moyen-Orient, et particulièrement dans le Golfe Persique, est un énorme marché pour les propriétaires de marques internationales ; les Émirats Arabes Unis (EAU), l'Arabie Saoudite et l'Iran sont les plus importants en terme de ventes globales et *per capita*, avec Israël » (« Premium positioning, innovative retail hallmarks of Middle East beauty market », 5 novembre 2010).

Ailleurs dans la région, la récession économique n'est pas parvenue à faire reculer les ventes, les produits de beauté étant perçus comme « un luxe abordable et un vice inoffensif ». Le rapport note qu'une femme dans les EAU a dépensé en moyenne 73 dollars en maquillage en 2009 – à titre de comparaison, ce montant est de 69 dollars au Royaume-Uni et de 53 dollars en France. Il signale également des innovations comme le Nivea Haus Spa de Beiersdorf à Dubaï, qui « utilise exclusivement des produits Nivea pour ses divers soins et traitements et offre à ses clientes d'acheter sur place leurs produits

Nivea». Sont également présents dans la région quelques grands magasins occidentaux, comme Harvey Nichols ou Debenhams. La réglementation en matière de publicité est bien moins draconienne dans les EAU qu'elle ne l'est en Arabie Saoudite et permet ainsi aux marques occidentales d'y infiltrer leur concept de la beauté.

Mais si elle est fascinée par le Golfe Persique et profondément attirée vers le Brésil – ce dernier est, après tout, l'une des économies émergentes favorites, avec la Russie, l'Inde et la Chine, les « BRIC » – l'industrie de la beauté reste préoccupée par l'Asie. Selon les chiffres d'Euromonitor International, cette zone domine le marché mondial des soins de la peau et en représente 40 % des ventes au moment de la rédaction de ce livre. Rien d'étonnant à cela : les consommatrices asiatiques utilisent, comme me le confiait un marketeur de Lancôme, pas moins de six produits de soin différents lors de chaque séance de toilette, le matin et le soir. « Un nettoyant, puis un sérum, puis une crème hydratante, puis un produit pour le contour des yeux, puis une lotion blanchissante, puis une crème solaire. Le soir, elles remplacent la lotion solaire par une crème de nuit. En Europe, la plupart des femmes n'utilisent qu'un ou deux produits. Les Américaines se situent entre les deux. »

L'un des marchés les plus établis de la région est la Corée du Sud, où les femmes tirent une immense fierté de leur apparence. La demande y est considérable pour les crèmes blanchissantes et le business de la chirurgie esthétique explose. La BBC rapportait, en 2005 : « Les femmes en âge de se marier subissent une pression intense pour être à leur avantage 100 % du temps… un magazine féminin recommandait récemment à ses lectrices d'allouer 30 % de leurs revenus à leur apparence. Le mot sur toutes les lèvres en ce moment est *ul-jjang*, littéralement "meilleur visage" » (« The price of beauty in South Korea », 2 février 2005).

En Corée du Sud existe également une impressionnante offre locale que domine AmorePacific, lancée en 1945 par Suh Sung-Hwan avec le produit Melody Cream. L'entreprise perce rapidement grâce au soin apporté au design de ses produits : bien que la crème soit fabriquée à Séoul, les étiquettes sont imprimées au Japon. Dans les années 1950, AmorePacific profite d'une alliance avec la société française Coty qui débouche sur la conception de la Coty Face Powder. La marque sud-coréenne lance également le premier magazine beauté du pays, *Hwajanggye*. Son développement à partir des années 1960 est similaire à celui de son homologue brésilienne Natura. En 1963, PacificAMore commence à envoyer ses propres conseillers dans les enseignes où sont commercialisés ses produits, afin d'enseigner aux vendeurs les valeurs de la marque et les attentes de ses clientes : une première étape qui mène à la vente directe pour le lancement de la marque Amore en 1964.

Aujourd'hui, AmorePacific possède des champions à tous les niveaux du marché. Sa ligne haut de gamme Sulwhasoo avoue même des ambitions internationales et vient d'ouvrir une enseigne à son nom à Hong Kong. Sulwhasoo : le nom vient de Sulwha, « fleur de neige », et soo, « excellence » ; des herbes médicinales coréennes en composent les ingrédients naturels. La gamme, restreinte, inclut un sérum, des lotions nettoyantes, un soin pour cheveux et une crème pour les yeux. Elle fait très peu de publicité, préférant communiquer individuellement avec les clientes dans l'environnement des grands magasins, via son site web ou son magazine bimensuel. La marque possède en outre des spas en Corée du Sud et à Hong Kong et lance chaque année un poudrier en édition limitée, illustration de l'artisanat traditionnel coréen.

Dans une interview accordée à WGSN, le vice-président et directeur de marque Eric Hwang déclarait que les ventes de Sulwhasoo en Corée du Sud représentaient entre 11 et 12 % du marché, soit une performance similaire à celles de SK-II, Estée Lauder et Lancôme cumulées. Il ajoutait que la marque avait construit sa réputation sur l'échantillonnage et le bouche-à-oreille.

> Depuis que nous avons établi notre philosophie de marque, nous avons distribué environ un million d'échantillons. Parce que nous croyons en la qualité de nos produits, nous voulons que les gens fassent leur

> propre expérience. Aux utilisateurs d'évaluer [les performances] – nous ne sommes là que pour provoquer des opportunités. C'est là que nous investissons, et non dans des spots publicitaires. La règle s'applique en Corée, mais elle a également montré son efficacité à Hong Kong. Grâce à l'échantillonnage et le bouche-à-oreille, nos ventes ont grimpé de 50 % à Hong Kong (« Sulwhasoo : executive interview », 29 décembre 2010).

Les visiteurs étrangers, et notamment les Japonais et les Chinois, se déplacent en masse à Séoul pour s'approvisionner non seulement en produits de luxe comme Sulwhasoo mais également en produits de milieu de gamme au rapport qualité-prix intéressant, comme Laneige et Mamonde. Ils viennent en outre s'y procurer les omniprésents « baumes de beauté » qui font office de fond de teint invisible. Les maquilleurs coréens se sont par ailleurs mis à lancer leurs propres marques. Les cosmétiques coréens sont devenus furieusement tendance en Chine, où ils surfent sur la « vague coréenne » apportée par la musique et les films qui captivent l'imagination du marché. Après Hong Kong, Sulwhasoo a ouvert en avril 2011 son premier stand dans le grand magasin pékinois Parkson.

Mais il lui faudra faire face en Chine aux marques occidentales, soucieuses de ne pas répéter les erreurs commises sur le marché japonais et capables désormais d'adapter leur stratégie mondiale aux goûts locaux. Lindsay Owen-Jones, le patron de L'Oréal, a été le maître incontesté de cette approche, comme en témoigne ici Geoffrey Jones (aucun lien de parenté) :

> Sa détermination à rester cohérente a été une évidence dans l'évolution de l'identité de L'Oréal Paris lors de son développement international. La marque est restée fidèle à son positionnement de représentant de la « beauté chic » tout en répandant l'idée que ce chic n'est plus exclusivement français. Les égéries mondiales de la marque ne sont plus, pour la plupart, françaises [...] plus la marque se mondialise, plus ses modèles doivent être locaux.

Les consommateurs aiment non pas Paris mais l'idée qu'ils se font de la ville lumière et de ses marques – et non l'image d'une cité grise avec tous les problèmes caractéristiques d'une grande capitale. La ruse a donc consisté à percer ce que le mythe de « Paris » signifiait pour chaque groupe de consommateurs et à adapter la marque en conséquence. Comme nous l'avons vu, L'Oréal a résolu ce problème en mettant sur pied une équipe de managers de marque internationaux qui supervisent chaque méga-marque et ajustent la stratégie publicitaire mondiale en faisant appel à des célébrités nationales et en adaptant les références culturelles à chaque marché.

La pratique n'est toutefois pas encore universelle : le premier obstacle vient du coût qu'implique la réalisation d'autant de publicités avec différents mannequins qu'il existe de couleurs de peau. Reste enfin le délicat facteur de la demande : « Même en Asie, m'explique une source, les consommateurs réagissent à une star internationale comme Julia Roberts. C'est quand nous avons recours à une égérie célèbre en Europe mais peu connue là-bas que les équipes marketing locales insistent pour la remplacer par une célébrité asiatique. »

Il fallait s'y attendre, tous les marketeurs beauté avec qui je me suis entretenu sont enthousiastes quant au boom de l'économie chinoise. Le pays jouissait au début du XXe siècle d'un marché de la cosmétique florissant qu'alimentaient les marques occidentales et les films hollywoodiens, mais la guerre sino-japonaise a marqué la fin de cette première période, un embargo total étant imposé dès le début de la Révolution Culturelle, en 1966. Ce n'est que lorsque le pays s'ouvre à nouveau, en 1978, que les publicités pour produits de beauté commencent à réapparaître. Procter & Gamble pénètre le marché en 1988 avec Olaz, suivi par ses concurrents et leur considérable pression publicitaire. Flairant les bénéfices potentiels, les médias occidentaux s'engouffrent à leur suite : ainsi le magazine *Vogue* lance-t-il son édition chinoise en 2005. Le cabinet d'études Kline & Company annonçait en 2010 que les ventes d'articles de toilette et de cosmétiques atteignaient en Chine 17 milliards de dollars.

Les marques européennes et américaines haut de gamme sont particulièrement prisées, quoique les différences culturelles aient mis un léger frein à leur développement : la préférence traditionnelle des

Chinoises pour la beauté naturelle a engendré une certaine méfiance des consommatrices quant aux parfums et au maquillage. En revanche, les ventes de produits de soin de la peau – dont les blanchissants – s'envolent, surtout parmi la population jeune et citadine. L'attrait du style « occidental » a également entraîné la croissance de la chirurgie esthétique, de nombreuses – et riches – jeunes femmes décidant d'« élargir » leurs yeux en faisant remodeler leurs paupières. On aboutit là encore au risque d'une stratification sociale basée sur l'apparence et que dominent les corps occidentalisés, clairs, riches et sportifs tandis que les moins nantis conservent leurs visages typiquement chinois.

Il reste toutefois en Asie un domaine où les marques occidentales ont échoué à laisser leur empreinte – du moins en comparaison avec le marché occidental : celui des produits anti-âge, sans doute parce que l'âge est considéré en Extrême-Orient comme un signe de sagesse. Mais, selon un rapport de Mintel, les marques européennes et américaines sont parvenues à contourner le problème en couplant leurs promesses anti-vieillissement à leurs solutions blanchissantes : « En Inde, Fair & Lovely, par exemple, propose la crème Forever Glow Anti-Ageing Fairness basée sur un complexe AHA, dont les résultats seraient visibles en quatre semaines. »

Ailleurs, les baumes de beauté (BB) ont été adoptés de façon à encourager les consommatrices asiatiques à accepter le concept anti-vieillissement. « Le baume Perfect Cream Enrich-Lift de l'entreprise chinoise Dr.Ci : Labo contient des actifs raffermissants et liftants ainsi que des agents masquant les boutons et les défauts. Le produit promet une véritable polyvalence puisque l'entreprise le présente comme un tonique, un lait hydratant, une protection solaire, une base de maquillage, un anti-cernes et un fond de teint. » Le couteau suisse des solutions beauté, en quelque sorte !

Le docteur Olivier Courtin-Clarins m'a confié que son entreprise testait désormais ses produits sur différents types de peau et les formulait pour s'adapter à une large variété d'habitudes culturelles :

« Si notre entreprise veut être présente partout, je sais que je dois fournir des produits pour tout le monde. Je ne peux pas changer la nature de votre peau, et je ne veux pas changer votre culture. »

Pour les géants de la beauté, la mondialisation représente bien davantage que le simple recours à un accent local dans leurs publicités : les principes actifs et les supports découverts et développés dans les pays occidentaux doivent être reconfigurés pour s'accorder aux préférences locales.

ASTUCES BEAUTÉ

* Lorsque les fabricants de cosmétiques occidentaux ont commencé à se développer dans le monde, à la fin du XIXe et au début du XXe, ils ont exporté une vision de la beauté guidée par les idéaux coloniaux et, puis, par Hollywood.
* S'en est trouvée renforcée une préférence antique pour les peaux claires, associée à la noblesse, qui a induit un développement du marché des produits blanchissants que les marques occidentales n'hésitent pas à exploiter.
* La persistance du cliché hollywoodien de la beauté – peau claire, cheveux blonds, corps mince, grands yeux – a permis au business de la chirurgie esthétique de se développer, depuis le Brésil jusqu'à la Corée du Sud.
* Au Japon, des entreprises comme Shiseido et Shu Uemera ont damné le pion aux entrants étrangers en adoptant une approche plus nuancée de la beauté qui mêle références culturelles locales et occidentales.
* Les marques brésiliennes et japonaises ont su réarranger les éléments de leur culture pour les consommateurs occidentaux : « art, design et pratiques de santé » japonais, « beauté naturelle » brésilienne.

***

***

- Les entreprises occidentales sont progressivement parvenues à maîtriser une approche « *Think global, act local* » pour leurs super-marques, avec à leur tête L'Oréal et ses marques Maybelline et L'Oréal Paris.
- De nombreuses marques ont désormais recours à des célébrités nationales dans leurs publicités – mais les stars internationales n'ont pas disparu pour autant !
- La vente directe, ou porte-à-porte, a rencontré un succès phénoménal pour certaines marques au Brésil et en Corée du Sud.
- La culture des spas a également contribué à la diffusion des messages des marques à la fois locales et mondiales.
- Pour l'Europe et les États-Unis, de même que pour le Japon et la Corée du Sud, la Chine est *le* marché en pleine expansion.
- Les principes actifs initialement introduits dans les produits européens sont réadaptés aux formules locales, et plus particulièrement aux crèmes blanchissantes.

13

En quête de différenciation : les niches

« Notre ambition est d'être le Apple de l'industrie de la beauté. »

Comme Anita Roddick semblait le suggérer au chapitre 11, le vin rouge est bon pour notre santé. C'est là le pilier central du paradoxe français, la croyance répandue selon laquelle malgré leur appétit d'ogre tout à fait décomplexé pour les aliments qui bouchent les artères – fromage, steak frites, pâtisserie – les Français souffrent assez peu de maladies coronariennes. D'où les spéculations sur le vin rouge, qui permettrait de réduire le risque d'attaques cardiaques. Si les données censées appuyer ce paradoxe s'avèrent plutôt branlantes, la recherche a effectivement démontré que les grains de raisin contiennent des polyphénols antioxydants, comme le resvératrol, qui auraient un rôle bénéfique sur notre santé.

La plupart d'entre nous n'usent pas vraiment de cette excuse pour accepter un second verre de vin au dîner. La marque française Caudalie va plus loin encore, en étalant sur nos peaux des produits liés à la viticulture. Cette notion semble-t-il étrange est une réussite pourtant bien palpable, comme en atteste ma visite dans l'élégant immeuble couleur champagne du siège de Caudalie, à proximité du boulevard Haussmann.

La directrice du marketing, Pauline Celier-Bony, me détaille par le menu la saga Caudalie. C'est avant tout une leçon précieuse sur la création d'une marque indépendante dont l'identité est suffisamment forte pour se distinguer dans le secteur encombré du soin de la peau. Elle séduit les consommateurs en jouant habilement sur deux notions : le paradoxe français et l'art de vivre à la française.

L'histoire démarre en 1993 au château Smith Haut Lafitte, où Mathilde Thomas et son mari Bertrand emmènent un groupe d'étudiants en pharmacie de Bordeaux et leur professeur visiter les vignobles dont les parents de Mathilde sont propriétaires. Le professeur, Joseph Vercauteren, oberve que les pépins de raisin éliminés lors du processus de vinification contiennent des antioxydants potentiellement précieux. Au cours de la conversation, Mathilde découvre que les sous-produits issus de la fabrication du vin sont connus pour leur capacité à combattre les radicaux libres, ces derniers étant l'une des principales causes du vieillissement de la peau.

Réalisant qu'ils viennent de buter sur une idée de business – et une manière de rentabiliser la vigne – Mathilde et Bertrand s'associent avec Vercauteren pour isoler les molécules qui pourraient transformer ces fameux sous-produits en principes actifs pour une gamme de produits de beauté. Ils lancent Caudalie en 1994 (la caudalie est l'unité de mesure de la persistance du goût du vin sur le palais) et brevettent leur idée de « vinothérapie » ; la gamme est alors composée de deux crèmes et d'un complément nutritionnel.

Dans un éclair de génie, ils décident de distribuer leurs produits non pas auprès des revendeurs traditionnels type Sephora, mais dans les pharmacies. Comme l'explique Pauline :

> Le cœur de cible de Caudalie, ce sont les femmes intelligentes de 35 ans à 49 ans. La stratégie conventionnelle d'une entreprise de beauté est de vendre du rêve, mais nous avons pensé qu'être distribué en pharmacie refléterait mieux l'authenticité de nos produits. Bien qu'il s'agisse

d'une marque prestigieuse, les produits sont abordables et contiennent des ingrédients naturels. Nous considérons les pharmacies comme des partenaires. Nos commerciaux expliquent aux officines ce que peuvent faire nos produits, et celles-ci transmettent l'information à nos clients.

Caudalie fournit également des posters aux couleurs de la marque, considérés comme plus efficaces que les publicités dans la presse, et se maintient à l'esprit des consommateurs grâce à des promotions régulières, soigneusement communiquées aux pharmacies par les équipes commerciales. Les pharmacies fortement fréquentées par le cœur de cible de la marque sont sélectionnées pour des animations, au cours desquelles des esthéticiennes Caudalie tiennent une permanence pour distribuer astuces et échantillons. Il n'est pas rare que les pharmacies écoulent leur stock à l'occasion de ces événements. En 2009, Caudalie était le leader des marques anti-âge sur un réseau de 10 000 pharmacies.

La marque a démontré ses compétences en matière de création d'une base de données clientèle. Les acheteurs de la marque se voient en effet remettre une invitation à rejoindre le « Club » et à bénéficier de privilèges spéciaux. Sur cette invitation figure un code client à indiquer sur le formulaire d'enregistrement disponible sur le site Web de la marque. Les clients doivent nommer le produit acheté, fournissant ainsi une idée claire de leurs préférences. Les membres du Club reçoivent une newsletter et des échantillons gratuits réguliers. La base de données de la marque compte aujourd'hui plus de 200 000 clients.

Le site Web se décline en 11 versions, dont une en russe, une en japonais et une autre en chinois. Depuis la gestion de la relation client jusqu'à l'e-boutique, il s'est avéré crucial dans la croissance de Caudalie. Son adresse est explicitement indiquée sur les emballages et publicités de la marque, dont une des innovations les plus intéressantes en la matière est le service de « rappel immédiat » : quand les visiteurs de la section « Idées Cadeaux » du site sélectionnent un produit, leur apparaît la mention : « Un conseil personnalisé ? Nous vous rappelons gratuitement dans la demi-heure », suivie d'un bouton « Appelez-moi ». Un clic et un numéro de téléphone plus tard, ils sont en ligne avec un représentant Caudalie.

En 1999, Mathilde et Bertrand ont ouvert Les Sources de Caudalie, un hôtel-spa 5 étoiles au milieu des vignes du Château Smith Haut Lafitte. Celui-ci offre à ses visiteurs des délices tels que les « bains barrique » à la vigne rouge ou au marc de raisin, des massages au raisin frais, des enveloppements à la feuille de vigne et des gommages au cabernet. Il propose également des cours de cuisine et des dégustations, ainsi qu'un restaurant gastronomique. Et même si vous restez sceptiques quant aux soins, le cadre est idyllique, depuis l'équilibre parfait de son architecture entre luxe et rustique et les paons qui déambulent dans les jardins. Le succès de l'établissement est tel que Caudalie a depuis ouvert d'autres spas : à deux pas de Paris, puis au Brésil, en Turquie, à l'hôtel Plaza de New York (où les visiteurs découvrent le « French Paradox Lounge ») et au cœur de la Rioja espagnole.

Les spas remplissent le même office – à une échelle plus impressionnante – que les salons de beauté des marques implantés dans les grands magasins. Au-delà de leur fonction basique de générateur de cash, ils synthétisent et concrétisent les valeurs de la marque. Ils procurent en outre des expériences mémorables, sources de fidélité envers les produits. Imaginez qu'à chaque utilisation de votre crème Caudalie vous vous rappeliez vos vacances choyées dans la campagne ensoleillée de la région bordelaise, où vous vous êtes senti plus relaxé et plus heureux que vous ne l'aviez été au cours de ces dernières années. Le bâtiment de la Rioja, conçu par Frank Gehry, n'est rien d'autre qu'un logo géant, dont les arabesques de métal pourpre reflètent les collines avoisinantes.

Caudalie ne dédaigne pas pour autant les méthodes marketing plus traditionnelles. Ses publicités, initialement minimalistes et sans visage de célébrité, se concentraient jusqu'en 2010 sur l'imagerie de la grappe de raisin et de la vigne. Elle a depuis fait appel au mannequin hongrois Reka Ebergenyi. « Belle, naturelle, féminine », déclare Pauline, qui confirme que le recrutement du modèle a souligné la réussite de sa marque.

Caudalie propose aujourd'hui une vaste panoplie de produits de soin, dont l'incontournable crème « Premier cru » qui remplit toutes les fonctions possibles : (« Au fil des jours, la peau est régénérée et redensifiée, les rides sont comblées, l'ovale du visage est redessiné et le teint est uniforme. Plus lisse, plus ferme, plus lumineuse, la peau est visiblement plus jeune. »). La marque maîtrise désormais tous les aspects du branding de la beauté, dont son vocabulaire, tout en leur conférant un tanin qui la pose en concurrente directe des titans du luxe.

Mais que faire quand vous n'avez pas un vignoble et un scientifique sous la main ?

L'Absolution pour tous

Quand deux experts du marketing s'associent pour lancer une marque… attention les yeux ! Pour commencer, ils ont une fâcheuse tendance à surveiller attentivement ce que fait le reste du marché, dans le seul but d'ensuite le perturber. C'est plus ou moins l'approche d'Isabelle Carron et Arnaud Pigounides, les fondateurs de la marque montante Absolution.

Le binôme n'en est pas à sa première création d'entreprise : il a déjà monté Jak (pour « Just a kiss », « Juste un baiser »), petite mais sympathique agence de communication. Comme l'explique Arnaud, « quand vous rencontrez quelqu'un que vous appréciez, si votre stratégie est suffisamment bonne, c'est un baiser qui vient sceller tout ça. Après, tout peut arriver ! » Cette approche a en tout cas séduit une liste impressionnante de clients, de Louis Vuitton à Vogue en passant par L'Oréal et Christian Dior Cosmetics.

Tous deux connaissent le milieu des marques et du *branding* depuis un moment. Isabelle a travaillé pour plusieurs agences connues ; Arnaud a dirigé un centre d'appels avant de s'envoler pour New York jouer de l'électro et monter l'agence Reflex. Il revient ensuite à Paris travailler pour une autre agence et rencontre Isabelle à l'occasion d'un dîner. Ils appellent Jak leur « agence de stratégie, design, création et curiosité ». L'essence d'Absolution réside dans le mot « création » : pour Isabelle, une agence ne doit pas seulement créer des publicités, elle doit aussi concevoir des produits (rien d'inédit ici : on se rappelle avec la marque de jeans culte Acne, lancée par une agence de communication).

« J'avais travaillé sur des marques de beauté, mais ça n'a rien à voir avec lancer la vôtre » témoigne Isabelle. « J'avais toutefois fait pas mal de benchmarking et j'avais l'impression qu'il y avait beaucoup de produits se copiant les uns les autres dans cette industrie. Il y avait aussi un élément de frustration personnelle car je n'avais jamais trouvé aucun produit qui convienne à ma peau. »

Cette problématique en tête, Isabelle se met à explorer les mystères de la peau en s'entretenant avec des spécialistes. « Ce que j'ai découvert, c'est que la peau est un écosystème. C'est un organe externe, qui réagit donc toujours à des influences extérieures. Je la vois comme une interface de communication. Elle n'est pas dans un état figé, elle s'adapte en permanence, en se reconfigurant. Du coup, si votre peau est différente d'un jour sur l'autre, pourquoi utiliseriez-vous toujours la même crème ? »

Elle réalise dans le même temps que la customisation est la tendance du moment dans le secteur du luxe. Le défi, alors, devient de créer un système de beauté souple, sur mesure. Arnaud explique : « Une fois le problème clairement identifié, nous nous sommes rendus compte que nous devions le résoudre. Créer notre propre marque était une démonstration de tout ce que savait faire notre agence. »

La solution est étrangement simple : il s'agit une gamme de quatre crèmes de base adoucissantes, qui peuvent être utilisées seules ou complétées par un sérum enrichi en principes actifs, en fonction des besoins de l'utilisateur. Il existe un sérum pour peau sèche, un pour les éruptions de boutons, un autre qui cible les rides et – quand même – un dernier qui booste « l'éclat ». Un système de pompe dépose une petite perle de crème dans la cavité prévue à cet effet au sommet du flacon ; l'utilisateur n'a plus qu'à ajouter une pression de sérum puis de les mélanger au doigt.

« Nous ne voulions pas élargir la gamme en permanence », dit Isabelle. « L'idée était de lancer une palette complète de solutions en une seule fois. Celles-ci ne sont pas segmentées par âge ou même par sexe, quoique nous ayons une crème conçue pour les hommes. » La marque est, en outre, certifiée biologique. « Plus de 99 % de nos ingrédients sont d'origine naturelle, soit bien plus que ce qui est requis pour la certification. La plupart des produits qui se disent « bio » n'en contiennent que 10 à 16 %. De plus, au moins 60 % de nos ingrédients sont issus de l'agriculture biologique. »

Bien qu'Absolution mentionne l'aspect « bio » de la marque dans ses messages marketing, elle n'en fait pas pour autant une raison d'être. « Aujourd'hui, ce devrait être un principe de base », déclare Isabelle. Ses exigences strictes, ajoutées au caractère sur-mesure inhabituel dans le secteur, ont été un véritable « défi pour les laboratoires », reconnaît-elle. En dépit de ce recours à des experts, la marque a un côté « fait main ». Lorsque le binôme la lance lors du salon Beyond Beauty à Paris, en 2009, ses brochures sont imprimées sur un épais papier recyclable, grossièrement cousu à la machine pour les relier. Le prix Beauty Challenger du salon leur est attribué – la marque a depuis gagné une récompense du magazine *Wallpaper* pour son design.

C'est Arnaud que l'on retrouve derrière l'esthétique de la marque, qui diffère significativement de ses rivales avec son packaging théâtral noir et blanc, qui évoque à la fois l'art contemporain et les couvertures des albums post-punk. Le site web, www.absolution-cosmetics.com, poursuit le même thème avec textes et illustrations écrits et dessinés à la main. L'e-boutique ressemble à un fanzine underground ; il y a en réalité une touche rock'n roll chez Absolution qui fait passer les marques de luxe internationales pour profondément conservatrices. Même la bande-son évoque le tapage d'une nuit en club... Abslolution, c'est en définitive un soin de peau pour hipsters.

La distribution du produit reflète son positionnement. Plutôt que d'être vendue dans des enseignes internationales, Absolution est commercialisée dans les boutiques spécialisées des quartiers bohèmes – ses deux premiers points de vente ont ouvert à Brooklyn –

ou via des distributeurs qui partagent le même aspect culte, comme l'« apothicaire » Space NK à Londres. À Paris, la marque possède sa propre « galerie » où vous trouverez des étagères de livres, un vieux piano et quelques pièces de designers.

À l'heure d'écriture de ses lignes, Absolution atteignait son premier million de chiffre d'affaires et envisageait l'ouverture d'un spa. « Notre ambition, affirme Arnaud, dans un sourire désabusé, est de devenir l'Apple de l'industrie de la beauté. »

Il ne plaisante qu'à moitié.

Le conte d'Aesop

La première chose qui m'apparaît lorsque j'entre dans la boutique de la marque australienne Aesop est une jeune femme séduisante qui se propose de m'étaler un peu de crème sur la main. J'accepte, évidemment, et me retrouve avec un véritable massage de la main, sensuel et intime – presque gênant. Je remarque après coup que ma peau est douce et sent bon – un parfum aux herbes, agréablement masculin – et le reste tout au long de la journée. C'est la règle numéro 1, tout droit sortie des manuels de cosmétiques : si vous voulez vendre une crème, faites-la essayer à votre client !

En dépit de son nom[1], c'est là la seule chose qu'applique Aesop à la lettre. La marque a été créée par un ancien coiffeur, Dennis Paphitis, qui, vous l'aurez compris, aime les histoires. L'emballage du produit est parsemé de citations, et quand on arrive sur le site web de la marque la première chose qu'on y lit est une citation de Carl Jung : « Pour autant que nous le sachions, le seul but de l'existence humaine est d'allumer une lumière dans l'obscurité de l'être. »

On comprend d'emblée que l'on n'a pas affaire à une marque de beauté conventionnelle avec ses visages de stars. Le site propose

1. On attribue à l'écrivain grec Aesop, ou Ésope en français (VIIe – VIe avant J.-C.) la paternité de la fable comme genre littéraire (NdT).

également une newsletter avec des critiques de livres, d'expositions, de films, d'objets design, de restaurants gastronomiques et autres sujets culturels ou de style. Aesop se positionne elle-même comme faisant partie de la communauté créative mondiale. Tout cela pourrait sembler pénible – pour ne pas dire prétentieux – n'était-ce la touche d'humour toute australienne qui illumine la marque.

À l'origine, Paphitis dirige un salon de coiffure à Melbourne. À la fin des années 1980, il commence à expérimenter des produits de soins capillaires aux huiles essentielles. Quoique ces dernières soient alors plutôt connues pour leurs mystérieuses propriétés censées chambouler votre vie et leur côté hippie, c'est leurs qualités antibactériennes et astringentes qui intéressent Paphitis. Voyant le succès de ses préparations pour cheveux, il concocte par la suite, aidé par un chimiste, une crème pour les mains destinée à la manucure que propose également le salon. La marque possède désormais son propre laboratoire à Melbourne.

Pour Suzanne Santos, qui travaille avec Paphitis quasiment depuis les débuts comme *product advocate* (une fonction à mi-chemin entre ambassadeur de la marque et responsable marketing), Aesop a toujours été inspirée par « la science et l'élégance de la science ». Les produits sont essentiellement composés d'ingrédients naturels (à l'instar de Caudalie, la marque est convaincue du pouvoir antioxydant de l'extrait de pépins de raisin), mais ne s'en vante pas pour autant car elle a également recours à des composés synthétiques. Comme le dit Suzanne, « vous ne nous entendrez jamais dire que nous sommes "naturels" ou "bio". Les marques qui le promettent ne sont généralement pas honnêtes. Nous utilisons des ingrédients de synthèse lorsqu'ils s'avèrent essentiels à la création d'un produit de la meilleure qualité possible. »

La marque ne se glorifie pas non plus de ses packagings, qui sont pourtant l'un de ses attributs les plus charmants : des bouteilles de verre marron (comme des bouteilles de bière) sur lesquelles sont collées des étiquettes outrageusement simples, rayées de noir et blanc cassé. « Quand c'est possible, nous évitons les emballages en plastique car il peut y en avoir des résidus dans le produit », explique Suzanne. « Nous aurions pu utiliser du verre vert, mais il s'est avéré que le marron était plus facile à trouver – sans doute à cause des bouteilles de bière. »

Paphitis lui-même le confirme : il voulait un packaging « cohérent, monochromatique et sobre » pour que les gens ne se sentent pas « agressés » en entrant dans leur salle de bain le matin. Dans ses magasins, Aesop fuit également les emballages extérieurs, comme les boîtes en carton entourées de cellophane, considérant que c'est là du gaspillage : les bouteilles sont prêtes à être transférées directement de l'étagère de la boutique à celle de votre salle de bain.

À l'heure où j'en parle, Aesop compte 36 magasins répartis dans le monde et 300 salariés. (« C'est encore une petite entreprise, suffisamment pour que nous sachions qui est qui », note Suzanne.) Chaque magasin est unique et conçu pour s'intégrer à son environnement, tout en reflétant un peu l'histoire de son quartier d'implantation. Ainsi, la boutique du quartier Aoyama à Tokyo utilise des matériaux recyclés issus d'une maison démolie à proximité. Celle de Mayfair, à Londres, a des airs géorgiens, avec ses murs verts à l'ancienne, ses luminaires sphériques et ses gigantesques bassines en porcelaine. À Paris, le magasin est entièrement décoré de lames de bois inspirées des parquets typiques des appartements de la ville.

La marque évitant la publicité, les magasins et leurs intérieurs excentriques sont des outils marketing en soi, souvent repris dans les magazines et blogs de design et d'architecture. Suzanne confirme en outre qu'Aesop fournit ses produits à quelques hôtels et restaurants. « Ce sont généralement eux qui viennent vers nous », explique-t-elle. « C'est un outil formidable de communication, mais nous devons être prudents. Nous nous rendons toujours sur place pour s'assurer qu'il s'agit d'un environnement adapté. Si c'est un restaurant, par exemple, nous voulons que la nourriture y soit excellente, quel que soit le style du décor. Dennis aime la bonne nourriture, et il n'a aucune envie que ses produits sont disposés dans un endroit où on mange mal. La singularité est également importante. Un hôtel n'a pas besoin d'être grand – ça peut être cinq chambres quelque part sur une île. Tout est une question de style. »

On dit que les gens quittent leur hôtel et se rendent directement au grand magasin le plus proche pour y demander les produits Aesop…

Le bouche-à-oreille, comme d'habitude, demeure l'outil marketing le plus prisé. Aesop est parfois décrite comme une « marque qui siffle [ses clients] », attirant ceux qui sont sur la même longueur d'onde. « Nos clients sont plutôt citadins, ils ont de l'expérience, voyagent confortablement, sont curieux et plutôt exigeants », précise Suzanne. « Et ils en ont le droit, parce qu'ils mettent notre produit sur leur peau. Nous sommes pleinement conscients de cette responsabilité. »

Suzanne reconnaît qu'Aesop ne s'adresse pas à tout le monde. Parce qu'elle fait appel à des ingrédients naturels et n'a pas recours à des colorants et parfums synthétiques, ses produits ne ressemblent ni ne sentent comme les autres. « Les produits de beauté traditionnels ont une odeur inoffensive et sont d'un blanc mortel. Les nôtres ont une apparence et un parfum assez inhabituel en comparaison. »

Paphitis se montre dédaigneux des grandes marques de cosmétiques, qu'il décrit comme « des produits sans passion imaginés par des départements marketing et des *focus groups*, conçus pour exploiter la vulnérabilité des gens en séduisant ceux qui aimeraient être plus lumineux, plus minces, plus fins ou quoi que ce soit d'autre. » Il n'y paye pas attention – tout ça n'est pour lui qu'un fatras sans intérêt, comme la téléréalité (« Skincare with soul », *Star*, Malaisie, 27 janvier 2008).

« Vous n'entendrez jamais parler d'"anti-vieillissement" dans le discours d'Aesop. Ça n'est tout simplement pas notre philosophie. Et c'est, je pense, assez révolutionnaire », prévient Suzanne.

ASTUCES BEAUTÉ

* Pour pénétrer le marché de la beauté et s'y distinguer, il faut aux nouveaux entrants des ingrédients uniques, des histoires fascinantes et des stratégies perturbatrices.
* La marque française Caudalie associe la culture du vin et le « paradoxe français » à des références à « l'art de vivre à la française ».
* Au lieu de choisir la distribution en grands magasins, elle a créé des partenariats étroits avec les pharmacies. Ses spas de luxe ont également contribué à sa notoriété.
* Pour Caudalie, la relation clientèle est primordiale ; elle incite fortement ses clients à rester en contact avec elle via des coupons insérés dans les produits et un Club, que l'on peut rejoindre sur Internet. Son principe plusieurs fois récompensé d'« appel immédiat » offre des consultations personnalisées en un clic de souris.
* Une autre marque française, Absolution, a quant à elle innové dans la customisation et le design.
* Celui-ci s'inspire du look rebelle et tendance des labels de musique indépendants ; la marque offre ainsi une alternative distincte aux méga-marques.
* Elle a en outre soigneusement sélectionné ses revendeurs en fonction de leur fréquentation par des clients précurseurs de tendance à Paris, New York et Londres.
* La marque autralienne Aesop a, elle, adopté pour une approche intellectuelle – qui fait foncièrement défaut dans l'industrie de la beauté. Plutôt que d'insulter l'intelligence des consommateurs, elle leur suggère qu'elle fait partie intégrante de la communauté créative mondiale.
* Elle ne fait aucune publicité mais s'attire une couverture médiatique dans les magazines de design et de style grâce à des boutiques singulières et une philosophie inhabituelle.

14

Des rayonnages aux mains du consommateur

« Le service que reçoit le consommateur en magasin représente une partie considérable des valeurs de nos marques. »

Nous sommes au cœur de la saison touristique à Paris et le gigantesque magasin Sephora des Champs-Élysées est plein à craquer. Les clients fourmillent dans les rayons, où des centaines de produits de beauté sont rangés dans un ordre efficace – et alphabétique. Des dizaines de parfums se mêlent qui rafraîchissent artificiellement l'air ambiant, leurs notes de tête rivalisant avec la pop diffusée par les haut-parleurs du magasin. De jolies vendeuses, intégralement vêtues de noir, sont sur la brèche, prêtes à secourir les indécis en leur parlant parfums et sensibilité de la peau.

Une connaissance m'avait un jour affirmé que ce Sephora était une cathédrale de la cosmétique, son S géant armoriant le fond du magasin tel un crucifix. « C'est un lieu où les gens prient sur l'autel de la jeunesse », avait-il ajouté. Aujourd'hui, les pénitents sont nombreux…

Difficile d'échapper à Sephora, propriété du conglomérat français du luxe LVMH : il y en a un dans chaque arrondissement chic de la capitale. Le marketing agressif de la chaîne, qui inclut une campagne publicitaire dans les cinémas, accentue encore cette impression d'omniprésence. Selon le site Web de la marque, il existe 265 magasins en France et plus de 250 aux États-Unis ; l'enseigne est également présente dans 13 autres pays, dont la Chine. Elle tire son nom de la femme de Moïse (le site ne mentionne pas qu'il existe également un navire naufragé appelé le *Sephora*, dans une nouvelle de Joseph Conrad intitulée *The Secret Sharer*).

Quoique Sephora soit en concurrence directe, en France, avec Marionnaud et Nocibé, la chaîne a révolutionné le secteur en introduisant le concept de « self-service avec assistance limitée ». En d'autres termes, son environnement, avec ses présentoirs et leurs larges variétés de produits, ressemblent davantage à un magasin de disques – voire à une librairie furieusement tendance – qu'à une parfumerie. Sephora a fait s'envoler la barrière entre le consommateur et le produit. Elle a récemment lancé avec succès sa propre gamme, ainsi que des animations divertissantes telles que des stands de brushing ou des bars à ongles. Un résultat qui provoque potentiellement ce qu'on pourrait appeler un choc culturel chez les consommateurs britanniques, habitués au décor terne et guidé de Boots the Chemist, mélange de laboratoire et de supermarché.

Malgré sa constance dans le choix d'un environnement en noir et blanc, Sephora a une histoire en dents de scie. En réalité, elle a même été un temps la propriété de… Boots.

L'enseigne britannique arrive en France en 1970 et ouvre son premier magasin rue de Passy. En 1976, elle lance la marque Sephora en association avec les Nouvelles Galeries, qu'elle rachètera par la suite. Le Sephora de cette époque ressemble cependant encore beaucoup au traditionnel Boots, avec un positionnement en milieu de gamme – et aucune des innovations précédemment citées.

Dans l'intervalle, un autre distributeur visionnaire, Dominique Mandonnaud, a monté la chaîne Shop 8, dont le premier magasin, d'une surface modeste, est inauguré en 1969 à Limoges. Mandonnaud abandonne le concept traditionnel de la parfumerie – dont le modèle est encore la boutique raffinée qui accueille ses clients par un tintement de cloche à l'ouverture de la porte ou les vendeuses en blouse et masque de chirurgie vendant leur marque derrière un comptoir de grand magasin, pour celui du concept du self-service qui a déjà révolutionné l'épicerie – les supermarchés. Mandonnaud rachète en 1988 huit parfumeries parisiennes pour les convertir selon son concept révolutionnaire.

En 1993, Boots revend ses 38 magasins Sephora à la holding propriétaire des Shop 8, Altamir (source : « Boots on march into Europe », *Independent*, 19 novembre 1995). Là encore pionnier, Mandonnaud ouvre sur les Champs-Élysées son magasin amiral qui, avec ses 1 300 mètres carrés, lance le concept de la cathédrale des cosmétiques et fournit un modèle pour les boutiques futures. Plus qu'un magasin, c'est une destination : les touristes s'y pressent pour observer de leurs yeux ces crèmes et parfums de luxe vendus dans ce qui ressemble à une discothèque, dont ils ressortent le portefeuille aussi léger qu'une plume, un sourire médusé au coin des lèvres, comme s'ils avaient avalé le soma du *Meilleur des Mondes.*

Sephora est rachetée en 1997 par LVMH, qui conduit l'enseigne à sa troisième phase de développement. L'entreprise ouvre son premier magasin à New York en 1998, après s'être étendue en Europe et lancée au Japon. Sa prochaine étape est l'Europe de l'Est, mais l'énergie commence à manquer en 2001, qui voit les ventes chuter. En 2003, Jacques Levy et Natalie Bader-Michel, respectivement nouveau PDG et directrice Europe, s'attellent à réhabiliter la chaîne. Ils y référencent toute une sélection de nouvelles marques américaines, lancent la gamme Sephora et encouragent les interactions avec ses clients – des stands de maquillage animés par des conseillers, par exemple. Sephora s'est aujourd'hui débarrassée de son image de vendeur de parfums et apparaît comme un *superstore* de luxe pour parfums et cosmétiques.

« Sephora commence à ramasser les fruits de son lifting », peut-on lire en titre des *Échos*, le 2 janvier 2006. Pas de meilleure illustration à cette nouvelle stratégie que la crème anti-rides Stri-Vectin SD, « conçue par un laboratoire de Salt Lake City, vendue exclusivement chez Sephora et qui s'arrache comme des petits pains en dépit de son prix élevé de 125 euros ». Dans le même article, Natalie Bader-Michel reconnaît que les produits de la marque Sephora, vendus avec une « marge élevée », ont joué un rôle décisif dans le retour de l'enseigne à la rentabilité.

Se rendre dans un magasin Sephora est une expérience divertissante, mais qui peut aussi s'avérer irritante. Les conseils promulgués par le staff de vente ne sont pas toujours objectifs. Quand une marque de soin a conclu un accord promotionnel avec l'enseigne, les chances sont grandes de se voir recommander un produit de cette marque-là... Les ventes sont affichées en temps réel : les vendeurs peuvent s'assurer qu'ils atteignent bien leurs objectifs.

Un concept qui peut aussi gêner les entreprises de cosmétiques. Comme me l'a dit le président d'une société indépendante de produits de soin de la peau, « Nous avons besoin d'être chez Sephora, mais avec certaines réserves. J'ai l'impression que nous arrivons derrière les propres produits de Sephora et les marques que possèdent LVMH. » Il préfère, pour cette raison, l'environnement des grands magasins, où il a la main sur l'univers de sa marque et forme les équipes de ventes au conseil clientèle.

À l'instar des salons de beauté et de leurs vastes et opulents cousins – les spas – les grands magasins ont toujours joué un rôle crucial dans l'histoire de l'industrie de la beauté. Nombreux sont les pionniers évoqués dans les chapitres précédents qui ont usé leurs semelles à convaincre les salons et les grands magasins de commercialiser leurs produits. Ils ont parfois été très loin pour attirer l'attention des acheteurs : ainsi François Coty, au début de sa carrière, brisa-t-il une bouteille de son parfum Rose Jacqueminot sur un comptoir des Grands Magasins du Louvre, drainant de nombreux clients curieux de savoir quelle fragrance avait soudain envahi les lieux. D'Estée Lauder à Bobbie Brown, bien des entrepreneurs doivent leurs succès aux grands magasins.

Sephora appartient au marché de la « distribution sélective », la plus favorisée parmi les marques de beauté de luxe. La distribution sélective implique un environnement exclusif, avec au moins un conseiller ou maquilleur en charge d'« éduquer » les clients et de les inciter à acheter. Le décor haut de gamme – éclairage flatteur, nombreux miroirs, surfaces laquées – fait partie de l'histoire de la marque, confirmant que les entreprises de beauté ne vendent non pas des produits mais des styles de vie.

C'est en substance ce que déclare William Lauder lors du Global Department Store Summit de 2010 à New York :

> Le service que le conseiller offre au client en magasin représente une part majeure de la proposition commerciale de nos marques. La Crème de la Mer, vendue 190 dollars chez Sak's, est au sommet de notre pyramide des marques ; il est bien sûr important d'accorder à de tels noms un environnement adéquat... Le niveau de service que reçoit la cliente la renforce ses choix : celui de l'environnement, celui de la marque et celui de payer un prix élevé (WGSN.com, 15 juillet 2007).

L'héritage de M. Boot

Historiquement, l'enseigne Boots se positionne à l'autre extrémité du spectre, environnement hautement démocratique où médicaments, compléments alimentaires et produits de beauté sont proposés en self-service. L'entreprise est fondée en 1849 lorsque John Boot, ancien travailleur agricole, décide de proposer des remèdes à base de plantes dans une petite boutique de Nottingham, notamment pour venir en aide aux employés des nouvelles usines textiles du quartier qui ne peuvent se permettre une visite chez le médecin. John meurt en 1860 mais son épouse Mary prend la tête de la boutique, avec l'aide de leur fils Jesse.

C'est Jesse qui fait passer l'entreprise du statut de petit magasin à celui de chaîne florissante. Première étape : les achats de gros, qui lui permettent de maintenir des prix bas – ses publicités promettent « la santé pour un shilling[1] ». Des succursales sont ouvertes sur tout le territoire britannique ; lorsqu'éclate la Première Guerre mondiale Jesse possède pas moins de 550 magasins. Prenant sa retraite à la veille de son soixante dizième anniversaire, il revend en 1920 l'entreprise à la United Drug Company of America, sous la direction de laquelle elle passe à 1 000 points de vente. Pour résumer la suite de l'histoire, un groupe d'investisseurs mené par le fils de Jess, John, acquiert la société en 1933. John lance la ligne de soin de la peau Boots No.7 en 1935, aisément reconnaissable en rayon grâce à ses emballages bleu et jaune, qu'il promeut comme « the Modern Way to Loveliness » – « le moyen d'accès moderne à la beauté ». Boots affirme aujourd'hui que No.7 est « la première marque de soin et de cosmétiques du Royaume-Uni ». Sa directrice créative est aujourd'hui la charismatique Lisa Eldridge, une maquilleuse ayant travaillé avec les grands noms de la photographie, du design et de nombreuses personnalités, et auteur d'un blog à succès (www.lisaeldridge.com).

Le 5 juillet 1948, le secrétaire d'État à la santé, Aneurin « Nye » Bevan, crée le National Health Service, la Sécurité Sociale britannique. Il offre ainsi à tous, et gratuitement, des soins financés par le gouvernement. « Nous dominons désormais moralement le monde », déclare-t-il alors. Boots, pharmacie de longue date, devient plus que jamais un centre névralgique essentiel, perpétuant ainsi la tradition établie par son fondateur lors de la révolution industrielle. L'enseigne se met progressivement à vendre des compléments alimentaires et des produits de beauté, introduisant le concept du self-service des supermarchés à l'univers des officines des années 1950. Elle fusionne en 2006 avec Alliance Unichem pour former Alliance Boots, rachetée l'année suivante par Stefano Pessina, ancien vice-président exécutif d'Alliance, et un fond privé d'investissements.

---

1. Un shilling équivalait à un vingtième de livre (NdT).

Si Boots possède aujourd'hui des magasins à l'international – en Norvège, en Russie, en Thaïlande et aux Pays-Bas – elle reste une enseigne indissociable des rues commerçantes britanniques.

Sa carte de fidélité, la Boots Advantage Card, lancée en 1993, compte 16,7 millions de membres actifs au Royaume-Uni (« actifs » désignant les clients ayant effectué un achat au cours des 12 derniers mois) et permet ainsi à la chaîne de récolter moult informations sur les habitudes d'achat de ses clients. Dans leur ouvrage *Romancing the Customer* (2001), Paul Temporal et Martin Trott décrivent la Boots Advantage Cards comme « le plus grand système de carte de fidélité au monde » et avancent que 40 % des transactions de Boots sont liées à la carte.

Ladite carte est quasiment impossible à retourner. Les clients collectent quatre points pour chaque livre dépensée en magasin ou en ligne, ce qui en fait l'un des systèmes les plus généreux du pays (la plupart des autres offrent un point par livre) ; les détenteurs de la carte peuvent utiliser leurs points pour une large gamme de produits du magasin. Boots a également implanté des kiosques Advantage Points Extra Offers dans certains magasins : en insérant leur carte dans une machine type distributeur de monnaie, les clients peuvent vérifier leur crédit de points, obtenir des coupons de réduction et s'informer des promotions réservées aux porteurs de carte. Avantage consécutif logique : un trafic accru en magasin !

Le décor clinique et ordonné des magasins Boots rappelle celui des boutiques de duty-free, mais ni leur clientèle ni les marques exposées en rayon ne sont les mêmes. Depuis leur création en 1946 (le premier a ouvert à l'aéroport de Shannon, en Irlande), les espaces duty-free sont devenus un canal de distribution vital pour les marques de beauté de luxe. Ils séduisent particulièrement les hommes d'affaires toujours entre deux avions, qui tendent à fuir les grandes enseignes de beauté traditionnelles mais se sentent chez eux dans le cadre terne des duty-free, où ils tuent le temps en attendant leur prochain vol.

Acteur clé de ce secteur, l'actuelle DFS Galleria, fondée en 1960 sous le nom Duty Free Shoppers, a été lancée à Hong Kong par les entrepreneurs Charles Feeney et Robert Miller. Ces derniers y ont vu l'opportunité de cibler la classe émergente de voyageurs japonais avant d'obtenir la concession exclusive des duty-free d'Hawaï. Leur entreprise évolue par la suite vers ce que le site décrit comme « le plus acteur de *travel retail* du monde » (www.dfsgalleria.com). LVMH est actionnaire de l'entreprise depuis 1996.

Il existe enfin un dernier canal de distribution tout à fait différent, qui revêt pour moi un certain halo de nostalgie.

Avon Calling

« Ding dong, Avon calling ! » carillonnait ma mère, parodiant le slogan publicitaire d'Avon, en apportant sous nos rires le petit-déjeuner à table. L'entreprise de cosmétiques en vente directe est déjà culte quand elle lance sa campagne, en 1958. L'omniprésence du slogan, et sa capacité à vous rester dans la tête, était telle que ma mère le chantait encore des dizaines d'années plus tard. Dans les années 1970, l'entreprise changea même le nom d'*Outlook*, le magazine destiné à ses vendeurs, en *Avon Calling.*

Les ambassadrices d'Avon achètent les produits à prix réduit (entre 20 et 25 %) et les revendent à plein tarif, empochant au passage la différence. Elles sont supervisées par des « Animatrices de Réseaux » qui managent les équipes d'ambassadrices et touchent des commissions sur les ventes de ces dernières. Les ambassadrices sillonnent leur zone en laissant des brochures à leurs clientes potentielles, puis repassent prendre leurs commandes. Le job ne convient pas nécessairement à tout le monde : on attend des vendeuses qu'elles passent leur temps dans les rues ; celles qui réussissent sont celles qui ont un don pour la vente. Nul besoin d'aller chercher bien loin pour trouver d'anciennes ambassadrices mécontentes car leurs revenus n'étaient pas à la hauteur de leurs aspirations… Mais avec plus de 6 millions de représentantes dans le monde et 10 milliards de revenus annuels, il doit bien tout de même y en avoir dont les aspirations sont comblées.

Conforme à une industrie qui sait raconter des histoires, Avon a été créée par un vendeur de livres. Il s'appelle David H. McConnell et colporte des livres de porte en porte dans les rues de New York, offrant en bonus des échantillons de parfums qu'il concocte chez lui. Lorsqu'il remarque que les femmes sont bien plus intéressées par ses parfums que par ses livres, McConnell décide de se concentrer sur les fragrances.

Mais il lui faut de l'aide, or lors de ses tournées comme vendeur de livres il a rencontré de nombreuses femmes appauvries et disposant de temps en journée. Et s'il les aidait, elles et leurs familles, tout en développant un business ? Il décide de les faire travailler comme contractuelles indépendantes, les laissant libres de gérer leur temps et leur périmètre d'action.

C'est Mme PFE Albee, femme mariée de 50 ans et mère de deux enfants dans le New Hampshire, qui devient la première ambassadrice de ce qui s'appelle alors la California Perfume Company, en 1886. À peine dix ans plus tard, l'entreprise de McConnell compte... 5 000 ambassadrices. Comme le souligne le site d'Avon, « il était à l'époque quasiment inédit pour une femme de gérer sa propre entreprise. Seulement 5 millions de femmes américaines environ travaillaient en dehors du foyer, grimpant seules les échelons d'entreprise. Cela ne représentait que 20 % des femmes. » Elles étaient alors domestiques ou ouvrières dans des usines, et leurs salaires ne représentaient qu'une fraction de celui des hommes (www.avoncompany.com).

Son modèle de porte-à-porte, dont l'appellation plus formelle est « vente directe », est pour l'entreprise une publicité en soi, quoiqu'elle fasse également paraître une annonce dans le magazine *Good Housekeeping* en 1906. Elle commence en outre à se développer à l'international, et l'on voit des représentantes sonner aux portes des maisons de Montréal, au Canada, à partir de 1916. Ce n'est qu'en 1928 qu'apparaît le nom de la marque. McConnell vient alors de visiter le lieu de naissance de Shakespeare, Stratford-upon-Avon, et apprécie tellement la ville qu'il décide d'emprunter son nom pour baptiser une gamme de produits. La California Perfume Company sera renommée Avon Products en 1939.

Au fil des ans, Avon s'aligne avec la cause des femmes. En 1986, alors que le centième anniversaire de la Statue de la Liberté coïncide avec son propre centenaire, l'entreprise sponsorise un projet de restauration de l'emblématique « Lady Liberty ». Avon lance la Fondation Avon pour les Femmes en 1955, la Croisade Avon contre le Cancer du Sein en 1992 ainsi qu'un programme de soutien aux victimes de violences conjugales en 2004. L'entreprise donne des centaines de millions de dollars chaque année à des causes liées aux femmes, ou soutenues par elles. Il est intéressant de remarquer, toutefois, qu'il faut attendre 1999 pour voir une femme à la tête d'Avon, la remarquable Andrea Jung, toujours en poste à ce jour.

Avon a également innové en matière de produits. Elle lance en 1986 Bioadvance, l'un des premiers soins de la peau à base de rétinol stabilisé, puis en 1992 Anew, la première crème de soin basée sur un acide alpha-hydroxylé (AHA).

Tandis qu'elle poursuit son expansion dans le monde, la société s'implante en Chine en 1990 mais s'y voit forcée de passer à un mode de distribution plus traditionnel huit ans plus tard, quand le gouvernement interdit la vente directe. Elle revient à sa stratégie initiale en 2006, quand cette interdiction est levée. Avon est aujourd'hui le plus gros acteur de vente directe au monde, vendant ses parfums et cosmétiques en porte-à-porte dans 120 pays. Comme nous l'avons vu, elle a inspiré d'autres entrepreneurs de la beauté, comme Natura au Brésil ou Amore en Corée du Sud.

Le développement d'Avon est similaire à celui des techniques d'études de marché par P&G dans les années 1950 : comme les femmes chargées par le docteur Smelser d'aller toquer aux portes en gants et chapeaux, les ambassadrices d'Avon créent une complicité telle avec leurs clientes que la publicité traditionnelle passe au second plan. Qui plus est, les ambassadrices s'auto-recrutent !

Dans une interview au *Financial Times*, la PDG Andrea Jung déclarait : « Le déclin macroéconomique mondial a créé une dynamique qui nous a contraints à miser d'autant plus sur nos principes fondateurs... Nous avons vu notre nombre d'ambassadeurs fortement augmenter ».

En effet, au cœur de la récession, Avon a concentré ses ventes sur des produits à bon rapport qualité-prix et a renforcé son attention sur le recrutement. Elle a diffusé un spot publicitaire lors du Super Bowl de 2009, aux États-Unis d'abord puis dans le monde. « Nous y avons fait jouer des représentants Avon qui avaient perdu leur [ancien] travail et évoquaient leur façon de gérer leurs propres affaires et le fait qu'ils ne pourraient jamais être renvoyés. Nos standards ont été saturés dans l'heure. Nous avons alors élargi la campagne à l'international et avons gagné plus de parts de marché et plus de vendeurs dans tous les pays où nous l'avons diffusée. C'est la campagne la plus rentable que nous ayons jamais menée, et tout ça au cœur de la crise financière. »

Andrea Jung supervise l'expansion d'Avon sur les marchés émergents – pour elle, le Moyen-Orient, l'Inde et l'Afrique sont les plus prometteurs, la Turquie et l'Afrique du Sud étant les pays à la croissance la plus rapide – mais, ajoute-t-elle, « Pour moi le marché émergent le plus grand n'est pas un pays, mais les femmes. 600 millions de personnes vivent avec un dollar par jour, et deux tiers de ceux qui vivent en dessous du seuil de pauvreté sont des femmes. Quand une femme ramène de l'argent à la maison, la santé familiale et l'éducation s'améliorent. L'impact sociétal est énorme » (« Woman at the top : Andrea Jung », *Financial Times*, 16 novembre 2010).

Avec autant de marchés à conquérir et d'ambassadrices à recruter, Avon toquera encore à de nombreuses portes !

ASTUCES BEAUTÉ

* Les marques de cosmétiques haut de gamme conçoivent pour leur implantation en grand magasin des comptoirs grandioses, derrière lesquels des conseillères beauté accueillent la clientèle. Elles renforcent ainsi leur statut, déjà induit par les autres éléments de la stratégie marketing.
* Sephora a révolutionné le canal de la « distribution sélective », en étant la première à mettre en place dans le secteur de la beauté un « self-service peu assisté ».
* L'enseigne fournit un environnement chic, où ses visiteurs ont accès à une offre large de parfums et produits de soin de la peau sur la base du self-service – mais ils peuvent également demander conseil aux vendeurs(euses).
* Les esthéticiennes et les bars à ongles des magasins contribuent à leur atmosphère dynamique.
* Les vendeurs(euses) ont tendance à recommander aux clients les marques ayant passé un accord promotionnel avec Sephora.
* L'enseigne britannique Boots the Chemist vend des compléments alimentaires et produits de beauté grand public, dans un environnement de self-service.
* Sa carte de fidélité est l'une des plus généreuses du secteur et a fait de nombreux adeptes ; elle permet à l'entreprise d'adapter ses offres promotionnelles aux habitudes d'achat de ses clients.
* Avon a, pour sa part, supprimé un maillon de la chaîne en introduisant la vente au porte-à-porte de parfums et cosmétiques. C'est aujourd'hui le leader mondial de la vente directe, avec plus de 6 millions d'ambassadrices.
* L'ambassadrice Avon crée une complicité avec ses clientes en gagnant leur confiance et en s'imposant comme un visage familier au sein de sa communauté.
* Avon a su bénéficier de la récession économique, qui lui a permis de recruter de nombreuses ambassadrices parmi les femmes (et éventuellement les hommes) qui avaient récemment perdu leur emploi, où que ce soit dans le monde.

15

La beauté numérique

« Le dernier cri d'aujourd'hui
sera peut-être le conte moral
de demain. »

Le monde numérique évolue si rapidement que deux entretiens ont été nécessaires avec l'homme ayant accepté d'être mon informateur sur le comportement *online* des marques de beauté. Huit mois peut-être se sont écoulés entre nos deux rendez-vous, période au cours de laquelle, m'a-t-il dit, les choses ont fortement évolué.

Il m'a demandé de ne mentionner ni son nom, ni celui de l'entreprise qui l'emploie. C'est une marque de cosmétiques française haut de gamme – une des plus grandes au monde – et Xavier, appelons-le ainsi, y dirige le département numérique. Lors de notre première entrevue, il s'était plaint que de nombreux dirigeants des entreprises de beauté, et principalement sur le segment du luxe, se montrent frileux quant aux possibilités du numérique, qu'ils envisagent comme une source de revenus annexe et non comme le pilier central de leur stratégie marketing. Il avait ajouté que les agences numériques n'étaient pas habituées à l'extrême souci du détail que requéraient les marques de luxe dans leur communication auprès de leur public : le web, historiquement, n'est pas un environnement esthétique.

« Ce qui s'est passé depuis, c'est la fusion progressive d'agences spécialisées dans le web avec des agences de publicité traditionnelles, explique-t-il. Conséquence, les agences ont poussé leur expertise numérique auprès de leurs clients. Cela nous donne du coup la possibilité, aujourd'hui, de faire des choses un peu plus sophistiquées que simplement mettre une vidéo – une publicité à notre gloire – en ligne. »

Il mentionne également les réseaux sociaux, qui ont explosé depuis notre dernière entrevue. Comme la plupart des marques, Xavier a une *fan page* sur Facebook. Mais contrairement à la plupart de ses concurrents, celle-ci a une stratégie cohérente : les annonces sur Faebook sont planifiées des mois à l'avance et reflètent la communication globale de la marque : lancement de produits, publicités, compétitions, etc. Les commentaires laissés par les visiteurs sont contrôlés, et les réponses soigneusement pensées au lieu d'être postées à la hâte. « La ruse avec Facebook consiste à garder la main sur la conversation plutôt que de laisser les clients la mener. »

Facebook est d'ailleurs devenu un outil primordial dans le marketing de la relation client. « Les visiteurs de notre fan page sont autant intéressés par ce que disent les autres consommateurs que par ce que nous, nous disons. J'ai lu des recherches indiquant que les consommateurs n'accordaient que 20 % de confiance à un produit dont ils voient une publicité, en revanche ils accordent 80 % de confiance à un produit recommandé en ligne par un autre utilisateur. »

Les réseaux sociaux résolvent le problème auquel fait face la majorité des entreprises de beauté : le manque de contact direct avec le consommateur. Leurs marques sont souvent commercialisées par des détaillants et non des magasins tenus en propre ; il leur est donc difficile de nouer une relation avec ceux qui achètent leurs produits ou de construire une base de données clientèle. Les cartes de fidélité permettent aux distributeurs d'en apprendre long sur leurs acheteurs mais ils se gardent bien de partager ces données, voyant dans les sites d'e-commerce des marques des concurrents directs à leur propre activité. Les médias sociaux court-circuitent les distributeurs et remettent face à face les marques et leurs clients.

Autre avantage d'une *fan page* sur Facebook : la transparence – les consommateurs savent que la page est gérée par la marque. « Il y a toujours un côté manipulatoire lorsque les marques postent dans des forums ou des blogs sur des problématiques beauté. La tentation existe de ne pas se dévoiler et de chatter avec les visiteurs sans dire qu'on est une marque. Lorsque les consommateurs s'en aperçoivent, ils le ressentent comme extrêmement intrusif. »

Exemple notoire, le blog français *Journal de ma peau* apparu en avril 2005. L'auteur s'identifie comme « Claire », une femme d'un certain âge. Mais la blogosphère n'est pas dupe : des blogueurs font remarquer que les posts de Claire ressemblent un peu trop à des annonces publicitaires – ce qu'ils s'avèrent effectivement être.

Journal de ma peau est en réalité un faux blog, lancé par la marque Vichy (propriété de L'Oréal) et l'agence de publicité Euro RSCG pour promouvoir le produit Peel Microabrasion. Quand Vichy avoue la supercherie, non seulement elle doit faire face à une tornade de critiques de la part des bloggueurs mais elle est en outre quasiment tournée en ridicule par la presse marketing. Rétrospectivement, le cas fait office de référence à d'autres égards : L'Oréal et ses concurrents en tirent un précieux enseignement de l'interaction online entre une marque et les consommateurs. Conséquence du désastre, Vichy change de tactique et développe un blog à son nom sur lequel les visiteurs peuvent demander conseil pour leurs problèmes de peau.

« Les consommateurs aiment s'engager avec les marques, précise Xavier. Nous ne sommes pas nécessairement en train de chercher des avis sur les produits à développer ou à modifier. Nous sommes une marque de luxe, nous sommes donc censés avoir une longueur d'avance sur les consommateurs en matière d'innovation. Mais nous les invitons à rejoindre notre famille, et donc à parler. »

Plusieurs rapports parus sur le secteur de la beauté font échos aux propos de Xavier. Début 2010, *Advertising Age* indiquait ainsi que

Procter & Gamble avait surmonté ses « réserves sérieuses » quant à l'utilisation de Facebook comme outil marketing. « Aujourd'hui, le plus grand marketeur au monde veut que toutes ses marques soient présentes sur Facebook… et a récemment ouvert un bureau de recherche et développement à Palo Alto, en Californie, non loin du siège de Facebook, pour tenter d'y co-développer des compétences en terme de médias numériques et sociaux. » L'article ajoutait que le rival de P&G, Unilever, s'était tourné vers Facebook pour la promotion de sa gamme de soin pour homme Axe. « La page héberge les vidéos virales lancées par la marque, et Axe a récemment dédié un visage humain à la séduction de sa clientèle masculine : Jennie – en réalité membre de l'équipe dédiée à la marque à l'agence de relations publiques Edelman » (« Once skeptics, brands drink the Facebook Kool-Aid », 22 février 2010).

L'utilisation de Facebook évoluera – ou pas. « L'un des problèmes de ce job est que le sol se transforme constamment sous vos pas », dit Xavier. « Qui, il y a deux ans, aurait prédit la désertion quasi totale de Myspace ? Le dernier cri d'aujourd'hui sera peut-être le conte moral de demain. »

Le sujet soulève la question de Twitter, auquel Xavier trouve une utilité limitée « en dehors des questions de pures relations publiques ». Et d'ajouter, « les gens l'utilisent comme une source d'information, pas de conversation. Quelque chose comme 80 % des comptes Twitter sont inactifs. »

Je me demande à voix haute ce qu'il advient alors des blogs. Des années après le fiasco Vichy, le web regorge encore de blogueurs écrivant sur les cosmétiques à des degrés divers de professionnalisme. Le nom de Michelle Phan se détache de la masse : celle-ci est passée du « blogging » au « vlogging » (contraction de « vidéo » et de « blogging ») en uploadant sur YouTube des tutoriaux de maquillage, qui totalisent des millions de visiteurs. Un succès tel que Lancôme l'a engagée, en 2010, pour réaliser des vidéos où figurent ses produits. Des distributeurs tels que Sephora et Boots utilisent les blogs pour ajouter un contenu plus éditorial à leurs sites d'e-commerce. Et les tutoriaux de maquillage sont désormais un élément récurrent des sites de marques.

La relation des marques avec les blogueurs est quasiment aussi épineuse que celle qu'elles entretiennent avec les journalistes. Les journalistes beauté traditionnels sont esclaves de leurs annonceurs et croulent sous les cosmétiques gratuits qui leur sont adressés. L'espoir que les blogueurs représentent une voix indépendante au milieu des bras armés des services de relations presse s'est depuis longtemps dissipé : beaucoup d'entre eux aussi reçoivent produits gratuits et invitations aux soirées de lancement chics, et sont donc désormais souvent contraints de la même manière que leurs homologues des magazines quand il s'agit de donner un point de vue objectif.

« Le problème quand on décide de recruter des blogueurs pour des besoins de RP, c'est qu'ils sont trop nombreux », souligne Xavier. « Même les meilleurs ne remontent pas à la surface dans les recherches Google, il faut tomber dessus par hasard ou en avoir entendu parler par ailleurs. Et puis, dès qu'ils sont considérés comme étant trop liés à une marque en particulier, les visiteurs les estiment trop commerciaux et s'en détournent progressivement. »

Il reconnaît pourtant que les marques devraient collaborer avec les blogueurs. « Pour moi, la question est de savoir s'ils font partie des médias sociaux, ou si c'est de la presse. La plupart des marques les traitent comme des journalistes mais puisqu'elles recrutent des spécialistes des réseaux sociaux, la responsabilité de la relation avec les blogueurs pourrait maintenant relever du service des relations presse. »

Lorsque j'ai rencontré Xavier pour la première fois, il était aux prises avec les implications de l'iPhone et de l'iPad. Les marques de beauté se sont ruées sur ce nouvel espace média et ses applications. La marque de produits pour ongle OPI, par exemple, a lancé un *nail bar* virtuel permettant à ses utilisateurs d'accéder à une palette de plus de 200 couleurs et de les associer avec leur teint de peau. Le résultat est sauvegardé et l'iPhone localise ensuite le détaillant OPI le plus proche. L'Oréal s'y est mise également avec une application gratuite proposant de choisir entre plusieurs styles de maquillage, de regarder des tutoriaux vidéos et de recevoir des recommandations de produits personnalisées selon le type préalablement renseigné de peau et de cheveux.

« Nous étions tous très excités de ces applications – au début », confesse Xavier. « Mais une fois que tout le monde a eu lancé la sienne, l'espace est devenu moins intéressant. Les gens ont tendance à télécharger une application, à s'amuser avec pendant un temps puis à l'oublier. J'ai dû moi-même télécharger près de 50 applications sur mon téléphone, mais je n'utilise régulièrement que cinq d'entre elles. »

Pour lui, un site conçu pour les mobiles, auquel on peut accéder via toute une série d'appareils, est bien plus intéressant. La téléphonie mobile, d'une façon générale, intéresse fortement les marques de beauté. L'application L'Oréal, par exemple, est dotée d'un scanner de code-barres permettant à l'utilisateur d'accéder, lors de ses achats en magasins, à des conseils d'utilisation du produit en question. Ce genre d'application permet là encore de court-circuiter le distributeur. Comme nous l'avons vu, le staff de vente des enseignes de beauté est fortement incité à recommander telle ou telle marque, selon les périodes. Les outils de scan, qui relie directement les consommateurs au site Web de la marque, peuvent représenter une solution à ce problème. « Je peux parler directement à la cliente alors qu'elle est sur le point d'acheter », explique Xavier.

La chose dont nous n'avons pas encore parlé, dans toute cette stratégie numérique, est le site Web lui-même.

« C'est le point central, le point de départ pour tous les contenus créés par la marque. Il doit également fournir un contenu exclusif : des vidéos scientifiques, des vidéos de lancement, des tutoriaux, etc. ». Et une boutique en ligne, non ? « Oui, mais pour moi la principale vocation d'un site Web est de construire une image. Une section e-commerce est importante, mais une boutique en ligne réalise généralement l'équivalent des ventes d'un seul magasin, elle ne remplacera donc jamais vos autres points de vente. C'est pourquoi vous devez faire attention à fournir d'autres contenus. Un site purement commercial aura un impact négatif sur votre image. »

Internet permet également aux entreprises de beauté de gérer la délicate question de l'éthnicité : il est plus facile de décrire différents types de peau online que dans une coûteuse campagne de publicité traditionnelle.

Les sites Web servent à inciter les consommateurs potentiels à demander des échantillons (rappelez-vous le cas Caudalie, au chapitre 13), mais Xavier précise que les coûts d'envoi et de logistique en font une pratique difficile quand vous n'êtes pas une grosse marque. Est apparue aux États-Unis une alternative : un club de beauté baptisé Birchbox (www.birchbox.com), auquel l'adhésion coûte 10 dollars par mois. Moyennant cette somme, ses membres reçoivent tous les mois un élégant colis contenant quatre ou cinq échantillons – non pas emballés dans des sachets en aluminium, mais de vraies mini-bouteilles ou micro-tubes qui finissent généralement dans votre trousse de toilette de voyage. Si elles aiment un produit, les clientes peuvent l'acheter depuis le site de la marque, auquel renvoie un lien sur birchbox.com. Chaque colis est basé sur un thème – les produits bio par exemple – mais les consommatrices peuvent également commander un colis sur-mesure.

Les co-fondatrices du site, Hayley Barna et Katia Beauchamp, se sont rencontrées à la Harvard Business School. Elles ont créé Birchbox pour, disent-elles, « aider les femmes à s'y retrouver dans l'univers encombré de la beauté et y dénicher les produits qui fonctionnent vraiment sur elles ». Le binôme a signé des accords avec de nombreuses « marques partenaires », dont Kiehl's, Korres, Marc Jacobs, Serge Lutens, NARS et Stila, pour n'en citer que quelques-unes. Halyey et Katia ne payent pas les échantillons, mais les marques s'y retrouvent :

elles ont en effet accès à un public auto-sélectionné de clientes potentielles avisées.

« Nous nous sommes rendues compte que, quand on entre chez Sephora, on renonce à en apprendre plus car le choix est trop vaste », expliquait Katia Beauchamp au *New York Times*. « Avec quatre ou cinq échantillons par mois, vous avez vraiment l'occasion d'essayer un nouveau produit et de décider si vous voulez l'acheter en taille réelle » (« Birchbox aims to simplify the business of beauty », 20 avril 2011).

Officiellement lancé en septembre 2010, le site enregistre en avril de l'année suivante plus de 22 000 inscrits. Katia explique avoir eu l'idée de Birchbox lors d'un passage chez Estée Lauder, où elle réalise le coût pharamineux des échantillons pour les marques de beauté, qu'ils soient expédiés ou offerts pour un montant minimum d'achat. « Donner un cadeau lors d'un achat à une personne déjà cliente rend difficile l'évaluation du résultat de cet investissement... Birchbox est un moyen de suivre ce retour sur investissement et d'obtenir des données sur les comportements d'achat. »

Elle ajoute que les premières recherches ont suggéré que 20 % des inscrits sur le site achetaient effectivement le produit en taille réelle après en avoir testé l'échantillon. Birchbox.com héberge également un blog sur les dernières tendances beauté.

Les avancées technologiques enrichissent constamment l'expérience online du consommateur. « C'est génial qu'ils puissent uploader des photos d'eux-mêmes pour pouvoir expérimenter des styles de maquillage, par exemple », s'enthousiasme Xavier. « La réalité augmentée va également transformer l'expérience d'achat, grâce à des miroirs virtuels qui vous permettront de tester des looks sans avoir besoin d'essayer réellement le produit. Les frontières entre l'écran et la réalité sont en train de se dissiper. »

La taille et la mutabilité du monde numérique rend son environnement intimidant pour n'importe quelle entreprise. Unilever faisait partie, en 2010, des entreprises ayant envoyé des cadres participer à un safari numérique dans la Silicon Valley pour explorer les possibilités ouvertes devant elles. « Les marketeurs ont visité Google, Facebook, Apple, Twitter, Microsoft, Amazon et Yahoo pour trouver des solutions numériques à leurs problématiques marketing – une reconnaissance claire que les consommateurs d'aujourd'hui, qui s'y connaissent en matière de numérique, forcent la main des marques qui continuent à investir l'essentiel de leur budget marketing dans la publicité traditionnelle » (« Clients go direct to tech », *Adweek*, 13 février 2011).

Le directeur marketing et communication d'Unilever, Keith Weed, déclarait lors d'une conférence : « Le plus grand défi que je vois dorénavant est la quantité de choix qui s'offrent à nous... il est impossible de passer une journée sans être bombardé par tous ces messages, et le moyen de survivre à cette journée est de vous associer aux marques qui vous plaisent. »

En d'autres termes, les marques doivent pleinement exploiter le pouvoir de communication que leur offre le média numérique. Elles ont compris dans la douleur que c'était les réseaux sociaux comme Facebook – et les consommateurs eux-mêmes – qui écrivaient désormais les scénarios... Les marques de beauté, ces expertes en récit, doivent trouver des moyens plus fascinants encore de réaliser ce qu'elles font le mieux.

ASTUCES BEAUTÉ

- Les médias sociaux constituent le nouveau terrain de jeu des marques, mais celles-ci s'inquiètent de ce que les consommateurs « contrôlent la conversation ».
- Les marques ont recruté des spécialistes des médias sociaux d'une part pour s'assurer que les messages postés soient en phase avec leur stratégie générale et d'autre part pour contrôler les commentaires.

***

- Les réseaux sociaux sont perçus comme des outils valables de management de la relation client, qui permettent aux marques de court-circuiter les distributeurs et de s'adresser directement aux consommateurs.
- Les blogueurs beauté sont utiles aux RP, mais s'avèrent difficiles à contrôler. La plupart ne sont pas référencés par Google, et n'apparaissent donc pas en tête des résultats de recherche.
- Les visiteurs se détournent des blogs de beauté quand leurs auteurs nouent des relations plus proches avec certaines marques, limitant par là leur objectivité.
- Les « clubs d'échantillons » online constituent une alternative possible qui permet aux marques de toucher des clients potentiels.
- Les outils de téléphonie et autres tablettes média ont du potentiel, mais l'effet « moi aussi je veux mon application » des marques a provoqué un encombrement du marché. Il reste difficile de concevoir une application séduisante.
- Les téléphones peuvent constituer un nouveau moyen de court-circuiter les distributeurs en permettant aux consommateurs de consulter directement les marques quand ils sont en magasin.
- Les sites Web sont, de plus en plus, des portails donnant accès à une large variété de contenus numériques créés par les marques.
- Même les plus grandes entreprises cosmétiques s'inquiètent de ce que le monde digital est infiniment vaste et imprévisible.
- Il leur faut envisager le numérique comme une « boîte à outils », en sélectionnant les éléments qui leur permettent de raconter leur histoire sans se sentir obligées de s'engouffrer dans chaque nouvel espace numérique.

16

Sous le bistouri

« Le charlatanisme a été banni
de la médecine il y a plus d'un siècle,
mais le danger est grand
de le voir revenir dans le domaine
de la chirurgie esthétique. »

De toutes les tendances mondiales de l'industrie de la beauté, celle de la croissance et de l'acceptation des traitements chirurgicaux, de même que les interventions type injection de Botox ou autres agents de comblement dermique, est la plus remarquable. En 2007, l'American Society for Aesthetic Plastic Surgery (ASAPS) déclarait avoir noté une hausse de 437 % du nombre de procédures au cours des dix dernières années, pour un chiffre d'affaire annuel de 13,2 milliards de dollars.

Deux ans plus tard, la même organisation rapportait que la crise économique avait à peine affecté cette tendance. L'étude menée par l'ASAPS montrait que 51 % des Américains, quel que soit leur niveau de revenus, étaient favorables à la chirurgie plastique. Si l'on catégorise par sexe, 53 % des femmes et 49 % des hommes ont déclaré qu'ils envisageaient une intervention ; 67 % des Américains affirment qu'ils ne seraient pas embarrassés que leur entourage apprenne qu'ils ont eu recours à la chirurgie esthétique. De façon alarmante, le groupe d'âge le plus jeune, les 18-24 ans, était le plus enclin à envisager la chirurgie pour eux-mêmes, présentement ou dans le futur.

La situation est similaire en Europe ; la British Association of Aesthetic Plastic Surgeons note une croissance annuelle des interventions de 5 % ; on en compte aujourd'hui 40 000 environ sur un an. En France, le magazine *Perfect Beauty*, dédié à la chirurgie cosmétique et autres interventions médicales, a fait son apparition en kiosque début 2011. Il est distribué chez les marchands de journaux, dans les cliniques de chirurgie esthétique, les salons de beauté et hôtels de luxe, ainsi que sur les lignes Eurostar et Thalys. Il couvre, outre la chirurgie, les produits anti-âge, les régimes, les soins de la peau, le fitness et autres spas. « Aujourd'hui, l'industrie cosmétique n'est plus taboue ou simplement réservée aux célébrités », commente l'éditrice du magazine, Brigitte Dubus.

En Italie, la vénérable Santa Maria Novella (ou, pour donner son intitulé entier, Officina Profumo – Farmaceutica di Santa Maria Novella, maison fondée à Florence en 1612) commercialise une ligne de soins destinée aux peaux ayant subi une chirurgie plastique. Le Face Recovery Kit, par exemple, contient des « produits visant à réduire les conséquences premières et l'inconfort qui suivent les interventions cosmétiques telles qu'un lifting du visage ou une chirurgie des paupières ». On y trouve la Face Calming Water, qui réduit les gonflements, un Papay Gel, aux « excellentes propriétés antioxydantes » ainsi qu'une crème à l'Aloe Vera qui « agit sur la texture de la peau pour la rendre plus douce ». Le kit contient enfin une « crème à base de balsa qui contribue à l'amélioration de l'apparence des cicatrices et à leur qualité ». Une idée marketing brillante qui en dit long sur la cible démographique de la marque et son acharnement à conquérir le marché américain.

Ailleurs dans le monde, comme nous l'avons vu au chapitre 12, l'acharnement de jeunes femmes à se conformer aux « normes » mondialisées de la beauté a entraîné l'essor de la chirurgie esthétique.

Internet, ainsi que les coûts de moins en moins élevés des voyages internationaux, ont favorisé le « tourisme de la chirurgie cosmétique », comme le formule l'ASAPS. « Parmi les destinations populaires, l'Argentine, le Brésil, le Costa Rica, la République Dominicaine, la Malaisie, le Mexique, les Philippines, la Pologne, l'Afrique du Sud et la Thaïlande. Ces destinations offrent des packages de vacances complets, depuis "safari et chirurgie" jusqu'aux "itinéraires tropicaux". »

Wendy Lewis, auteur en 2007 d'un livre intitulé *Plastic Makes Perfect*, note une intolérance grandissante envers les imperfections, justifiée par « les avancées dans les traitements cosmétiques [et leurs] promesses d'embellissement et de renversement du processus de vieillissement » (« Aesthetic surgery update », WGSN.com, 3 décembre 2008). Une fois de plus, ces mots soulèvent le spectre d'une société injuste fondée sur ceux qui sont choisis – ou peuvent se permettre – de payer une intervention.

La chirurgie esthétique devenant de plus en plus courante, j'ai voulu savoir à quel point cette industrie était réglementée. Comment un consommateur peut-il être certain que son chirurgien plastique est un professionnel respecté et non un charlatan armé d'un scalpel ? J'ai posé la question à Nigel Mercer, président de la British Association of Aesthetic Plastic Surgeons (BAAPS).

« Sur un plan international, le secteur s'impose à lui-même des règlementations, avec des associations telles que les nôtres qui fixent leurs propres standards », me répond-il. « Nous faisons actuellement pression pour obtenir des standards européens. Bien sûr, les standards ne sont pas des lois et les situations légales varient énormément. La France observe des lois strictes, la Belgique n'en a aucune. Au Royaume-Uni nous surveillons nos membres : nous vérifions ce qu'ils font, comment ils le font, ainsi que leurs taux de complication. »

Mercer reconnaît que de nombreux chirurgiens plastiques opèrent en dehors du cadre réglementaire. D'autres partagent ce point de vue ; comme l'explique sans détour un article du *British Medical Journal* :

« Tout médecin enregistré au General Medical Council peut, au Royaume-Uni, pratiquer la “chirurgie cosmétique” » (« The hard sell in cosmetic advertising », 16 mars 2010).

Pour Nigel Mercer, « une combinaison entre une couverture médiatique qui accroît la demande d’une part, et l’avidité d’autre part, a créé une situation potentiellement désastreuse. »

Il recommande à ceux qui envisagent une intervention d’en parler préalablement avec leur médecin, qui devrait être capable de les envoyer vers un chirurgien reconnu. (Il arrive que des généralistes refusent de recommander un spécialiste, forçant le patient à court-circuiter le processus et à se rendre directement en clinique. Mercer avertit que si les patients se rendent dans une clinique, aussi bonne soit-elle, ils seront pris en charge par le premier médecin ayant un créneau disponible, et non le plus adapté à leur problème.) Ne jamais se fier aux rapports dans les médias ni, surtout, aux publicités. En réalité, la BAAPS a appelé à l’interdiction légale de la publicité pour ces types d’établissement – une interdiction déjà effective en France.

Un coup d’œil en passant aux annonces encartées dans les éditions britanniques de *Elle* et *Vogue* révèle quantité de publicités pour des réductions ou grossissements mammaires, des prélèvements de graisse et des « remodelages du corps », un peu plus sobres peut-être mais tout à fait en phase avec les fantasmes de glamour et de perfection physique bissés par ces publications.

Au Royaume-Uni, la publicité des chirurgiens plastiques est réglementée par des codes de conduite établis par des organismes tels que le General Medical Council et l’Advertising Standards Authority – le secteur de la publicité possède en effet son propre organisme régulateur. Comme l’écrit le *British Medical Journal*, « Au Royaume-Uni et en Europe, les lois, règles professionnelles et organes de surveillances [...] des gouvernements qui contrôlent la publicité des médicaments vendus sur prescription, font peu de références spécifiques à la chirurgie cosmétique. Les cliniques de ce type de chirurgie ne visant pas à soigner des maladies, leur publicité est exemptée et tombe sous la réglementation de l'industrie publicitaire elle-même. »

La réglementation des injections de Botox et autres traitements similaires est pareillement laxiste dans le reste de l'Europe. Comme vous le savez peut-être, le Botox est un dérivé de la toxine botulique, une des neurotoxines les plus puissantes au monde, qui paralyse les terminaisons nerveuses des muscles. Dans les années 1970, des scientifiques ont découvert que la toxine botulique de type A peut, à faible dose, soigner le strabisme et les spasmes musculaires. Son effet lissant sur les rides est mentionné pour la première fois en 1989. En 2002, la FDA a annoncé l'autorisation officielle de la toxine botulique de type A, commercialisée sous l'appellation Botox Cosmetic, pour soigner les rides d'expression. La publicité du produit, largement diffusée, suggère que les célébrités y ont recours – les annonces montrent des stars avec de légères rides d'expression, accompagnées d'un texte hypocrite et désapprobateur, qui retiennent l'attention du public. En 2009 on dénombrait, pour les seuls États-Unis, 5 millions d'interventions.

Au Royaume-Uni, le pharmacien des artères commerçantes, Boots, proposait des injections de Botox pour 200 livres dès 2002. L'enseigne a, depuis, renoncé à ce traitement et à quelques autres pour revenir à son métier de base, la distribution. Mais la couverture médiatique de l'offre a renforcé l'idée que le Botox était aussi peu dangereux qu'une crème anti-âge. En réalité, le site Web de Botox Cosmetic indique clairement que le produit « peut causer des effets secondaires graves pouvant mettre votre vie en danger ». Parmi ces effets, le site mentionne « des difficultés à avaler, à parler ou à respirer, en raison de l'affaiblissement des muscles associés » ou encore une « diffusion des effets de la toxine » résultant en « une perte de forces et l'affaiblissement généralisé des muscles ; une vision double ou floue ; des paupières tombantes ; un enrouement, une modification ou une perte de la voix (dysphonie) ; des troubles d'élocution (dysarthrie) ; de l'incontinence ; des difficultés à respirer ou à avaler » (www.botoxcosmetic.com).

À côté de cela, ingérer de l'or semble infiniment plus sûr ! De nouveaux cas de comblements de rides ratés font régulièrement surface. Nigel Mercer se montre acerbe quant à la réglementation de ce type d'intervention dans un article du magazine médical *Clinical Risk* (2009) :

> Aux États-Unis ne sont autorisés par la FDA qu'une poignée de produits de comblement de rides… alors qu'au Royaume-Uni on en dénombre plus de cent sur le marché. Pourquoi une telle différence ? Aux États-Unis, les produits sont contrôlés en tant que « médicaments » ; au Royaume-Uni ils sont considérés comme des « expédients » et ne sont donc soumis qu'aux critères « CE » [Conformité Européenne], qui ont trait aux standards de production et non à l'efficacité. Les tests sur les médicaments sont longs et coûteux, au contraire des contrôles CE.

Mercer appelle la communauté européenne à adopter des contrôles similaires à ceux de la FDA. Il ajoute, « Les produits de comblement permanents et semi-permanents ont tous des taux élevés de complications, qui ne sont peut-être pas corrigibles… Le charlatanisme a été banni de la médecine il y a plus d'un siècle, mais le danger est grand de le voir réapparaître dans l'industrie de la chirurgie cosmétique. »

Comme on s'en doute, la presse *fashion* est en grande partie responsable de la normalisation de la chirurgie esthétique. En ouvrant un magazine récemment, je suis tombé sur un article qui parlait d'un « oracle anti-âge » – une ancienne cardiologue qui s'était mise, poussée par une amie, à la dermatologie cosmétique. Et de préciser qu'elle a « réellement appris par elle-même ». L'histoire entière m'est apparue comme un cri d'alarme strident mais les clients du médecin lui font bel et bien confiance, à tel point que cette dernière possède désormais une maison de campagne et une impressionnante garde-robe de vêtements de créateurs…

Nigel Mercer me confirme que l'idée même de la chirurgie esthétique est aujourd'hui acceptable. « Les gens sont plus ouverts à en parler, surtout dans les hautes couches de la société. » En ce qui concerne les interventions subies, elles ont assez peu évolué au cours des dernières années. Il s'agit surtout de chirurgie nasale, de réduction mammaire, de liposuccion et d'abdominoplasties. Le nombre croissant de césariennes a par ailleurs amené de plus en plus de femmes à se tourner vers la chirurgie plastique pour corriger leurs cicatrices.

« Les liftings du visage se font de moins en moins », ajoute Mercer. « Le Botox a quasiment remplacé le lifting du front. » Il a également remarqué une légère augmentation de la clientèle masculine, qui opte pour l'ablation des poches sous les yeux, la liposuccion ou l'ablation de la graisse pectorale. Quand je lui pose la question des interventions au niveau mondial, il me répond qu'« il s'agit d'un marché mondialisé. Il existe plus ou moins un standard international de la beauté. »

Quel est le Saint-Graal de la chirurgie cosmétique ? Devenir plus grand pensais-je, mais cela semble facilement faisable – quoique douloureux et coûteux. Ce traitement gagne en popularité en Chine, où l'on considère les grands comme avantagés socialement. Les chirurgiens orthopédiques scient le tibia et le péroné en dessous du genou, sans toucher à la moelle osseuse. Des attelles métalliques sont vissées à l'intérieur de la jambe du patient ; puis chaque jour, pendant quatre mois, on agrandit les attelles pour étirer lentement la jambe. Les os se régénèrent pour combler l'écart ; les tendons et artères s'étirent également, comme par magie. Quatre mois de cette torture peuvent vous faire gagner 5 à 7,5 centimètres.

« En fait, ce sont les rides fines autour de la bouche » dit Mercer. *Pardon ?* « Le Saint-Graal de la chirurgie esthétique est l'amélioration des rides autour de la bouche », répète-t-il. « C'est parce qu'elles sont réellement minuscules ; les lasers et peelings chimiques ne fonctionnent pas très bien. C'est une chose que j'aimerais voir s'améliorer. »

Le phénomène est courant parmi les fumeurs – une autre bonne raison d'arrêter, car même si vous survivez à votre dépendance, la chirurgie cosmétique ne pourra peut-être plus rien pour votre sourire !

ASTUCES BEAUTÉ

* La chirurgie esthétique est aujourd'hui socialement acceptée ; le nombre d'interventions a augmenté de plus de 400 % en dix ans aux États-Unis.
* Alors qu'il n'a été approuvé par la Federal Drug Administration qu'en 2002, 5 millions d'Américains ont eu recours au Botox au cours des sept années suivantes.
* L'émergence de canons de beauté mondiaux a entraîné l'essor du marché de la chirurgie cosmétique en Asie et en Amérique Latine.
* La marque italienne de soins pour la peau Santa Maria Novella commercialise une gamme destinée aux peaux ayant subi une intervention.
* La presse, et notamment les magazines de mode, est en grande partie responsable de la normalisation de la chirurgie esthétique.
* Un nouveau genre de *consumer magazine*, dédié à la chirurgie esthétique, a fait son apparition dans les réseaux spécialisés.
* La réglementation, au niveau international, est quasi inexistante : au Royaume-Uni, toute personne enregistrée à l'ordre des médecins peut ouvrir une clinique de chirurgie cosmétique.
* De même, il n'existe quasiment aucune réglementation en matière de publicité : même dans les pays où elle est officiellement interdite, comme en France, les cliniques font de la publicité en ligne.

17

Le nouvel ordre masculin

« Nous avons vécu l'ère
de l'émancipation des femmes,
nous observons désormais
l'émancipation des hommes. »

Si vous aviez vécu à Paris au XIXe siècle et si vous aviez été un homme du monde, combien de temps auriez-vous passé dans votre salle de bain ?

La question se pose et est en partie résolue lors d'une visite au magnifique Hôtel Jacquemart-André, autrefois propriété du banquier et collectionneur d'art Édouard André et de son épouse Nélie Jacquemart. Le manoir, construit en 1875, offre un coup d'œil fascinant aux habitudes de vie d'un couple en vue de cette époque. Il a été conservé intact, comme si Nélie et Édouard venaient juste d'en sortir. Vous pouvez déambuler à loisir dans la vaste salle de réception, suivre le cours de vos pensées dans le salon des peintures ou pointer votre nez dans la bibliothèque.

La pièce la plus fascinante est, bien sûr, la chambre. Ou peut-être faudrait-il dire « les chambres », Monsieur et Madame ayant des appartements séparés. Celui d'Édouard est celui qui nous intéresse ici. Notons au passage les rideaux et les meubles tendus de rose pâle, un choix audacieux qui s'accorde néanmoins aux tons chocolat et or du tapis, aux murs ivoire ni aux portes gris perle. Un peu comme si vous portiez une chemise rose avec une cravate sombre…

À droite, un grand dressing. Devant le miroir – qui occupe presque un mur entier – sont alignés des carafes en cristal contenant huiles, savons et autres onguents. Les flacons rutilants feraient honte, à eux seuls, au métrosexuel moderne. Et pourtant, notre homme était un financier protestant, récompensé par la Légion d'honneur. Édouard André avait des personnes influentes à impressionner, et se devait de leur apparaître sous son meilleur jour.

On a beaucoup parlé, récemment, de la croissance du marché des produits de toilette pour homme. Rien de neuf, en réalité, quant à cette habitude. Ce n'est qu'au cours des cinquante dernières années, environ, que les hommes se sont vus encouragés à ne pas assimiler masculinité et coquetterie. Si vous pouviez remonter dans le temps jusqu'à l'Empire romain, par exemple, vous entendriez des glapissements en provenance des bains tandis que les hommes s'y font arracher les poils des oreilles, du nombril et du dos. De manière moins douloureuse, les Romains se faisaient également raser quotidiennement par des barbiers qui exerçaient dans les rues. Depuis la nuit des temps et jusqu'au milieu du XXe siècle, les gentlemans s'épilaient, se rasaient et se parfumaient dans un abandon dénué de complexes.

Que s'est-il donc passé ? Les deux guerres mondiales y sont pour quelque chose : les hommes, au front, ont dû s'habituer au savon de base et au coup de rasoir rapide – quand ils avaient de la chance. Pas de temps pour la coquetterie quand votre journée consiste à essayer de ne pas vous faire tuer… Le rituel matinal et minimal de mon propre grand-père semble confirmer cette théorie : il appliquait un savon de rasage à l'aide d'un pinceau, se rasait rapidement avec un « rasoir de sécurité » – dont seule une portion de la lame est à nu –, rinçait le résidu à l'eau chaude, puis se tapotait les joues avec de l'aftershave

Brut – le bien nommé. Et c'était tout. Cette approche a été reprise par la génération suivante.

Pionnière, comme toujours, Estée Lauder remarque que les choses commencent à évoluer dans les années 1970. La libération des codes vestimentaires induits par le mouvement hippie s'est alors largement répandue : les vêtements sont plus amples, les couleurs plus vives, les cheveux plus longs. Les hommes optent pour des couleurs plus voyantes, deviennent eux-mêmes plus flamboyants et s'habillent avec la coquetterie du paon. Estée se lance dans deux expériences, qui influenceront le secteur des produits de toilette pour homme pour les décennies à venir. La première concerne Aramis, gamme lancée en 1964 et constituée d'un aftershave et d'une eau de Cologne. Estée la développe : en 1978, ce sont plus de quarante produits qui composent la ligne. Les ventes de celle-ci représentent « environ 40 millions de dollars annuels, la division Estée Lauder rapportant 175 millions et Clinique 80 millions », selon Lee Israel. Ce sont le parfum et l'eau de Cologne qui dominent néanmoins la gamme Aramis. Estée en attribue le succès à « leur attrait masculin puissant, leur bon packaging, leur fragrance agréable et persistante, leur prix prestigieux et une distribution intelligente ».

L'édition de décembre 1977 du magazine *Soap/Cosmetics/Chemical Specialities*, également citée par Lee Israel, analyse plus avant l'explosion du marché des parfums pour hommes :

> Des Afro et Hispano-Américains qui gagnent mieux leur vie et qui n'ont jamais été influencés par les tabous anglo-saxons relatifs à l'utilisation de parfums masculins, des adolescents disposant de plus d'argent et qui voient dans les parfums un moyen de se rebeller contre leur héritage inodore et conformiste, des foyers à deux revenus qui ont davantage d'argent disponible pour les choses non essentielles… les publicités et la promotion, qui associent les parfums au sport, au soin de soi et aux célébrités nationales, notamment les couturiers.

La recette pour vendre des produits cosmétiques aux hommes n'a quasiment pas changé depuis. Outre le sport, les hommes aiment le langage de la technologie et des sciences et apprécient les produits fonctionnels – Clinique est, de ce point de vue, une gamme idéale. La gamme Clinique Skin Supplies for Men est lancée en 1976, dans un élégant packaging vert-de-gris, et s'accompagne du slogan masculin : « Nettoyez, exfoliez, hydratez. Donnez à votre peau le meilleur de sa forme pour un rasage optimal ». Vantée comme un rituel de trois minutes, la gamme s'est depuis considérablement développée et compte aujourd'hui 29 références – crèmes hydratantes, lotions nettoyantes, correcteurs de teint et crèmes bronzantes.

En 1987, Estée Lauder lance la ligne Aramis Lab Series for Men, « des produits de haute performance et technologiquement sophistiqués pour le rasage et le soin de la peau et des cheveux », développés par « une équipe d'élite composée de médecins, de scientifiques et de spécialistes de la peau du Lab Seris Research Centre ». La ligne s'appelle aujourd'hui tout simplement Lab Series, Aramis étant une autre gamme distincte, mais le ton « technologique » de sa communication est resté le même.

Lauder a incontestablement ouvert une voie, mais l'évolution du secteur des produits de toilette pour homme commence à s'accélérer au début des années 1990. Des entreprises comme Unilever ou Proceter & Gamble ont bien conscience qu'une moitié de la population dépense encore assez peu en produits de beauté. Il y a donc de l'argent à se faire, mais comment amener les hommes à le dépenser… ?

Réponse : le métrosexuel.

On doit le terme au journaliste Mark Simpson, qui l'utilise pour la première fois dans un article intitulé « Here come the mirror men ». Publié dans *The Independent* le 15 novembre 1994, le papier fait référence à une exposition baptisée « It's a Man's World », organisée par le magazine *GQ* et dans laquelle figurent de nombreuses marques destinées aux hommes. Pour Simpson, cette manifestation prouve l'existence d'un nouveau type d'homme. « Historiquement, les hommes hétérosexuels étaient les pires consommateurs au monde », écrit-il. « Tout ce qu'ils achetaient, c'était de la bière, des clopes et, à l'occasion, des Durex ; leur femme ou leur mère se chargeait de tout le reste. Dans un monde consumériste, les hétérosexuels n'ont aucun avenir. Ils ont donc été remplacés par les métrosexuels. »

Le métrosexuel traverse l'Atlantique lorsque Marian Salzman, alors responsable stratégie à l'agence de publicité Euro RSCG Wordwide, reprend le terme dans un rapport qui fait date, consacré à la métrosexualité et au marketing de l'homme. L'attrait du métrosexuel réside, écrit Salzman, dans le fait qu'il adopte les mêmes habitudes de consommation que les hommes homosexuels – ou les femmes. Le rapport fait sensation dans les médias ; et l'expression « métrosexuel » définit un homme nouveau, sensible aux tendances marketing, que les agences publicitaires sont bien déterminées à faire sortir de leur chapeau. Héros sportif, époux comblé, parfaitement à l'aise hors du terrain dans son rôle d'icône *fashion*, la star du football David Beckham devient la figure emblématique de la métrosexualité. L'émission américaine *Queer Eye for the Straight Guy* va plus loin encore, en mettant en scène des hommes hétérosexuels qui acceptent les astuces de style et de beauté données par un groupe de conseillers gays. Voilà donc comment le métrosexuel entre, tout à coup, dans la culture populaire.

Quoique les preuves de l'existence du métrosexuel restent limitées – une enquête menée en 2006 par une agence publicitaire américaine indique qu'un cinquième seulement de la population correspond à sa description – le message se répand que l'homme est désormais prêt à se pomponner. Le mot « métrosexuel » est progressivement abandonné tandis que les hommes ordinaires intègrent lentement ses habitudes. Un peu comme s'ils découvraient qu'ils pouvaient à la fois être virils et prendre soin de leur apparence, manier la perceuse électrique et le blaireau de rasage… Le cabinet d'études Kantar Wordpanel estimait, en 2009, que les dépenses masculines en produits de beauté avaient augmenté de 22 millions de livres en un an pour le seul Royaume-Uni, amenant leur total à 592 millions de livres.

Les recherches dudit cabinet montrent également que le déclencheur des achats de cosmétiques masculins est généralement la compagne de l'homme – soit par lassitude de le voir emprunter subrepticement sa propre crème hydratante, soit, tout simplement, par envie qu'il ait bonne allure et sente bon. Aucun hasard, donc, dans le choix des premiers mots du spot publicitaire – récompensé en 2009 – du savon Old Spice : « Hello ladies »… Isaiah Mustafa, héros ridiculement beau, y explique aux téléspectatrices que leur homme n'est peut-être pas aussi beau que lui, mais qu'au moins il peut sentir aussi bon – le tout drapé dans une serviette de toilette et passant, en une prise, d'une salle de bain au pont d'un yacht, puis au dos d'un cheval.

La perfection est telle dans l'ironie – vanter un produit destiné aux hommes en parodiant les publicités des produits pour hommes ! – que le spot remporte un énorme succès. L'agence Wieden & Kennedy, qui l'a conçu, va plus loin encore en créant des vidéos online, où l'on retrouve le même Mustafa, toujours drapé dans sa mini-serviette, répondant aux commentaires sur le spot publiés sur Twitter, Facebook et YouTube. Ces vidéos génèrent à leur tour plus de commentaires et de questions encore, auxquels l'agence répond par de nouvelles vidéos. Comme l'explique Teressa Iezzi dans son ouvrage *The Idea Writers* (2010) : « Les résultats étaient stupéfiants – le jour de leur mise en ligne, les vidéos réponses comptabilisaient près de 6 millions de vues sur YouTube et dépassaient, deux jours plus tard, les 20 millions de vues. Une semaine après leur lancement, les vidéos avaient été visionnées 40 millions de fois, faisant de Old Spice la chaîne YouTube consacrée à une marque la plus regardée dans l'histoire du site. » Dans le mois qui suit la mise en ligne des « réponses », les ventes d'Old Spice passent à 107 %. L'humour, l'autodérision et l'interaction – ainsi que la présence à l'esprit que les femmes font aussi partie de la cible des produits pour hommes : tel est le cocktail gagnant sur le marché des cosmétiques masculins !

Mais l'histoire ne s'arrête pas là. En adressant leur message marketing aux femmes, les marques masculines partent du principe que l'homme est en couple. Or, aujourd'hui les hommes restent célibataires plus longtemps – et divorcent plus vite. Ils connaissent donc des périodes relativement longues, dans leur vie, au cours desquelles ils sont obligés de faire leurs achats seuls. Comme me le confie Geneviève Flaven, du cabinet de tendance S-Vision, « les hommes changent parce que le contexte dans lequel ils vivent change. Ils évoluent à cause de l'évolution des femmes. C'est une opportunité formidable pour les hommes de modifier l'identité et les rôles qui leur ont été imposés pendant des siècles. Ils conserveront leur masculinité, mais ce sera une nouvelle forme de masculinité. Nous avons vécu l'ère de l'émancipation des femmes, nous observons maintenant l'émancipation des hommes. »

Unilever s'attaque à l'exploration par les hommes de leur propre identité lorsqu'elle introduit sa gamme Dove Men+Care, fin 2009, qu'elle destine aux hommes de plus de 35 ans. Le groupe espère réitérer le succès de sa marque Axe (Lynx au Royaume-Uni), lancée en 1983 avec un simple déodorant puis développée par la suite avec gels de douche, crèmes de soin et produits capillaires. Axe a séduit des hommes bien plus jeunes en leur suggérant sans détours, mais avec humour, que sentir bon restait le meilleur moyen de plaire aux filles.

La promesse de Dove Men+Care est, d'une certaine manière, plus risquée. En effet, la marque est déjà associée aux femmes, à la fois par ses publicités et l'image de pureté et de douceur que son nom lui-même suggère[1]. Pivot central du lancement de Dove Men+Care, le spot intitulé « Manthem », qui célèbre, avec entrain, les divers aspects de la masculinité. Sur le rythme galopant du thème d'ouverture de *Guillaume Tell*, des paroles détaillent tous les défis auxquels les hommes font face pour accéder à la maturité : faire du sport, rencontrer une fille, aller à la fac, faire l'idiot, grandir, se marier, fonder une famille, travailler jusqu'à 60 ans, prévoir sa retraite – pour ne donner que quelques-uns des challenges cités. Pourquoi faire tout cela ? « Parce que vous êtes un homme ! » Le message est clair : les hommes sont fiers de leur rôle et à l'aise dans celui-ci. Dans une interview donnée au site Web eMarketer, Kathy O'Brien, vice-présidente et directrice générale d'Unilever Skin aux États-Unis, le formule claire-

1. *Dove* signifie « colombe » (NdT).

ment : « Pour Dove Men+Care, il s'agit de célébrer tous les moments méconnus dans lesquels les hommes se sentent le mieux, dont ceux, littéralement, où ils se sentent le mieux dans leur peau » (« Unilever's Dove dives into male grooming », 6 avril 2010).

Détaillant plus avant les spécificités de la gamme, Kathy O'Brien continue, « Même si l'intérêt général des hommes pour les rituels de soin n'est pas aussi fort que celui des femmes, ils ont des désirs de plus en plus sophistiqués en matière de produits de toilette mais veulent garder une routine simple. Nous savons aussi que 51 % des hommes utilisent déjà des produits de soin de la peau pour femmes et que beaucoup font confiance, et utilisent, Dove. »

La campagne est lancée lors du Super Bowl, événement sportif parmi les plus suivis au monde et véritable vitrine de la créativité publicitaire. Comme le souligne Kathy O'Brien, le spot publicitaire a ainsi touché non seulement des hommes, mais aussi des familles : « une audience captive de plus de 100 millions de consommateurs, qui touche effectivement à la fois les hommes et les femmes ». Elle ajoute que la marque cherchait à avoir « une présence significative là où nous pouvons nous engager et interagir avec notre cible composée d'hommes et de leurs compagnes qui, bien souvent, font les courses du foyer ».

La publicité a généré de nombreux commentaires masculins sur Twitter, alimentant ainsi la partie « médias sociaux » de la campagne.

Pour O'Brien, « la réelle opportunité de croissance pour les soins masculins ne réside pas dans les produits de rasage ». Pour autant, le marketing tourné vers les hommes s'attache à leurs centres d'intérêt ; or dans une salle de bain leur centre d'intérêt est bien souvent leur lame de rasoir… c'est pourquoi les gammes pour homme consistent d'abord en un produit de rasage basique avant de se décliner en une débauche de soins après-rasage, crèmes hydratantes et autres lotions antirides. En la matière, c'est Gillette, propriété de P&G, qui domine le marché des produits de rasage avec plus de 70 % de parts de marché. La marque offre également une large variété de produits de soin pour « avant, pendant et après le rasage » – baumes, lotions, savons et gommages. Naturellement, elle use avec habileté du langage et de l'imagerie du sport, ayant associé son nom à ceux de David Beckham, Roger Federer et Thierry Henry – entre autres – au cours des dix dernières années.

Son concurrent le plus menaçant sur le secteur des produits de toilette masculins grand public est Nivea for Men. Lancée en 1986, la marque est présente en supermarchés et ses produits, de plus en plus nombreux, expriment le côté frais, sain et pratique de la marque mère. Le géant français de la cosmétique, L'Oréal, est lui aussi convaincu du potentiel du marché masculin : il commercialise toute une gamme de produits de soin de la peau sous l'appellation L'Oréal Paris Men Expert. Du côté des marques de luxe, Jean-Paul Gaultier, Dior, Clarins et Lancôme ont également développé des lignes pour homme. Lancôme a lancé la sienne en janvier 2007 avec Clive Owen, acteur et « bad boy » britannique : c'est la première fois qu'une star masculine d'Hollywood prête son image à une marque de soins pour la peau.

La description des modèles masculins dans les publicités a engendré ses propres problématiques. Les hommes sont de plus en plus souvent confrontés à l'inadéquation de leur propre corps, une chose que les femmes connaissent depuis les années 1990. Le tournant généralement cité est celui de 1992, quand Calvin Klein lance une campagne d'affichage pour laquelle le rappeur « Marky » Mark Wahlberg pose en simple boxer. Son corps musclé semble railler les cadres aux corps flasques qui passent devant l'affiche géante sur Times Square. La marque de sportswear Abercrombie & Fitch déploiera une imagerie similaire. Le corps masculin « parfait » se dessine désormais dans les salles de gym même s'il conserve une ambivalence sexuelle, étant totalement dépourvu de poils. Les ventes de produits dépilatoires masculins vont croissant, et les séances d'épilation font partie de l'offre d'une nouvelle génération de spas dédiés aux hommes. Après avoir traumatisé des millions de femmes dans le monde, l'industrie de la beauté s'apprête semble-t-il désormais à standardiser la séduction masculine.

Nickel, marque française décalée lancée par Philippe Dumont en 1996, est devenue une experte du langage masculin. Un admirateur travaillant pour une marque concurrente m'a confié que « les hommes ne sont pas vraiment intéressés par l'univers de la marque ou l'histoire du produit. Ils veulent juste savoir ce qu'il fait. Nickel s'en est rendu compte immédiatement. Son produit phare est le Morning After Rescue Gel, Lendemain de Fête pour le marché français. Laissant de côté le langage de promesses adopté par les marques de soins pour femmes, Nickel a opté pour un style familier et drôle – comme si vous parliez à votre meilleur ami dans un bar. Même le packaging a l'air indestructible. »

De la même manière, Nickel a ouvert à Paris, puis à New York et Londres, des spas réservés aux hommes. « C'est l'autre truc à savoir des hommes », continue mon informateur. « Que ce soit pour le shopping ou leurs soins, ils veulent des espaces à eux. Ils n'aiment pas les départements beauté des grands magasins, ils n'aiment pas Sephora. Ils veulent pouvoir déambuler dans un environnement clairement masculin. Les boutiques des duty-free sont suffisamment anonymes pour eux, mais les grands magasins devraient reconfigurer leur offre de manière à rassembler dans un espace séparé, voire mieux, sur un étage dédié, tous les produits pour homme – vêtements, accessoires et produits de toilette. »

Les entreprises de beauté sont parvenues, là encore, à mondialiser les tendances cosmétiques masculines : la demande pour les produits après-rasage et anti-âge a augmenté en Asie comme en Amérique Latine. Euromonitor International reporte qu'entre 2004 et 2009, le marché des produits de toilette pour homme, en Amérique Latine, est passé de 2,44 milliards à 4,87 milliards de dollars – une hausse, donc, de 99,6 % !

Après une croissance explosive du marché mondial des cosmétiques pour homme, il semble toutefois que la demande commence à diminuer. La chaîne britannique Boots se retire rapidement du jeu, abandonnant en 2001 son projet d'ouverture d'une chaîne de magasins exclusivement dédiés aux hommes, après des tests dans les boutiques pilotes de Bristol et Édimbourg. Sephora a sensiblement réduit sa sélection de produits pour homme. Le secteur tout entier a souffert de la récession, les offres spéciales et promotions ayant sérieusement entamé sa valeur.

« La tendance a vraiment commencé avec les crèmes solaires, me confie Christian Courtin-Clarins, le PDG de Clarins. Même s'ils n'étaient pas convaincus par les autres produits, les hommes ont pris l'habitude de se protéger du soleil. Cela a convaincu les entreprises cosmétiques qu'il existait un marché, plus large, des produits de soin pour homme. Ça a bien marché auprès des *early adopters* : les gens qui travaillent dans le sport ou le divertissement, et bien sûr les hommes gays qui achetaient déjà des cosmétiques mais ont été attirés par les packagings et formules qui convenaient davantage à leurs besoins. Ils ont ensuite été rejoints, petit à petit, par le reste de la population, plus lente à adopter les tendances. Le marché s'est rapidement développé à partir des années 2000, puis il s'est arrêté. Aujourd'hui, on a l'impression d'avoir atteint une sorte de plafond. Le marché continue de croître, mais bien plus lentement qu'au cours des dix dernières années. »

Courtin-Clarins reste toutefois persuadé que les hommes « demeurent, au fond d'eux, des paons ». Les hommes veulent encore être des séducteurs, « même si nous nous l'avouons à peine » dit-il.

C'est finalement Axe qui a peut-être tout compris. Depuis toujours, les hommes sont persuadés qu'ils se pomponnent pour satisfaire leur désir banal de séduction d'un(e) partenaire sexuel(le). Rappelons-nous de la demeure d'Édouard André et Nélie Jacquemart et de leurs deux chambres séparées – chose courante à l'époque. Voilà, peut-être, l'explication du soin apporté par Édouard à son look : quand vous devez séduire votre propre femme chaque soir, il est peu probable que vous vous laissiez aller !

ASTUCES BEAUTÉ

* Estée Lauder est la première à noter, et à exploiter, le côté « paon » des hommes, dans les années 1970.
* Elle a développé une communication qui fait référence au sport et à la science, sans recours toutefois à un quelconque jargon.
* Dans les années 1990, le « métrosexuel » a été adopté avec enthousiasme par les spécialistes du marketing, bien que son existence réelle ait pu être mise en doute. Des stars du sport et du cinéma ont toutefois permis au marché de s'accroître.
* En matière de consommation, les hommes aiment les informations franches et directes. Indiquez-leur les effets du produit, sans chichis ni promesses ridicules.
* Un peu d'humour ne fait pas de mal : les hommes se sentent ainsi moins gauches.
* Le rituel du rasage est *le* temps masculin par excellence de la journée, et donc un bon moment pour les inciter à prendre soin de leur peau.
* Les femmes sont une cible légitime des produits pour hommes – on compte cependant de plus en plus d'hommes célibataires aujourd'hui.
* Les hommes utilisent Internet pour acheter discrètement leurs produits et sont ouverts aux conseils sur les produits.
* Dans le réel, ils préfèrent des espaces d'achat distincts, conçus selon leurs besoins et leurs centres d'intérêt.
* La croissance rapide du secteur du soin pour homme s'est ralentie, mais le vieillissement de la population et la démocratisation de l'utilisation de produits de toilette masculins permettent d'envisager l'avenir avec optimisme !

18

Éthique, biologique et durable

« D'une notion idéaliste marginale
à une problématique grand public. »

J'étais enfant la première fois que je suis rentré dans un Body Shop. Je me promenais dans les rues de Bath avec, on s'en doute, mes parents quand j'ai été attiré par le nom de l'enseigne : j'imaginais qu'on y vendait des bras ou des jambes de rechange. Quand nous sommes entrés, j'ai été déçu de constater que les étagères, loin de déborder de membres de rechange sous cellophane, contenaient des potions aux couleurs pastel dans des bouteilles en plastique transparente. L'odeur aussi m'avait semblé bizarre.

Il n'y a pas que l'odeur qui soit bizarre dans l'évolution du Body Shop – mais laissons la controverse pour plus tard. À l'origine de l'entreprise, un concept intelligent et une femme qui semble avoir été aussi brillante qu'exaspérante : la regrettée Anita Roddick. Sa vie entière fut un enchaînement de contradictions : anti-capitaliste qui fit fortune, génie du marketing qui détestait le concept de marque, critique véhémente de l'industrie cosmétique qui vendit son entreprise à L'Oréal… Mais Anita Roddick a transformé le secteur de la beauté. Ingrédients naturels, conscience écologique, activisme pour la défense des droits de l'homme : telles sont les images associées à sa marque et qui ont fait son originalité et sa force. Le Body Shop a séduit toute une génération imprégnée des valeurs de la fin des années 1960.

Anita grandit dans le Sussex, à Littlehampton, non loin de la ville balnéaire de Brighton où elle ouvrira, en 1976, son premier magasin. Son enfance, à l'image de son esprit, est bohème : la petite Anita Lucia Perilli grandit dans le café de ses parents, Gilda et Donny Perilli, immigrants italiens. Gilda divorcera par la suite de Donny pour épouser Henry, son amant et le véritable père d'Anita. Cette dernière évoquera souvent et avec affection Gilda, une force de la nature qui se promenait en Jaguar et fit de la montgolfière à 80 ans.

Après le collège, Anita manque son entrée à la Central School of Speech and Drama, à Londres. Elle aurait pu devenir comédienne mais, à la place, fera de son entreprise une scène de théâtre, n'hésitant pas à se placer sous les feux de la rampe, qu'il s'agisse de vendre une idée ou un shampoing. Mais pour l'heure Anita se promène : Paris, Genève (où elle travaille à la division des droits de la femme à l'Organisation Internationale du Travail), l'Asie, l'Afrique, puis l'Angleterre à nouveau où elle rencontre Gordon Roddick, aventurier comme elle. Peu de temps après leur mariage, Gordon part rallier à cheval Buenos Aires à New York, une chevauchée qui lui prendra deux années.

En son absence, et grâce à un emprunt de 4 000 livres à la banque, Anita ouvre sa première boutique. Elle veut vendre des produits cosmétiques naturels, inspirés par les rites de beauté des femmes qu'elle a observés lors de ses voyages. C'est une société de bric et de broc ; nombre d'innovations qui permettront à l'enseigne de se démarquer sont mues en réalité par la nécessité. La Grande-Bretagne est peut-être devenue « verte », mais, plaisante Anita, les murs de sa boutique ont été peints en vert pour cacher les moisissures. Quant au recyclage, si elle invite ses clients à rapporter les bouteilles de plastique bon marché de ses produits pour les remplir à nouveau, c'est parce qu'elle n'a pas les moyens d'en commander davantage ! Anita écrit les étiquettes à la main ; et même si elle n'a rien contre la publicité, elle ne pourrait jamais se permettre de faire appel à une agence, et devient donc une auto-publicitaire accomplie. Sa première expérience de couverture médiatique ? Un funérarium qui conteste le nom de sa boutique…

Ah oui, le nom. On raconte qu'Anita l'a emprunté à un garage du quartier. Mais il existait, avant cela, un magasin Body Shop à Berkeley, en Californie, ouvert dans les années 1970. Peggy Short et Jane Saunders, les fondatrices, écrivent à la main toutes les étiquettes de leurs produits, qu'elles vendent dans des flacons en plastique destinés à être rechargés. Quand Body Shop International pénètre le marché américain en 1987, l'entreprise rachète à Peggy et Jane les droits d'utilisation du nom. Ces dernières transforment leur boutique en Body Time, quoique son site Internet la présente comme « le Body Shop original » (www.bodytime.com).

Anita a certes voyagé – et beaucoup. Mais en dehors du beurre de cacao, à l'époque la majorité des ingrédients proviennent de territoires voisins. « Les 25 principaux produits de Roddick n'étaient pas si différents de ceux des premières reines des cosmétiques ; c'est la manière dont elle vendait sa crème hydratante bédouine qui était nouvelle… Si elle maîtrisait le boniment, c'était bien celui de l'histoire des ingrédients et de l'anthropologie de leurs cultivateurs » (« Obituary : Dame Anita Roddick », *Guardian*, 12 septembre 2007). En charge de son éloge funèbre pour *The Independent* le même jour, Paul Vallely formule les choses autrement : « Les récits des produits et de leur fabrication s'accompagnaient de photographies des pays qu'elle avait visités et des tribus qu'elle avait rencontrées. Elle vendait une histoire autant qu'un produit. »

Comme ses prédécesseurs, Anita enjolive donc quelque peu la vérité…

Le côté « naturel » des produits Body Shop a souvent été remis en question. Leurs couleurs éclatantes, notamment, sont source de spéculation… En réalité, comme la quasi totalité des produits « naturels » sur le marché aujourd'hui, ils contiennent un mélange d'ingrédients naturels et synthétiques. Si vous ne me croyez pas sur parole, allez voir la section e-commerce du site de la marque, qui détaille la liste des ingrédients de tous les produits Body Shop.

Quelle que soit l'origine de son nom ou de ses produits, le Body Shop est un franc succès : Anita ouvre rapidement une deuxième boutique. Lorsque son mari rentre de voyage, le couple décide de développer l'entreprise sur un principe de franchises. Le procédé est classique : les franchisés payent une somme forfaitaire lors du démarrage de leur magasin puis, chaque année, un droit de franchise. Ils acceptent d'appliquer à la lettre le modèle de distribution et de *branding* mis en place par les Roddick, qui les aident à former leurs équipes. Tandis que le réseau grandit, des représentants du Body Shop visitent les franchisés pour s'assurer qu'ils sont bien fidèles à la ligne de l'entreprise. Ces derniers reçoivent, en outre, des courriers et vidéos d'information.

Les ouvertures d'enseignes se multiplient, au rythme de deux par mois ; les convictions d'Anita Roddick semblent croître en même temps que son réseau de distribution. Elle vante ses produits « sans cruauté », proclamant fièrement sur les étiquettes et le merchandising des points de vente que la marque est « contre les tests sur les animaux ». Quelque ambiguïté subsiste également à ce sujet : bien que les produits ne soient pas testés sur les animaux, il est quasi inévitable que certains ingrédients, pris séparément, l'aient été.

Quand elle entre en bourse, en 1984, l'entreprise compte 138 magasins, dont 87 en dehors du territoire britannique. Anita considérera par la suite cette entrée sur les marchés financiers comme une erreur, affirmant que l'entreprise aurait pu, par elle-même, « aller là où nous le souhaitions » à un rythme plus lent. Les actionnaires la forcent par ailleurs à atténuer le ton de ses campagnes les plus « féroces ». Dans un premier temps, toutefois, l'activisme du Body Shop reste imperturbé : la compagnie lance, pour Greenpeace, une campagne « Sauvez les baleines » en 1986. L'année suivante, elle monte le programme Trade Not Aid, qui établit des partenariats commerciaux équitables avec des communautés comme les Indiens Pueblos du Nouveau-

Mexique (qui fournissent le Body Shop en maïs bleu) ou les Kayapos du bassin de l'Amazone (qui approvisionnent l'entreprise en huile de noix du Brésil). Le Body Shop s'investit en outre dans des projets caritatifs, de Glasgow à Harlem ; il soutient, à Londres, le lancement d'un magazine vendu par les sans domicile, le *Big Issue.* « La politique du Body Shop a toujours fait partie intégrante de son ADN » déclarait un jour Anita, dans un mélange caractéristique de moralité et de bon sens marketing.

Voilà ce qu'est alors le Body Shop : des produits colorés aux noms étranges (Après-Shampoing Banane, Lait Corporel Mûre Sauvage), des pratiques commerciales éthiques, une succession de causes louables – et les frisettes d'Anita à la tête de tout cela, Anita qui sillonne les déserts et forêts tropicales pour nous faire découvrir des façons nouvelles et exotiques de gommer notre peau et laver nos cheveux. Comme l'écrit Paul Vallely, « c'est une performance extraordinaire – elle a sorti les produits non testés sur les animaux des boutiques de hippies pour les proposer à tous [...], elle est devenue un symbole du concept de responsabilité sociale des entreprises... [la faisant passer] d'une notion idéaliste marginale à une problématique grand public ».

Roddick est une machine de RP à elle seule, mais elle ne s'affranchit pas pour autant de toute aide extérieure. L'entreprise crée un département marketing officiel lorsqu'elle se lance sur le marché américain et engage une agence publicitaire (« Body Shop creates space for a voice in marketing », *Independent*, 1er juillet 1995). Ses annonces publicitaires conservent toutefois un ton activiste. Sur l'une d'elle, une poupée de plastique rousse, avec un visage type Barbie mais un corps dodu – tel que l'aurait peint Rubens – illustre la *tagline* « There are 3 billion women who don't look like supermodels and only 8 who do » (« Il y a trois milliards de femmes ne ressemblent pas à des top-modèles, et seulement 8 qui en sont »), suivie par le slogan « Love your body » (« Aime ton corps »).

La croissance semble-t-il sans fin de l'entreprise fait d'Anita la cible de nombreuses critiques. On l'accuse d'hypocrisie, ce à quoi elle rétorque que « Quand vous portez une cible dans le dos, qui dit “Je fais les choses différemment”, vous vous faites tirer dessus. » Elle n’en soutient que plus ardemment encore les causes qui lui tiennent à cœur, se rendant ainsi à Seattle pour rejoindre les manifestations contre le sommet de l’Organisation Mondiale du Commerce de 1999. Rares sont les manifestants qui comme elles ont créé une multinationale comptabilisant plus de 1 000 points de vente répartis dans 50 pays…

Roddick semble parfois gênée d’avoir créé une marque mondiale. « J’ai toujours été profondément sceptique quant au concept de marque mondiale » déclarait-t-elle lors d’une conférence à Singapour, en 2003.

> Les preuves s’accumulent que les marques, en réalité, ennuient la population à mourir. Les gens s’énervent de la manière dont les grandes marques grignotent l’espace public, pas seulement sur les panneaux d’affichage mais aussi dans leur tête. Ils n’aiment pas les choses démesurées, le fouillis mental, l’impression qu’on est en permanence en train de leur vendre quelque chose. Et la plupart d’entre eux n’aiment pas leurs identités toutes semblables, leur médiocrité, leur fadeur rassurante (« Dame Anita Roddick : brands are past their sell-by date », *Independent*, 3 décembre 2003).

Le sentiment que partage ici Anita détonne avec son poste de présidente de multinationale, mais reflète sans aucun doute son état d’esprit. Les Roddick, en 1998, commencent à transmettre le contrôle de l’entreprise, nommant un PDG tandis qu’Anita et son époux deviennent co-présidents. En 2002, ils renoncent à tout rôle exécutif, ce qui permet à Anita de se consacrer à plein-temps à ses nombreuses campagnes, depuis la lutte contre les violences domestiques jusqu’au combat contre les ateliers clandestins. Elle crée en 2005 la Fondation Roddick, qui semble n’avoir été conçue que dans le but de débarrasser Anita de ses 51 millions de livres de fortune.

Les fans du Body Shop tombent des nues l’année suivante, quand les Roddick acceptent de vendre la marque à L’Oréal, moyennant 625 millions de livres, une démarche qui semble en contradiction avec toutes les idées ardemment soutenues par Anita. Dans un article pour *The Independent* qu'elle avait écrit trois ans seulement plus tôt, celle-ci décrivait l'industrie cosmétique mondiale comme « morne et sans imagination, dirigée par des hommes qui créent des besoins qui n'existent pas ». Et d'ajouter, « Sa fonction principale est de rendre les femmes insatisfaites de ce qu'elles ont ; elle joue sur l'insécurité et le doute de soi en projetant des idéaux impossibles de beauté féminine. Elle est aussi raciste, louant rarement les femmes non caucasiennes, et conspire à nous aliéner de nos propres corps » (article paru en juin 2003, repris le 12 septembre 2007 sous le titre « How Anita changed the world »).

Et la voici désormais décrire L'Oréal comme « honorable » et confier son espoir de voir le Body Shop jouer un rôle de cheval de Troie à l'intérieur du groupe, en l'encourageant à des pratiques plus éthiques. En définitive, ce rachat marque le paroxysme de la carrière d'Anita, qui a su rendre des produits « éthiques et naturels » si désirables qu'une compagnie de beauté grand public a souhaité les incorporer à son business.

Dame Anita Roddick meurt d'une hémorragie cérébrale en 2007, à tout juste 64 ans. Bien que de nombreux consommateurs considèrent la revente du Body Shop à L'Oréal comme une trahison, elle reste la femme d'affaires britannique la plus admirée de tous les temps. Son éthique et celle de son entreprise n'ont peut-être pas été aussi cohérentes que certains l'auraient souhaité, mais son sens de l'indignation morale était authentique.

Qu'en est-il des tests sur les animaux, la cause à laquelle elle reste sans doute la plus associée ? La Commission Européenne a annoncé l'interdiction des produits finis testés sur les animaux en 2004. Les ingrédients testés sur les animaux ont eux été interdits en mars 2009, et une interdiction à la vente de ces produits dans l'Union Européenne a été votée pour mars 2013. Une course est engagée entre les entreprises cosmétiques pour développer des méthodes de test alternatives – la plus prometteuse étant celle de la « culture » en laboratoire de disques de peau humaine, à partir de cellules prélevées lors d'opérations de chirurgie plastique.

D'autres marchés ne sont pas aussi avancés : aux États-Unis par exemple, les tests sur les animaux sont toujours autorisés. La Food and Drug Administration déclare « soutenir le développement et l'emploi de méthodes alternatives » aux tests sur les animaux et affirme ne pas exiger de tels tests pour s'assurer de la sécurité des produits cosmétiques. Le Federal Food, Drug, and Cosmetic Act (adopté en 1999 et mis à jour en 2006), toutefois, déclare que « les tests sur les animaux peuvent être utilisés par les fabricants cherchant à développer de nouveaux produits pour en établir la sécurité ». Si Anita Roddick était encore de ce monde, son combat continuerait ; en dépit de toutes ses contradictions, elle a apporté une contribution positive au monde.

Comme répliquait un de ses amis à des critiques qui accusaient Anita d'opportunisme : « Combien d'orphelinats avez-vous, vous, construits ? »

La génération bio

Dans le sillage du Body Shop, des marques naturelles et éthiques semblent avoir émergé telles des pousses de verdure sur une terre desséchée.

Ainsi, aux États-Unis, la marque Aveda est lancée par le coiffeur Horst Rechelbacher en 1978. Ce dernier a passé quelque temps en Inde, où il a découvert la médecine ayurvédique et les plantes médicinales. Désireux de partager ses découvertes, il commence à réaliser quelques expériences et fabrique, dans l'évier de sa cuisine, un shampoing à base de clous de girofle. Rapidement, et comme le veut l'usage, il distribue toute une gamme de produits auprès des salons de coiffure. Les ingrédients naturels et le packaging recyclé de sa gamme sont en avance sur leur temps, tout comme le sont l'Environmental Lifestyle Store, lancé sur Madison Avenue en 1989, et le spa Aveda, proposant à ses visiteurs des soins inspirés de la médecine ayurvédique, ouvert en 1990. Rechelbacher revend Aveda à Estée Lauder Companies en 1997 – nous reviendrons sur la suite de son parcours dans un instant.

Estée Lauder a déjà fait une incursion sur le marché des produits naturels avec Origins, à base d'huiles essentielles et d'ingrédients biologiques, commercialisée en grands magasins dès 1990. Nous avons précédemment évoqué la marque australienne Aesop, lancée en 1987, dont les fondateurs reconnaissent volontiers qu'ils ont été précédés par Anita Roddick et le Body Shop.

La tendance pour les produits naturels et biologiques prend un élan réel au début du millénaire. Plusieurs facteurs sont en jeu ; notons en premier lieu un intérêt croissant de la population, anxieuse quant au réchauffement climatique, pour la préservation de l'environnement. Conséquence, les consommateurs se sont mis à regarder plus attentivement les ingrédients chimiques contenus dans toute une variété de produits, parmi lesquels les cosmétiques. À l'inquiétude sur l'avenir de la planète s'ajoute une tendance au repli sur soi en matière de santé et de bien-être, la population vieillissante des pays occidentaux se mettant à envisager des modes de vie moins stressants.

Les médias ont amplifié ces tendances en évoquant les dangers cachés des produits cosmétiques. L'exemple le plus dramatique est celui des parabènes, composés chimiques couramment employés comme conservateurs dans de nombreux produits de toilette, crèmes hydratantes et shampoings notamment. La source de la panique semble remonter à une enquête parue en janvier 2004 dans le *Journal of Applied Toxicology* (volume 24, page 5) et relatée dans un article intitulé « Concentrations of parabens in human breast tumours » (« Les concentrations en parabènes dans les cas de tumeurs du sein »). Comme le rapport le *New Scientist*, c'est la biologiste moléculaire Philippa Darbre qui a mené ces recherches. « Elle affirme que le type de parabène trouvé dans les tumeurs indique qu'il provient d'un produit appliqué sur la peau, comme un déodorant, une crème ou un spray corporel. (« Cosmetic chemicals found in breast tumours », 12 janvier 2004).

Comme on pouvait s'y attendre, cette information a circulé et il a bientôt été tenu pour acquis que les parabènes étaient dangereux. Certaines entreprises de cosmétiques, comme Vichy (propriété de L'Oréal), ont commencé à indiquer sur leurs produits qu'ils ne contenaient aucun parabène. Ni le Comité Scientifique des Produits de Consommation, en Europe, ni la Food and Drug Administration américaine n'ont toutefois été en mesure de prouver la théorie de la toxicité des parabènes. Comme elle l'indique clairement sur son site Web, « La FDA estime qu'à l'heure actuelle, les consommateurs n'ont aucune raison de s'inquiéter de l'utilisation de cosmétiques contenant du parabène. »

Interrogée sur la question, une journaliste spécialisée dans les cosmétiques se montre soudain dédaigneuse : « Ça a rendu service aux grosses entreprises de beauté parce que ça leur a fourni une nouvelle allégation », me dit-elle. « Si vous retirez un seul conservateur, autant les retirer tous. Il vous faudra alors conserver votre crème de jour au réfrigérateur, sinon elle tournera au bout de trois jours. »

Ce qui nous ramène à Horst Rechelbacher… qui aurait pu opter pour une retraite confortable après la vente de sa marque à Estée Lauder pour 300 millions de dollars. Au lieu de cela, lorsque sa clause de non-concurrence touche à son terme, en 2007, il commence à développer une gamme 100 % biologique, qu'il baptise Intelligent Nutrients (www.intelligentnutrients.com). L'entreprise est basée dans sa ferme du Wisconsin, où il fait pousser ses propres ingrédients biologiques.

« Les pesticides et les insecticides rendent les gens malades et détruisent la planète », confie-t-il à un journaliste du *Telegraph*. « L'industrie de la beauté tout entière est un cocktail de produits chimiques. » Rechelbacher a recours à des huiles essentielles « antibactériennes et antifongicides » en guise de conservateurs. C'est un expert en la matière – il a déjà démocratisé l'aromathérapie au travers des spas Aveda. Sa règle d'or ? « N'appliquez rien sur votre peau que vous ne pourriez avaler ». Il est même connu pour boire ses produits lors de ses présentations commerciales. Ses rouges à lèvres ne sont pas aussi résistants que leurs homologues non-bio, mais la cause en est simple : « Le truc qu'ils mettent dans le rouge à lèvre pour le rendre résistant aux baisers, c'est un enduit plastique. » Rechelbacher a une dent contre les rouges à lèvres de manière générale : « Les soi-disant couleurs minérales naturelles sont toutes des métaux toxiques. Les couleurs proviennent du fer, du cobalt et du plomb » (« Aveda founder's mission : to clean up beauty industry act », 23 avril 2011).

Les prix de ses produits font partie de la tranche haute du marché : un baume pour les lèvres coûte 12 dollars, un « élixir corporel » entre 30 et 80 dollars. Mais les consommateurs sont prêts à payer ; le bio et le naturel joueront un rôle majeur dans l'avenir de l'industrie de la beauté. On peut en effet schématiquement diviser le marché en deux catégories : les cosmétiques « biologiques », à base d'ingrédients biologiques certifiés, et les cosmétiques « naturels », fabriqués à partir d'extraits de plantes et autres ingrédients naturels mélangés à des composés chimiques synthétiques. Des cabinets d'études, comme Mintee ou Euromonitor, ont indiqué que le nombre de cosmétiques vantant la mention « naturel » ou « biologique » sur leur emballage avait doublé depuis 2007. Les consommateurs, une fois de plus, se retrouvent face à toute une série de fausses promesses marketing.

« Naturel » : le terme est, virtuellement, on ne peut plus général. Le mot « biologique » tend à devenir plus précis. Aux États-Unis, le Département fédéral de l'Agriculture accorde des certifications aux produits qui remplissent certaines conditions : un produit « 100 % biologique » contient exclusivement des composants biologiques, un produit « biologique » en contient 95 % et un produit « fabriqué avec des ingrédients biologiques », 70 %. En Europe, la situation a longtemps été confuse, plusieurs organismes – Ecocert en France, Natrue et BDIH en Allemagne, ICEA en Italie ou Soil Association au Royaume-Uni – offrant leurs propres certifications. La majorité d'entre eux se sont toutefois unis en juin 2010 pour former COSMOS, « un standard international et internationalement reconnu pour les cosmétiques naturels et biologiques ». À l'heure d'écriture de ces lignes, la Commission Européenne cherche à catégoriser les pratiques des entreprises cosmétiques dans l'optique de renforcer la réglementation.

En attendant, il va de soi que le consommateur peut toujours vérifier la certification accordée !

La Commission Européenne a déjà interdit plus de 1 000 composés chimiques précédemment employés dans la fabrication de cosmétique, en vertu de la Directive Cosmétiques, dont la dernière révision remonte à 2003. La FDA n'en a interdit qu'une poignée, l'industrie américaine étant autorégulatrice, mais c'est là un des domaines pour lequel la mondialisation servira les consommateurs. Ces derniers ont acquis un pouvoir certain dans le milieu de la beauté – comme dans les autres secteurs – grâce à Internet, lequel a favorisé le mouvement populaire contre les produits chimiques. De nombreux sites Web proposent un guide complet sur les cosmétiques et leurs ingrédients : citons notamment la base de données Skin Deep regroupant 65 000 produits, éditée par le Environmental Working Group (www.ewg.org/skindeep). La Commission Européenne possède sa propre base de données des ingrédients concernés par la Directive Cosmétiques ; Health Canada propose sur Internet une liste rouge des substances qu'elle considère comme inappropriées dans la composition des cosmétiques. Le « flic des cosmétiques », Beautypedia, créé par Paula Begoun, est une base de données dans laquelle on peut rechercher plus de 45 000 critiques de produits de soin et de maquillage, très détaillées quant aux ingrédients et leurs effets potentiels (ainsi que leur efficacité). De nouveaux ouvrages tirant la sonnette d'alarme sur les produits chimiques contenus dans les cosmétiques paraissent chaque mois.

C'est sans doute une bonne nouvelle, tant pour le secteur que pour les consommateurs. La demande croissante de produits naturels fournit de nouvelles opportunités aux marketeurs de la beauté ; elle a créé une niche pour les entrepreneurs ainsi qu'une nouvelle génération de marques qui deviendront des objectifs d'acquisition pour les géants mondiaux du secteur. La part accordée aux produits naturels et biologiques dans les rayons des magasins augmente, et l'on voit apparaître des boutiques entièrement vouées à la beauté naturelle. Les zones où la tendance n'est pas encore tout à fait lancée, comme l'Europe centrale et l'Europe de l'Est, représentent des potentiels de croissance. Et, surtout, le naturel fournit un nouveau champ fertile aux marketeurs en quête de récits à tisser et de promesses à formuler.

Un autre versant de ce débat mérite qu'on le mentionne : les produits bio ne sont pas nécessairement bons pour la peau. La nature n'est pas tendre ; en réalité, comme on le sait, elle est même prédatrice. Le monde naturel regorge de toxines et d'allergènes. Citons au hasard, parmi les plantes toxiques, la belladone, la digitale pourpre, la ciguë ou la jusquiame. Autrement dit, ça n'est pas parce qu'un produit est biologique qu'il ne vous donnera pas de boutons !

Clarins : le luxe au naturel

Une marque basée dans la banlieue chic de Paris, vendue dans les grands magasins haut de gamme et faisant paraître ses publicités dans des magazines de luxe peut-elle être crédible quand elle affirme être éthique et responsable ? Pour Clarins la réponse est oui. « Notre vision se base sur le respect et l'attention », affirme Christian Courtin-Clarins, président de cette entreprise à l'actionnariat exclusivement privé. « Nous respectons et faisons attention à nos clients. Et nous respectons et faisons attention à la nature. C'est aussi simple que ça. »

Il me sourit – d'un sourire aimable qui plisse son visage bronzé. Courtin-Clarins est celui qui m'a déclaré, en parlant de sa ligne de produits de soins pour homme, que chaque homme rêve secrètement de charmer. Il s'incluait très certainement dans cette assertion. Il dirige l'entreprise avec son frère, Olivier, en charge de la recherche.

La société est fondée en 1954 par leur père, le défunt Jacques Courtin. Ce dernier aspire à devenir chirurgien mais la guerre interrompt ses études de médecine. Il grandit entouré de sa sœur et des nombreuses amies de celle-ci, et en tire une complicité naturelle avec les femmes ainsi qu'un aperçu de leurs problématiques de santé et de beauté. Alors qu'il assiste des chirurgiens lors de leurs interventions, il est choqué par le peu d'attention que ces derniers prêtent à l'esthétique quand ils opèrent des femmes : tant que la patiente est sauvée, peu importe la taille de la cicatrice. Il se rappelle un médecin demandant brutalement à une infirmière d'enlever un pot de crème de nuit de la table de chevet d'une patiente : pour les docteurs, de tels produits relèvent de l'escroquerie.

Après la guerre, Courtin cherche un moyen de mettre en pratique ce qu'il a appris. Si les premiers résultats de ses réflexions semblent aujourd'hui quelque peu archaïques – une machine à « raffermir la poitrine » qui asperge de l'eau froide au travers d'une paire de cônes, ou encore une machine à maigrir qui masse la patiente avec des rouleaux de caoutchouc – elles illustrent néanmoins l'imagination fertile et curieuse du personnage. Ses clientes semblent apprécier ses méthodes : le premier institut de beauté ouvert par Jacques Courtin, dans le 9e arrondissement de Paris, attire un flux constant de femmes actives, actrices et belles du monde. Il choisit le nom Clarins d'après un rôle qu'il avait joué à l'école, dans une pièce dont l'intrigue se déroulait pendant l'Empire romain (ses fils ont depuis, en hommage, accolé « Clarins » à leur patronyme).

Dans les années 1960, Courtin lance six huiles destinées aux massages dans son institut – trois pour le corps et trois pour le visage – composées à 100 % d'extraits naturels de plantes. « Il parlait des bienfaits des ingrédients naturels des décennies avant la tendance actuelle », précise Christian. « J'ai passé une grande partie de mon enfance à explorer les jardins botaniques avec lui. Ce qu'il l'attirait, c'était ces ingrédients utilisés depuis des milliers d'années – dont les effets bénéfiques étaient donc déjà connus. »

« Naturel » et « botanique » sont aujourd'hui les éléments clés de l'identité de Clarins. L'entreprise certifie n'utiliser aucun ingrédient d'origine animale dans ses formules et ne tester aucun de ses produits sur les animaux. Elle pratique le commerce équitable et sponsorise un certain nombre de projets environnementaux, tels que l'avion à énergie solaire Solar Impulse ou l'initiative Alp Action, qui vise à préserver la diversité biologique de la région alpine.

Mais la détermination de Jacques à rester à l'écoute de ses clientes devient source d'anxiété quand il commence à vendre ses huiles naturelles en parfumerie. « Il aimait l'idée de pouvoir en permanence adapter ses produits d'après ce que les gens lui disaient », explique Christian. « Naturellement, faire appel à un distributeur signifiait qu'il perdait cette interaction. C'est pourquoi il s'est mis à insérer dans chaque produit une carte, que la cliente pouvait remplir et lui retourner. Quand j'ai commencé à travailler ici, il m'en donnait dix à lire dès que j'arrivais le matin. La gestion de la relation client est fortement ancrée dans notre culture. Nous avons créé notre premier sérum parce que les clientes nous le demandaient : jusqu'alors, le terme était courant en pharmacie mais pas dans l'industrie de la beauté. »

Un autre de ses produits, Lift Affine Visage, a été conçu en réponse au souhait des clientes asiatiques d'avoir des visages plus fins et plus fermes. Et Jacques Courtin commence à rechercher des solutions contre la pollution lorsque ses consommatrices lui expriment à quel point leur peau est plus belle lorsqu'elles ont passé quelque temps en dehors de la ville.

L'entreprise possède aujourd'hui un club, Clarins & Me, que les consommateurs peuvent rejoindre via Internet ; ils peuvent aussi s'inscrire à une newsletter. À partir des informations contenues dans sa base de données, Clarins leur adresse de nombreux échantillons. « Nous encourageons nos clients à essayer avant d'acheter. Nous ne voulons pas qu'ils aient une quelconque réaction allergique : les ingrédients naturels ne sont pas toujours doux. »

La communication de Clarins met en avant son minimalisme et son audace : logo rouge vif sur fond blanc, portrait avec flou artistique de Guido Mocafico, photographe spécialisé dans les natures mortes et long texte publicitaire dans une typographie élégante. Pour Christian, les magazines de mode sont forcément les supports marketing les plus efficaces : « Chacun a un type de lectorat particulier, donc nous pouvons adapter notre message à celui-ci. La télévision serait un désastre. Nous nous intéressons également aux magazines d'information parce qu'ils attirent les leaders d'opinion. »

Comme son père, Christian est un passionné de nature, et notamment de biomimétisme – qui consiste à s'inspirer de la nature pour résoudre les problèmes humains. Mais l'entreprise prend garde de ne pas trop vanter son côté « naturel » dans ses messages publicitaires. « Notre ambition est de fabriquer des produits qui soient efficaces et sains. Si nous avons le choix, nous utilisons des matières premières naturelles. Si celles-ci ne répondent pas à nos besoins, nous utilisons des ingrédients synthétiques. Dans 90 % des cas, nous privilégions les produits naturels. Quand nous utilisons des matières premières naturelles, nous essayons de nous assurer que leur origine est à la fois locale et biologique – mais ça n'est pas facile, car seulement un petit pourcentage des terres cultivées en France se concentre sur l'agriculture biologique. Nous ne pouvons donc affirmer, et ne le faisons pas, que nous sommes une marque biologique. »

La marque ne veut pas non plus décevoir, indique Christian, sur le sujet délicat que sont les crèmes anti-âge. « Voyez, je pense que les femmes dans la cinquantaine sont plus désirables aujourd'hui qu'elles ne l'étaient il y a quinze ans, et que les cosmétiques y sont pour quelque chose. Mais nous ne promettons pas de miracles. Quand nous faisons la promotion d'un crème destinée aux femmes de 50 ans, nous choisissons un mannequin de 40 (et non 30) ans – et nous ne gommons pas chaque ride de son visage. »

Les effets des produits Clarins sont le résultat du travail d'Olivier, le frère de Christian, qui a rejoint l'entreprise familiale dans les années 1990. Il a fait une grande partie de sa carrière comme chirurgien orthopédique, spécialiste des interventions qui laissent le moins de cicatrices possible. Il dirige aujourd'hui une équipe de 80 chercheurs. « Nous n'avons jamais prétendu pouvoir faire disparaître les rides », précise Olivier. « Nous pouvons les réduire, dans une certaine mesure Mais ce que font nos crèmes, c'est limiter les dommages futurs. Dans ce sens, on peut dire que nous ralentissons le temps. »

Christian insiste sur le fait que les prix des produits Clarins sont raisonnables comparés à ceux de certaines autres marques de luxe, « qui dépassent franchement les limites de la décence ». Il sourit à nouveau, conscient que l'entretien est en train de revenir à son point de départ. « Tout cela nous ramène à notre respect des consommateurs. »

ASTUCES BEAUTÉ

* C'est à Anita Roddick que revient la création de la première marque de beauté « naturelle » grand public, le Body Shop, qui proposait des valeurs éthiques et une réelle alternative aux produits existants.
* Ne pouvant se permettre financièrement de faire de la publicité, elle mise sur sa personnalité franche et son engagement dans des causes sociales pour générer une couverture médiatique.
* En dépit des accusations d'hypocrisie qui accompagnent le développement de son entreprise, Anita Roddick continue à soutenir des projets sociaux et environnementaux.
* Le Body Shop a ouvert la voie, dans les années 1990, à une génération de marques de beauté plus raffinées et plus sophistiquées.
* Le rachat du Body Shop par L'Oréal confirme que le segment de la beauté naturelle est désormais un business d'envergure.
* Dernièrement, une conscience environnementale, couplée à une inquiétude des consommateurs quant aux composés chimiques des produits de beauté, a généré une demande croissante pour des marques naturelles.
* La marque française Clarins est un compromis intéressant entre une marque de beauté naturelle et une entreprise cosmétique de luxe traditionnelle.

19

Les artistes de l'aiguille

« Nous tatouons des médecins et des avocats. »

Il ne semble pas y avoir beaucoup de tatouages en cours au Smile, coffee shop hype sur Bond Street, à Manhattan, où l'on peut, m'a-t-on dit, se faire encrer la peau tout en dégustant un *carrot cake.* J'aime le côté « pension de famille » du lieu, avec ses murs de briques apparentes et son parquet élimé, les fleurs séchées sur la cheminée et les étagères remplies de bouteilles vides de Cutty Sark et de vieilles conserves de sauce tomate Sclafani. Je peux même savourer la musique de John Denver, « Take me home, country roads »… mais nulle part je ne perçois le hurlement entêtant de l'aiguille à tatouer.

Il s'avère que j'arrive trop tard : le salon de tatouage n'existe plus, et le Smile est désormais un café tout ce qu'il y a de plus normal. C'est dommage : je comptais exploiter son existence comme preuve que les tatouages sont aujourd'hui chose courante. Non plus underground, ni particulièrement rebelles, ils ont été englobés par l'industrie de la beauté, arborés par des actrices et des mannequins avec la même légèreté que s'il s'agissait d'un bijou ou d'un fard à joue, aussi faciles à obtenir que des extensions de cheveux ou des faux ongles.

Je ne me trompe toutefois pas complètement et ai plus de chance avec ma prochaine étape, le New York Adorned, mix entre une boutique de bijoux et un studio de tatouage sur Williamsburg, à Brooklyn.

L'entreprise a été fondée en 1996 par Lori Leven, officiellement conceptrice de bijoux mais véritable figure de légende dans le milieu du tatouage pour avoir combiné les deux arts dans un même lieu. « Les tatouages sont bien plus acceptés aujourd'hui que lorsque nous avons commencé », me confirme-t-elle. « Nous tatouons des médecins et des avocats. Je pense que ça a commencé grâce à la mode : des gens comme Jean-Paul Gaultier ou Alexander McQueen ont créé des vêtements avec des impressions style tatouage. Les gens les ont portés et ont eu l'impression de prendre leur vie en main. Un tattoo, ça veut dire quelque chose de fort. Après, la logique a guidé l'étape suivante. »

Peu de personnes s'arrêtent après un tatouage. Chris O'Donnell, artiste tatoueur respecté œuvrant chez New York Adorned lorsque je le rencontre, s'est d'abord fait encrer un motif relativement simple, un tribal, « progression naturelle après le skateboard et le punk rock ». L'expérience l'enchante. « La première chose à laquelle je pensais en me réveillant chaque matin, c'est que j'avais ce chef-d'œuvre sur la peau. J'ai voulu revivre l'expérience. J'en voulais plus – et des plus gros. »

Quand Lori Leven rentre d'un court séjour à Los Angeles, au début des années 1990, elle observe autour d'elle de nombreux tattoos, essentiellement dans le style tribal évoqué par Chris O'Donnell. Une chose intéressante, les salons de tatouage étant interdits à New York jusqu'en 1997 – on craignait en effet des épidémies d'hépatites. New York a pourtant toujours été le noyau de cet art, c'est même ici que fut brevetée la toute première machine à tatouer rotative.

Lori connaît plusieurs tatoueurs, qui opèrent de façon informelle dans leurs appartements. Elle les rassemble dans le collectif East Side Ink et installe un « salon » dans un trois pièces près de St Mark's Place. Par la suite, ils ouvrent sur la Seconde Avenue une boutique de bijoux avec, dissimulé dans l'arrière-boutique, un salon de tatouage : un peu comme un bar clandestin, dans lequel on servait de l'encre à la place du whisky ! La boutique et son studio caché sont la première itération de New York Adorned.

Lori s'esclaffe : « Ce devait être le secret le moins bien gardé de New York ! Tout le monde était au courant. Nous avons tatoué tous les flics du quartier. Pour eux, [la boutique] ne posait aucun problème. »

Un autre célèbre artiste tatoueur de New York, Jonathan Shaw, ouvre une boutique dont l'enseigne indique « Cappuccino & Tattoo ». Son commerce existe toujours, démontrant le niveau d'intérêt pour le sujet. Aujourd'hui, l'entreprise de Lori Leven est dûment déclarée et soumise à des contrôles réguliers du Conseil de Santé de la ville.

Les tatouages, aujourd'hui, sont plus populaires que jamais. Au moment de ma visite, la tendance est au texte encré sur la peau. « Certaines personnes demandent des poèmes entiers. C'est difficile, car la peau, bien sûr, est un support tout à fait différent du papier. Essayez donc de calligraphier une strophe sur les côtes ! »

O'Donnell, lui, est spécialisé dans les tatouages riches et colorés d'inspiration japonaise, qui recouvrent des pans entiers du corps : imaginez des tigres dorés ou des serpents géants vert émeraude qui se déploient sur un dos ou un torse entier… « Mais la taille n'a pas d'importance, insiste-t-il. Je veux simplement travailler sur des choses que j'aime. Les gens entrent, on discute de leur idée. Aujourd'hui, les gens savent le genre de travail que je fais, ils y ont pensé au préalable. »

S'il n'aime pas le ton de votre projet, Chris vous remercie poliment. Ce n'est pas le genre de salon d'arrière-cour où vous allez vous faire encrer sur le biceps le nom de votre amoureuse, de votre chien ou de votre rock star favorite – voire même un logo Louis Vuitton…

Quand les tatouages sortent de leurs salons

La marque de luxe Louis Vuitton a lancé, en 2011, une vidéo en ligne mettant en scène l'artiste tatoueur Scott Campbell. Cette vidéo en trois parties, traitée sous l'angle « une journée dans la vie de... », servait essentiellement de promotion à la collaboration entre Campbell et le couturier de la ligne pour homme de Vuitton, Paul Helbers, qui a invité le maestro du tatouage à concevoir des imprimés pour des écharpes, des chemises, des caleçons, et même des sacs. Campbell, qui s'adonne également à l'art contemporain, a accepté avec enthousiasme.

Scott Campbell est souvent considéré comme celui qui a fait passer le tatouage du symbole de la rébellion à celui de statut social. Il a ouvert son premier studio, Saved Tattoo, en 2004 à Brooklyn, et a depuis tatoué les mannequins Helena Christensen et Lily Cole, l'acteur et regretté Heath Ledger, la créatrice de mode Vera Wang et bien d'autres. Marc Jacobs – qui dessine les collections femme de Vuitton – est un de ses clients réguliers : Campbell lui a tatoué des ornements aussi excentriques que Bob l'Éponge ou une caricature de Jacobs lui-même en Simpson. En 2009, lorsque Campbell déménage provisoirement son studio au café Smile, ses tarifs s'élèvent à 300 dollars de l'heure (« Manhattan ink : tat master Scott Campbell needles the stars », *New York Observer*, 17 mars 2009).

Comme on pouvait s'y attendre, Campbell est celui que l'on surnomme « le tatoueur des stars » – ce qui ne semble pas le chiffonner. « La mode s'est tout à coup approprié une chose qui me tenait à cœur depuis des années », confiait-il à *Papermag*.

> De nombreux artistes tatoueurs s'en défendent parce que le tatouage fait partie de ces choses pour lesquelles vous devez vous dévouer et vous impliquer à 100 %... Quand je vois la mode et les médias grand public se l'approprier, il y a une partie de moi qui dit « attendez, c'est *mon* univers » ; mais à la fin de la journée, ça n'est plus le mien. Si on en parle plus, on arrivera à une meilleure compréhension et appréciation du tatouage, et je ne pense pas que ça puisse être une mauvaise chose.

Il faut également reconnaître à Campbell sa vision au-delà des clichés de coulisses du tatouage :

> Une fois que j'ai eu ouvert mon propre espace et créé cet environnement qui était un peu plus créatif et avant-gardiste, beaucoup de ces gens qui avaient toujours voulu se faire tatouer mais ne souhaitaient pas se

frotter aux arrière-boutiques crasseuses fréquentées par les bikers s'y sont rendus. S'il y a dans une ville un salon de tatouage qui se distingue ou est un peu plus innovant que les autres, cela attire les gens, surtout ceux de l'industrie créative (« The unofficial tattoo artist of the "fashion folks" », 3 septembre 2010).

En réalité, d'autres que lui ont certainement eu plus d'impact encore dans la démocratisation du tatouage. Le Français Christian Audigier, designer de mode, rachète en 2004 les droits de la licence Ed Hardy, célèbre tatoueur de San Francisco, pour produire une collection inspirée de ses œuvres. Grâce au talent marketing d'Audigier, qui excelle à ouvrir des boutiques dans les quartiers haut de gamme et à envoyer des exemplaires gratuits de ses produits à des célébrités, ses tee-shirts et leurs motifs « tatouage » sont rapidement arborés par tous, de Madonna à Paris Hilton.

Don Ed Hardy est un personnage fascinant en soi. Il se forme au métier dans un salon de tatouage d'Oakland, que dirige Phil Sparrow, ancien professeur de lettres et désormais dévoué au *skin art*. C'est ce dernier qui fait découvrir au jeune homme les tatouages japonais, qui recouvrent intégralement le corps. Ed devient en 1973 le premier Occidental à faire un apprentissage auprès du maître japonais Horihide, avec qui il « encre et pierce de nombreux gangsters japonais – des Yakuzas ». Hardy admire également le défunt Norman Collins, artiste tatoueur, surnommé « Sailor Jerry » en raison de son job de guide touristique sur un trois-mâts dans les eaux hawaïennes. Jerry, né en 1911, « s'essaye au tatouage alors qu'il est encore adolescent, en encrant à la main des motifs sur ses clients volontaires avec le matériel qui lui tombe sous la main, alors qu'il traverse l'Amérique en stop ou en accrochant les trains de marchandises. C'est ainsi qu'il se retrouve à Chicago dans les années 1920 où il rencontre son premier instructeur officiel, le légendaire Gib Thomas, dit "Tatts", qui lui enseigne l'utilisation de la machine à tatouer » (www.sailorjerry.com).

Où « Tatts » lui-même a-t-il appris le métier ? Je ne sais pas – probablement d'un pirate. Tatts quitte à 14 ans la Nouvelle-Orléans, où il a grandi, pour parcourir le monde. Un tatouage, quelque part, évoque le voyage : les marins, les vagabonds, les côtes du Sud Pacifique... Le mot vient d'ailleurs du polynésien « tatau ». Comme l'explique Hardy, qui a publié plusieurs livres sur le sujet, « la tradition orale du tatouage est fantastique ». Le besoin de se faire tatouer est, selon lui, un besoin « primaire » : « Il a été prouvé que les momies retrouvées dans la glace, qui sont les plus anciens membres de notre espèce, portaient des tatouages. »

Les tatouages ont toujours été utilisés comme marques au sens littéral du terme : marques d'identification des esclaves, des prisonniers ; on se souvient des processions glaçantes des déportés en camps de concentration nazis. Ils peuvent aussi être des marques de courage, des talimans contre le mauvais œil, des déclarations d'amour. Ils marquent enfin bien sûr l'appartenance à une tribu – c'est sans doute la raison pour laquelle ils plaisent tant aux aficionados de la mode.

Bien que Hardy gère toujours le salon Tattoo City, à San Francisco, il a pris sa retraite il y a quelque temps et se consacre désormais à la peinture et à la gravure. Son habileté à mêler les arts supérieurs et populaires, ajoutée à un sens inné du *branding*, a contribué à donner accès au grand public à l'art parfois inextricable qu'est le tatouage.

Le caractère permanent du tatouage en fait toujours un acte radical, audacieux et créatif à la fois. Comme le suggère Scott Campbell, les tatouages ont fait leur chemin vers le grand public grâce aux créatifs et à ceux qui cherchaient à les imiter. On imagine aisément le frisson du médecin ou de l'avocat à la pensée que, sous son costume conservateur, se cache une peau encrée... Mais le côté choquant du tattoo aura sans doute disparu d'ici une génération. En 2007, le Pew Reseach Center indiquait que 40 % des Américains âgés de 26 à 40 ans avaient un tatouage, et que 36 % des 18-25 ans en avaient un. Des chiffres qui laissent à penser que, pour certains, se faire tatouer est une manifestation précoce de la crise de la quarantaine !

Pour ceux qui souhaitent suivre la tendance sans toutefois se faire encrer définitivement la peau, on trouve des tatouages temporaires partout. Même Chanel propose des « tatouages temporaires exclusifs et individuels, reprenant les codes et symboles emblématiques de Chanel, dessinés par le directeur créatif mondial des maquillages [de la marque], Peter Philips ».

Et si vous vous décidiez vraiment à franchir le pas ? Écoutez le conseil de Lori Leven, la directrice de New York Adorned : « Vous ne vous arrêterez probablement pas à un, donc pensez-y à l'avance – imaginez ce que pourrait être le résultat et comment vous allez y parvenir. Ça n'est pas une décision banale ; elle affectera toute votre vie, prenez-la donc en conséquence. Mais surtout, ne suivez jamais une mode. Le tatouage sur votre peau sera permanent ».

ASTUCES BEAUTÉ

* En raison de leurs origines grivoises et tapageuses, les tatouages ont toujours attiré les rebelles. Ils auront bientôt perdu ce côté vindicatif : une étude a en effet montré que 40 % des Américains entre 26 et 40 ans étaient tatoués. Au Royaume-Uni, 29 % des 16-44 ans arborent un tatouage.
* Les mannequins, les acteurs et les designers de mode ont sorti les tattoos de leur univers clos pour les populariser auprès du grand public.
* Selon les artistes tatoueurs, cette tendance a commencé par l'habillement, avec des couturiers comme Alexander McQueen ou Jean-Paul Gaultier qui ont repris dans leurs collections des imprimés inspirés du tatouage.
* Les stars ont popularisé la ligne de vêtement Ed Hardy, du nom d'un célèbre tatoueur de San Francisco.
* Le tatoueur Scott Campbell a travaillé, pour Louis Vuitton, à la conception de vêtements et de sacs inspirés de l'art du tatouage.
* Chanel a lancé une gamme de tatouages « temporaires ».
* Les magazines de mode ont contribué à diffuser l'idée du côté artistique des tatouages, et donc à les rendre plus populaires.
* Même si la tendance vient à disparaître, ils resteront des ornements socialement acceptables.

20

L'avenir de la beauté

« Les êtres humains rêvent de s'améliorer,
ils seront forcément attirés
par des solutions qui leur fourniront
de tels avantages. »

Le salon professionnel Beyond Beauty, à Paris, a des allures de bazar de la beauté. Ou plutôt devrais-je dire de « bizarre » de la beauté. Alors que je déambule parmi quelque 500 stands dans un hall immense de la Porte de Versailles, je suis plus frappé encore par la diversité des produits qui promettent à leur utilisateur de paraître plus jeune, plus séduisant.

Je m'arrête un moment au stand Re-Age, où un démonstrateur injecte sur le visage d'un volontaire des bouffées d'air à l'aide d'un appareil métallique portatif ressemblant à une fraise de dentiste. J'apprends que ce traitement, baptisé Re-Oxy, utilise l'oxygène pour soigner les signes du vieillissement – ni scalpel, ni injections, donc. L'appareil envoie des principes actifs dans les profondeurs de la peau grâce aux jets d'oxygène ; un spa de Monaco en est déjà équipé. Un autre traitement consiste à respirer de l'oxygène et des huiles essentielles à travers un inhalateur pour combattre le stress.

Ne concevant au contraire rien de plus stressant, je continue mon chemin. J'arrive devant un appareil à photons portatif, qui stimule, grâce à des diodes lumineuses, les cellules cutanées. Si ce type d'engin était auparavant l'apanage des dermatologues et des salons de beauté, vous pouvez désormais emporter chez vous, pour moins de 250 dollars, « le dernier système de soin de la peau dont vous aurez jamais besoin ». Les traitements à la maison sont la prochaine grande étape du soin cutané, me dit-on.

Alors, quoi d'autre ? Que s'apprêtent à nous vendre et à nous dire les entreprises cosmétiques au cours des prochaines années ?

La nutricosmétique

On les appelle « alicaments » ou « nutricosmétiques » : ce sont des compléments nutritionnels et aliments fonctionnels qui nous rendent beau de l'intérieur. La tendance vient du Japon, où les plantes médicinales sont, depuis des siècles, associées à la beauté. Les limites ont été poussées plus loin encore ces dernières années, avec l'apparition de produits comme la soupe enrichie en collagène ou les boissons et yaourts à base d'acide hyaluronique (qui contribue à la réparation des tissus) et de céramides (lipides présents dans la couche supérieure et protectrice de notre épiderme).

La tendance est arrivée en Europe grâce à Essensis, le yaourt qui « nourrit votre peau de l'intérieur », commercialisé par Danone en France, Espagne, Belgique et Italie depuis 2007. À base de vitamine E et de thé vert antioxydant, entre autres, le produit affirme booster l'éclat de la peau mais est pourtant retiré des rayons français deux ans plus tard en raison de ses faibles performances commerciales – preuve sans doute que le potentiel des aliments fonctionnels a été quelque peu exagéré, quoiqu'il faille également noter un problème de distribution.

Danone a en effet positionné ses produits Essensis à côté des yaourts normaux dans les linéaires des supermarchés, où ils semblent du coup exagérément chers et arborent des promesses de beauté incongrues. Lorsque Nestlé lance sa boisson beauté Glowelle, l'entreprise la commercialise dans le rayon beauté des supermarchés américains haut de gamme Neiman Marcus. « Les clients d'un magasin comme Neiman Marcus sont à la recherche de produits de beauté et peuvent se permettre de ne pas regarder à quel point ils alourdissent leur budget alimentaire hebdomadaire. Les vendeurs sont également formés à expliquer aux clients ce que sont ces nouveaux produits et comment ils fonctionnent » (Food & Drink Europe, 9 février 2009).

Il est peu probable que l'échec d'Essensis marque la fin des cosmétiques nutritionnels. L'Oréal a monté avec Nestlé une *joint venture*, Innéov, pour explorer ce nouveau segment. Celle-ci produit des pilules contre le vieillissement et la perte de fermeté ainsi que des comprimés qui « détoxifient et drainent » pour combattre la cellulite, ou d'autres qui « préservent et renforcent » les cheveux.

Perricone MD, marque de soins de la peau fondée aux États-Unis par le dermatologue Nicholas Perricone, commercialise toute une gamme de compléments alimentaires nutraceutiques. Toujours sur le marché américain, l'entreprise Walgreens a lancé Borba Inside Out Beauty Solution, une ligne de produits de beauté à ingérer, développée par l'esthéticien Scott-Vincent Borba. Ils contiennent un certain nombre de « super-fruits » antioxydants – myrtilles, grenades, canneberges – et se déclinent sous diverses formes ludiques, comme les chewing-gums Firm & Fit Calcium Chews, les boissons Healthy Glow Immunity Drink Mix, les bonbons Mighty Energy Gummi Mice ou encore l'eau enrichie en vitamine Skin Balance Water.

Les obstacles sont nombreux – un cadre législatif flou, une concurrence forte entre distributeurs et des consommateurs sceptiques – mais le marché de la beauté de l'intérieur ne demande qu'à être exploré !

Les neurocosmétiques

Plus on se sent bien, plus on a de chance de paraître à son avantage. C'est un résumé grossier du principe des neurocosmétiques, ces produits de beauté qui améliore votre humeur. L'aromathérapie promet des bienfaits similaires, mais nous parlons ici des soins de la peau qui joue sur le bien-être. Certains produits affirment générer des connexions cerveau droit/cerveau gauche ou accroître les taux de sérotonine. D'autres contiennent des principes actifs qui stimulent le système nerveux cutané – celui qui vous fait vous gratter – en déclenchant des neurotransmetteurs pour s'assurer que la peau reçoit bien le juste équilibre de nutriments.

Un nom revient fréquemment dans le domaine, celui du docteur Linda Papadopolous. Cette célèbre psychologue britannique a déjà publié plusieurs livres sur la « psychodermatologie » et possède sa propre ligne de soins de la peau, LP Skin Therapy. Son site Web mentionne les « nootropiques » contenus dans la majorité de ses produits (www.lpskintherapy.com) : il s'agit de drogues ou de médicaments qui stimulent l'activité cérébrale de plusieurs manières – de l'amélioration de la mémoire et de la concentration à l'atténuation du stress. Ils peuvent également affecter la production et l'assimilation de la dopamine et de la sérotonine.

Le docteur Papadopolous n'a pas été la seule à noter l'intérêt de cette niche. Une entreprise du nom de Kroia s'est elle aussi spécialisée dans les cosmétiques influant sur l'humeur, et élabore ses produits sur la « chromothérapie », ou thérapie par les couleurs, selon laquelle certaines couleurs ont des propriétés apaisantes ou curatives. Chaque couleur a une fréquence qui lui est propre, dont le taux de vibration influe sur l'humeur de celui qui la perçoit. Faites l'expérience : comparez votre humeur les matins où vous êtes dans le rouge avec ceux où vous avez le blues !

Pour Karla Farach, la fondatrice de Kroia, l'emploi de la lumière dans les soins cutanés, et notamment le traitement recourant aux diodes mentionné ci-dessus, de même que l'utilisation des minéraux, cristaux et pierres de couleur dans les massages, ouvrent la voie à une nouvelle forme de soin. Sa gamme de « crèmes hydratantes mousseuses actives », à base de cristaux de topaze, d'extrait de fleur de Néroli ou de ginseng, entre autres, se décline ainsi dans des couleurs diverses en fonction de l'effet recherché : jaune pour les crèmes énergisantes, rose pour les soins anti-âge ou bleu pour apaiser l'esprit.

D'autres entreprises de beauté, dans leur quête d'histoires fascinantes à raconter, s'intéressent indubitablement de près à ce secteur. Regardez autour de vous : vous verrez de plus en plus de produits de soin de la peau euphorisants et de cosmétiques qui favorisent la confiance en soi et l'euphorie de façon « scientifiquement prouvée ».

Les nanocosmétiques

Inutile de s'aventurer bien loin sur ce terrain pour découvrir des choses qui font froid dans le dos. Le mot même de « nanotechnologie » évoque des images de science-fiction, de machines subatomiques capables de se reproduire exponentiellement jusqu'à engloutir leur propre planète. Il s'agit, en réalité, de concevoir des objets et engins à partir d'atomes individuels et de molécules ; on décrit la nanotechnologie comme la science des matériaux d'un milliardième de mètre. L'industrie cosmétique s'y intéresse de près – nous verrons pourquoi dans un instant – et des entreprises comme L'Oréal ou Procter & Gamble font partie des sponsors du International Council of Nanotechnology.

C'est au scientifique Eric Drexler, considéré comme le « père de la nanotechnologie », que l'on doit la théorie de la « gelée grise ». Dans un livre paru en 1986, intitulé *Engines of Creation : The coming era of nanotechnology*, Drexler décrivait un scénario catastrophique de nanobots capables de manipuler la matière et qui finissaient par échapper au contrôle humain, détruisant toute trace de vie sur Terre. Drexler affirmera par la suite regretter cette allégation et n'avoir voulu qu'attirer l'attention sur le danger théorique des nanotechnologies, pour contrebalancer l'excitation engendrée par ses bienfaits potentiels. « J'ai également sous-estimé la popularité des descriptions de nuées de minuscules nanobestioles dans la science-fiction et la culture populaire. (« Nanotech guru turns back on goo », BBC News Online, 9 juin 2004).

Soyez rassuré : Drexler juge extrêmement peu probable que des scientifiques soient un jour à même de créer des nano-engins capables d'auto-reproduction.

S'il est donc établi que ce danger bien précis restera de l'ordre du fantasme, l'utilisation de nanoparticules dans les cosmétiques inquiète des organismes comme le Friends of the Earth. Les nanotechnologies ont d'abord été adoptées par les fabricants de crèmes solaires, qui avaient utilisé pendant des années le dioxyde de titane et l'oxyde de zinc pour bloquer les rayons UVA et UVB. Ces ingrédients n'étant pas solubles dans l'eau, les protections solaires les contenant étaient donc épaisses et collantes, et laissaient de grandes marques blanches sur la peau. L'utilisation de nanoparticules de titane et de zinc a permis aux fabricants de cosmétiques de créer des crèmes légères, transparentes et faciles d'application, plébiscitées par les consommateurs.

La question reste toutefois de savoir si ces nanoparticules peuvent traverser la couche supérieure de l'épiderme et passer dans le sang, détruisant éventuellement au passage quelques cellules, pour se retrouver dans les reins, le cerveau ou autres organes. Plusieurs appels à une réglementation plus stricte des nano-ingrédients ont été émis, mais à l'heure d'écriture de ce livre, aucune législation spécifique n'a encore été mise en place. Il n'existe donc concrètement aucune règle d'identification des produits contenant des nano-ingrédients.

Un rapport d'avril 2011 de la Nanodermatology Society reconnaît que les nanoparticules de zinc ou de titane, lorsqu'elles sont exposées aux rayons UV, génèrent l'apparition de radicaux libres et de dérivés réactifs de l'oxygène pouvant endommager les protéines, l'ADN ou les graisses contenues à l'intérieur même des cellules. Leur niveau de toxicité dépend de leur taille, de leur structure et de leur couche protectrice : les nanoparticules sont en effet souvent protégées par une enveloppe de manganèse ou autre élément chimique. Détail crucial, le rapport ajoute que « les dommages associés à la formation de radicaux libres dépendent de leur capacité à interagir avec les cellules vivantes». Un fait qui présuppose que les nanoparticules commencent par pénétrer la peau. Le rapport conclut de façon formelle que «les nanoparticules de titane et de zinc ne traversent pas la couche supérieure de l'épiderme humain, même au travers des follicules pileux» et que les «nanoparticules de titane et de zinc n'atteignent pas les cellules et ne posent donc aucun problème de toxicité» (www.nanodermdociety.org).

Mais nous préviendraient-ils réellement du contraire… ?

À moins que ne soit établie une législation stricte, il est peu probable que les entreprises cosmétiques renoncent à l'utilisation des nanoparticules : elles sont bien trop utiles. Pour commencer, la nanotechnologie permet à un plus grand nombre de principes actifs d'atteindre la peau. Du fait de leur taille, elles limitent également l'obstruction des pores ; en outre les principes actifs sous forme de nanoparticules permettent d'allonger la durée de vie des produits. Les colorations capillaires jouissent également des bienfaits des nanotechnologies : les colorants de cette dimension pénètrent dans le cheveu plus facilement – et la couleur, conséquemment, dure plus longtemps.

Lors du meeting annuel de l'American Academy of Dermatology de mars 2010, un dermatologue du nom d'Adnan Nasir a prononcé un discours, largement repris depuis, sur les bienfaits potentiels des nanotechnologies pour les entreprises cosmétiques. Il indiquait que l'industrie cosmétique dépassait toutes les autres en termes de brevets déposés sur des nanoparticules, «qui ont la capacité d'améliorer les lotions solaires, les shampoings et après-shampoings, les rouges à lèvres, les ombres à paupières, les crèmes hydratantes, les déodorants, les après-rasages et les parfums» («Sizing up nanotechnology : how nanosized particles may affect skincare products», *PR Newswire*, 4 mars 2010).

Le docteur Nasir confirme que la nanotechnologie permet aux ingrédients anti-vieillissement d'atteindre plus facilement la peau, mais soulève cependant une problématique marketing : «Les produits anti-âge à base de nanoparticules d'antioxydants étant plus complexes à produire, on peut s'attendre à ce que ces produits coûtent plus chers que les formules traditionnelles… Une fois qu'il aura été prouvé que ces produits sont sûrs, le consommateur devra décider s'il juge justifiés leurs prix supérieurs. »

L'Oréal, Dior, Shiseido ou encore AmorePacific font partie des entreprises qui certifient ouvertement leur recours à la nanotechnologie. On trouve d'autres marques de blush, fonds de teint, produits capillaires ou même de mascara affirmant contenir des nano-ingrédients – reste à savoir lesquelles ne font qu'utiliser un terme à la mode dans leur communication…

L'Oréal déclare tester la sécurité de tous ses produits. Dans un rapport de viabilité datant de juin 2010, l'entreprise reportait son utilisation de « nanoémulsions et nanopigments » :

> Les nanoémulsions sont en réalité des préparations macroscopiques à base de minuscules gouttes d'huile et d'eau, réduites à une dimension nanométrique afin d'accroître la concentration en huiles nutritives tout en préservant la transparence et la légèreté des formules. Il arrive que des principes actifs fragiles, comme les vitamines, soient protégés de l'air par des véhicules nanométriques appelés nanocapsules™ ou liposomes, qui libèrent l'ingrédient au contact de la peau lors de l'application du produit (« The use of nanotechnology in cosmetology », www.sustainabledevelopent/loreal.com).

Les nanotechnologies peuvent, potentiellement, transformer l'industrie de la beauté. Le cabinet d'enquêtes Thomson Reuters le confirme dans un rapport publié en 2009 intitulé « Can nanotech unlock the foutains of youth ? » (littéralement, « les nanotechnologies peuvent-elles nous ouvrir les fontaines de jouvence ? »). Le rapport cite James Canton du groupe de réflexion Institute for Global Future, à San Francisco : « Les nanotechnologies sont un des outils clés qui seront utilisés pour la création de la plus grande industrie du XXIe siècle : celle de l'amélioration de la santé. Les êtres humains rêvent de s'améliorer, ils seront forcément attirés par des solutions qui leur fourniront de tels avantages. »

Le rapport note que « la présence croissante de fabricants chimiques spécialisés dans les secteurs de la beauté et de l'hygiène est directement liée au développement des nanotechnologies dérivées d'autres technologies ». Il mentionne ainsi la marque de cosmétiques Astalift, développée par Fujifilm, dont le spot publicitaire expliquait comment les nanotechnologies, initialement conçues pour la photographie, permettaient à ces crèmes de mieux pénétrer la peau.

Certaines entreprises cosmétiques, inquiètes quant aux questions de sécurité, se gardent de trop souligner dans leur communication leur recours aux nanoparticules – ralentissant ainsi le développement de la nanocosmétique comme segment de marché à part entière. Pour d'autres, toutefois, le futur de la beauté se trouve précisément à l'intersection de la nature et des nanotechnologies.

ASTUCES BEAUTÉ

* Les aliments fonctionnels et la « beauté de l'intérieur » constituent un nouveau segment qui reste à approfondir.
* L'échec des précédentes tentatives est lié à leur mauvais emplacement dans les rayons de supermarchés – aux côtés des produits grand public. Ces aliments devraient plutôt être commercialisés avec les cosmétiques.
* Les « neurocosmétiques », qui influent sur l'humeur de l'utilisateur, font appel à des notions utilisées en aromathérapie.
* Inoffensifs en apparence et vaguement « New Age » dans leur concept, ils pourraient bien constituer une catégorie parallèle au marché « bio ».
* Les nanotechnologies ont déjà été adoptées par un certain nombre d'entreprises cosmétiques grand public, mais l'inquiétude demeure quant à l'inoffensivité des nanoparticules.

Conclusion

« Le consommateur n'est pas un crétin
– c'est votre femme. »

Il serait facile de faire de l'industrie de la beauté l'ennemi absolu, qui trafique des images irréalistes de jeunesse et de perfection pour mieux aveugler des millions de femmes – et, il faut le reconnaître, un certain nombre d'hommes. Les preuves ne manquent pas pour étayer cette assertion et nombreux sont ceux qui sont arrivés à cette même conclusion. Mais la santé robuste du business mondial de la beauté suggère toutefois que la réalité est sensiblement plus complexe.

Dans toutes les cultures, et depuis la nuit des temps, les femmes se sont coloré les lèvres et ont noirci leurs cils. Elles ont cherché à se blanchir la peau bien avant l'invention de Fair & Lovely. On peut attribuer de nombreuses causes à leur désir de paraître plus belles – le statut social, la sélection sexuelle, voire la volonté de prendre en main leur propre vie – mais on ne peut tout faire reposer sur la pression exercée par les hommes aux têtes des entreprises cosmétiques et leur complicité avec les médias misogynes.

L'histoire de la beauté regorge d'exemples de l'utilisation du maquillage comme symbole d'émancipation, des femmes grecques quittant leurs gynécées jusqu'aux lèvres rouge vif des suffragettes dont fut témoin Elizabeth Arden. Carol Dyhouse évoque dans son ouvrage *Glamour* (2010) le personnage d'Iris Storm, l'héroïne du

Chapeau vert, « best-seller culte de Michael Arlen publié en 1926 », qui « affiche tous les signes possibles de la modernité : elle a du style, des tenues sexy, du rouge à lèvres vif et une voiture puissante ». Pour Carol Dyhouse, le glamour – et la beauté – peuvent « représenter un moyen d'accéder à une identité féminine plus forte et plus affirmée ». Les belles de la Renaissance qui cuisinaient leurs propres recettes alchimiques de beauté semblent à peine moins impressionnantes qu'Iris Storm et ses contemporaines.

La plupart des crèmes pour le visage et le corps apparues au XIXe siècle étaient basées sur des recettes que les femmes réalisaient à la maison et qu'elles se transmettaient de génération en génération. La révolution industrielle a permis la production en série de ces crèmes tandis que l'émergence de la presse féminine en constituait un support de promotion idéal. C'est en s'appuyant sur cet héritage qu'Helena Rubinstein et Elizabeth Arden ont créé les premières marques de beauté mondiales.

Rubinstein et Arden ont toutes deux grimpé sans vergogne les marches de l'échelle sociale, transformant avec succès leurs aspirations et désirs en flacons, messages publicitaires, comptoirs de grands magasins et autres salons de beauté, conviant les femmes à pénétrer ce monde de rêves. Les promesses de jeunesse éternelle ne sont qu'une part de leur réussite : le progrès, la science et le statut social sont également étroitement liés au développement de leurs crèmes. Estée Lauder sort du même moule. Loin de créer un nouveau mythe de la beauté, la communication alimente et magnifie, en réalité, un besoin atavique, martelant tant et si bien leurs messages que les femmes se persuadent que ne pas utiliser de cosmétiques revient à « se laisser aller ».

Eugène Schueller, Charles Revson, Max Factor : eux aussi sont des piliers de l'histoire de la beauté, quoique quelques-uns des entrepreneurs les plus influents aient été des femmes. À la fin des années 1970, alors que le mouvement féministe gagne en ampleur, Anita Roddick innove un nouveau statut : difficile en effet de ne pas admirer cette aventurière et activiste des droits de l'Homme – une image qu'elle vend, avec succès, au même titre que ses produits.

Dans son célèbre ouvrage *The Beauty Myth* (1990), Naomi Wolf suggère que l'image de la beauté véhiculée dans la publicité contemporaine est peut-être une réaction au féminisme lui-même. « Les féministes [...] ont brisé l'emprise que détenaient dans la presse féminine populaire les annonceurs de produits ménagers, qui promouvaient une certaine image de la femme. Soudain, l'industrie des régimes et des soins de la peau devinrent les nouveaux censeurs culturels de l'espace intellectuel féminin... C'est ainsi que le mannequin mincissime et plein de jeunesse a détrôné l'image de la femme au foyer épanouie comme symbole de la féminité accomplie. »

Wolf ne recommande pas que les femmes rejettent en bloc la beauté, mais plutôt qu'elles en adoptent une définition plus large. « Peut-être devrions-nous nous parer avec une joie authentique, en ayant en tête d'améliorer ainsi notre ordinaire », propose-t-elle, suggérant la quête du plaisir voire même celui de l'« éclat ».

L'expansion mondiale des entreprises cosmétiques occidentales soulève toutefois des problématiques graves. Si l'on peut accepter l'idée que la « pâleur » et la « pureté » aient été associées à la beauté pendant des millénaires, la façon inflexible avec laquelle la vision étroite et caucasienne de la séduction s'est imposée dans des marchés où elle n'était pas naturelle a de quoi glacer. De même, alors que je faisais des recherches pour l'écriture de ce livre, j'ai été surpris de découvrir les connexions politiques répugnantes entretenues par certains pionniers de la beauté. Eugène Schueller, de L'Oréal, et François Coty ont tous deux été étroitement liés aux organisations fascistes, Gabrielle Chanel a quant à elle épousé des vues antisémites et passé l'Occupation dans les bras d'un officier nazi. S'il ne faut bien sûr pas extrapoler le comportement de trois individus à l'industrie de la beauté tout entière, cette préoccupation troublante de la « pureté » continue à me trotter dans la tête.

On peut sans se tromper affirmer que les marques de cosmétiques, aidées par Hollywood, la télévision et les magazines de modes, sont parvenues à mondialiser les standards de la beauté. Grâce au marketing, nous aspirons tous à être plus grands, plus minces, à la peau plus claire. La situation s'est, heureusement, améliorée au cours de ces dernières années. Des marques venues d'Asie et d'Amérique Latine ont commencé à conquérir les marchés occidentaux ; une approche plus souple du développement de produits et du marketing chez les géants mondiaux a permis d'accéder à une plus large variété de formules cosmétiques et d'images publicitaires. En Europe et aux États-Unis, les marques de beauté s'efforcent de refléter plus justement le caractère pluriéthnique des sociétés.

Ayant abordé le sexisme et le racisme, parlons maintenant du vieillissement. Quoiqu'ils ne semblent pas en mesure d'en donner le chiffre, les chercheurs s'accordent à penser que les produits anti-âge représentent la plus large part du vaste marché mondial des cosmétiques. À cela s'ajoute la tendance croissante de la chirurgie esthétique et des solutions temporaires comme le Botox et autres produits de comblement dermique. Là encore, l'industrie de la beauté n'a pas conçu cette demande de toutes pièces : elle ne fait que renforcer les peurs déjà existantes d'une population vieillissante. En 2002, lors de la seconde assemblée mondiale sur le vieillissement des Nations Unies, il a été établi que le nombre de seniors dans le monde passerait, entre 2002 et 2050, de 629 millions à 2 milliards. À une plus petite échelle, la problématique de l'apparence a été exacerbée par la récession économique mondiale, qui a remis sur le marché du travail des quadra et quinquagénaires. L'industrie de la beauté est cynique, mais elle ne fait que flatter notre vanité et exploiter notre sentiment d'insécurité.

Les crèmes anti-âge réduisent-elles réellement les rides ? Oui, mais de façon à peine significative. Procurent-elles de l'espoir, du confort et un plaisir sensuel ? À en juger par le nombre de personnes qui continuent à les acheter, même si elles ont conscience que cela ne marche sans doute pas, la réponse, là encore, est positive. Considérer les consommateurs comme des imbéciles qui croient tout ce qu'on leur dit est insultant ; comme le disait le grand publicitaire David Ogilvy, « le consommateur n'est pas un crétin – c'est votre femme. »

Je ne considère pas ma femme comme une imbécile. J'espère ne pas en être un, et pourtant il y a bien sur le rebord de notre lavabo une crème hydratante et un produit apaisant pour le contour des yeux... L'utilisation de cosmétiques est un rituel, et les rituels atténuent le stress ; ils représentent une forme de stabilité dans un monde incertain.

Arden, Rubinstein, Revson, Lauder, Roddick... tous excellent au *storytelling*, l'art de raconter des histoires. Si l'industrie de la beauté a transformé nos apparences, elle en a fait de même avec les mots. Si la mondialisation a tué, dans pratiquement tous les secteurs, l'art du texte publicitaire – un logo fort et une image marquante traversant aisément les frontières – les panneaux ou annonces publicitaires des marques de beauté sont noircis de texte, pour ne rien dire de leurs sites Internet. Les mots séduisent et caressent, mêlant avec habileté science et poésie.

Mais la puissance des entreprises de beauté à nous manipuler s'affaiblit. La technologie même qui a permis à ces sociétés de construire de vastes bases de données et d'élever l'art du management de la relation client à de nouvelles altitudes permet désormais aux utilisateurs d'accéder à des informations qu'ils ne pouvaient auparavant que deviner : grâce à Internet, les consommateurs peuvent aujourd'hui déterminer la composition et les effets de quasiment n'importe quel tube, pot ou flacon disponible dans le commerce. Mais il se passe une chose étonnante : au lieu de reculer d'effroi et de renoncer à tout jamais aux cosmétiques, ils se sont tournés vers une nouvelle génération de marques naturelles et biologiques, dont les allégations publicitaires sont parfois aussi poétiques et improbables que celles concoctées par les multinationales.

En définitive, il semble que tant que les marques de beauté continueront à nous raconter des histoires, nous serons prêts à les écouter...

Table

Index

57246 - (I) - (3,5) - OSB 90° - PCA - VCT
Imprimerie CHIRAT - 42540 Saint-Just-la-Pendue
Dépôt légal : mars 2012
N° 201202.0024

Imprimé en France